장화,
홍련

장화, 홍련

김지운 각본집

RHK
알에이치코리아

일러두기

- 이 책에 수록된 각본은 촬영 전 최종본으로, 이후 편집 과정을 통해 공개된
  극장용 영화의 스토리와는 차이가 있다.
- 국립국어원의 표기 원칙을 따르되 예외적으로 '신(scene)'은 '씬'이라 표기했으며,
  일부 대사는 작가의 표현을 그대로 살렸다.
- 영화 제목은 화살 괄호(〈〉)로, 책 제목은 겹낫표(『』)로 묶었다.
- 각본에 나타나는 영화 용어의 뜻은 다음과 같다.

✛ **콘트라스트(Contrast)**
　하나의 장면에서 가장 밝은 부분과 가장 어두운 부분의 차이.

✛ **백트래킹(Back-tracking)**
　이동 장치 위의 카메라가 피사체로부터 물러나며 촬영하는 기법.

✛ **팬(Pan)**
　카메라의 위치를 고정한 채 앵글만 좌에서 우, 혹은 우에서 좌로 움직이는 것.

✛ **플래시 컷(Flash Cut)**
　장면 중간에 삽입되어 빠르게 지나가는 쇼트.

✛ **디졸브(Dissolve)**
　한 장면이 사라지는 동시에 다음 장면이 나타나는 장면 전환 기법.

✛ **페이드 아웃(Fade Out)**
　화면이 차차 어두워짐.

✛ **컷 아웃(Cut Out)**
　순간적으로 화면이 사라짐.

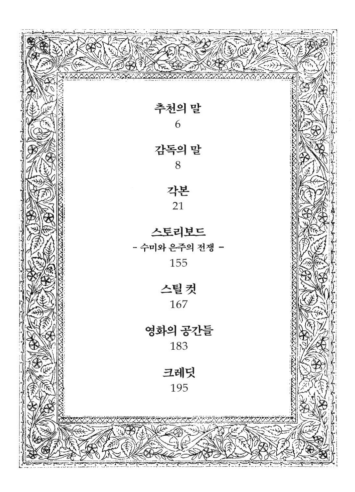

배우 문근영 | 수연 役

사람들의 마음속에 오래 기억되는 영화가 되길 진심으로 바랐는데, 이렇게 20년 넘게 많은 사람들이 기억해 주서서 감사한 마음입니다. 이 각본집도 오래도록 마음에 남길 진심으로 바랍니다.

2023년의 수연이가.

문근영

배우 임수정 | 수미 役

그때나 지금이나 <장화, 홍련>을 말할 때면 가장 먼저 떠오르는 생각이 있습니다. 이 영화가 나의 배우 인생에서 어떤 의미인지를 서술하기 위해서는 책 한 권의 분량이 필요하다 해도 과언이 아닌데… 어떻게 이야기해야 하지? 그렇게 <장화, 홍련>은 제 필모그래피에서 가장 애정하는, 어떤 영화보다도 중요한 작품입니다. 선명한 기억을 떠올려 선택하는 단어 하나하나에는 진심이 가득하죠. 솔직히 말해서 2003년 개봉 후 그동안 이 영화를 또 본 적이 없다고 말하면 믿어지나요? 왜냐하면 '수미'의 감정이 영화를 보는 내내 고스란히 전해지기 때문이에요. 그녀가 경험하는 무섭도록 서늘하고 슬프도록 고요하고 기이하도록 아름다운 많은 것이 느껴지니까. 물론 이것은 <장화, 홍련>이 얼마나 특별하고 뛰어난 영화인지를 보여주는 많은 요소 중 겨우 한 부분일 뿐입니다. 그리고 개인적으로 조금 더 진심으로 말해 볼게요. 어쩌면, 날것 같은 연기가 담긴 그때 나의 얼굴을 다시 마주하는 용기가 없는 것일지도 모르겠어요. 돌이켜보면 저에게 <장화, 홍련>은 배우로서 많이 부족했지만 가장 진실한 연기를 했고 그래서 가슴 깊이 사랑한 영화입니다. 이제 여기, 영화 <장화, 홍련>을 각본집으로 만났습니다. 영화가 아닌, 활자 속에 있는 '수미'를 마주하는 순간, 이 영화를 사랑하는 한 명의 관객으로서 그리고 배우로서 과연 저는 어떤 감정을 느끼게 될까요. 지금 그 비밀의 첫 페이지를 열어 보겠습니다.

깊은 밤 책상에 앉아 시나리오를 쓴다. 극도의 공포스런 장면을 상상할 때면 항상 등골이 서늘해짐을 느낀다. 뒤를 휙 하고 돌아본다. 아무도 없다. 잠시 후 방 쪽에서 나는 이상한 작은 소리……. 조심스럽게 나사 돌리는 듯한 소름 끼치는 소리를 듣는다. 천천히 방으로 가 문을 확 연다. 깊은 한숨을 내쉬며 내가 왜 이럴까 하고 고개를 절레절레 흔든다. 공포영화 시나리오를 쓰면서 하루에도 몇 번씩 이런 순간들이 수없이 되풀이된다. 하루 종일 매 순간, 모든 일상을 공포스럽게 상상해야 하는 일이 고통스럽다. 내가 왜 호러를 한다고 했을까?

2002년 4월

- 『김지운의 숏컷』 '무섭고 아름답고 슬픈: 장화, 홍련 제작기' 中

감독 김지운

20년 전 가슴에 짙은 음영이 드리운 두 자매를 만났다. 두 자매
는 손을 꼭 붙잡고 호숫가를 뛰었고 서로를 부둥켜안았고 떨어
지지 않으려고 손깍지를 꼈다. 다감하고 부드럽고 세심한 심상
을 가진 두 자매는 세상에 그 둘만 남겨져 있다고 생각했다. 무
심하게 버려졌고 그래서 더 비참한 삶이라 생각했다. 금방이라
도 끊어져 버릴 것 같은 엷은 신경줄로 하루하루를 팽팽하게
견뎌야 했다. 구원은 없었다. 적개심과 죄의식만이 두 자매의
주위를 불길하고 스산하게 서성일 뿐이었고 그렇게 두 자매의
이야기는 끝이 난다.

20년 내내 그녀들을 생각할 때마다 마음이 한없이 물렁해진다.
두 자매에게 단 한 점의 희망을 얘기해 주지 못한 게 마음의 짐
이 되었다. 20년 후 그녀들을 다시 불러낼 일이 생겼다. 성대한
만찬석은 아니지만 소담스럽고 정성을 들인 테이블로 초대할
일이 생겼다. 그녀들만큼 세심하게 두 자매의 말에 귀를 기울여
줄 사람들을 만날 수 있기에 다소나마 이 각본집이 그녀들의
쓸쓸해진 마음과 원망을 누그러뜨려 주리라 생각한다. 내 마음
한편에 돌처럼 딱딱해진 어떤 멍에도 조금은 깎아 주리라.

장화, 홍련

A Tale of Two Sisters

개봉

2003년 6월 13일

감독 · 각본

김지운

"우리 집에 놀러오쟤요"

장화, 홍련

〈조용한 가족〉 김지운 감독의 두번째 '가족괴담'

각본·감독〈반칙왕〉〈거짓말〉〈쓰리〉의 김지운 출연 염정아 김갑수 임수정 문근영

모두 무거운 표정으로 자리에서 일어서 있거나 책상 위를 정리한다.

5 　　　　　　　시골길 1 ^(밤)

박 순경이 탄 자전거가 땅거미가 내려앉은 시골길을 털털거리며 가고 있다. 자전거의 라이트에 의지해 어둡고 음침하고 적막한 시골길을 달리고 있는데 건너편 저수지 뚝방길 위에 희끄무레한 물체 하나가 우두커니 서 있는 게 보인다.
박 순경이 자전거를 멈추고 이맛살을 찌푸리며 정체를 확인하려고 한다. 자전거에서 내려 살그머니 그쪽으로 다가간다.

박 순경　　여보세요- 거기 누구 있어요?

희끄무레한 물체가 잠시 꿈틀하는 것 같더니 다시 미동도 하지 않은 채 가만히 있는다.
박 순경은 다시 한번 큰 소리로 누구냐고 외쳐 보지만 그의 외침은 대답 없는 메아리로 돌아온다.
박 순경이 그쪽으로 천천히 다가가려 할 때 반대쪽 저수지에서 첨벙하는 잉어 물 치는 소리에 박 순경, 순간적으로 시선을 빼앗긴다. 다시 고개를 돌려 보면 그 하얀 물체는 온데간데없다.
고갤 갸웃거리는 박 순경.

페이드 아웃.

6   시골길 2 (낮)

- 약간의 시간 경과.
시골의 한적한 숲길을 걷는다.
인적도 없고 가끔 새소리만 멀리서 괴이하게 들린다.

7   수미 집 앞 (낮)

나무 사이로 언뜻언뜻 집이 보였다가 입구에 다다르자 낡고 오래된
일본식 3층 목조건물이 을씨년스러운 모습으로 드러난다.
작은 창문이 여러 개 나 있고 그 창문들은 모두 닫힌 채로 무거운 커
튼이 드리워 있다. 음습한 기운이 감도는, 어쩐지 사람이 살고 있다
고는 느껴지지 않는 그런 집이다.
박 순경, 굳게 닫힌 녹슨 쇠창살 문을 흔들어 보기도 하고 문틈으로
안을 들여다보기도 한다.
정원이 보이고 집 옆쪽으론 낮고 가지 많은 나무들이 우거져 있다.
그 밑으로 연못이 어슴푸레 보인다.

정원이며 현관 입구며 낙엽과 쓰레기들로 황폐해 보인다.

박 순경, 문을 더욱 세차게 흔들며,

박 순경   계십니까! 아무도 안 계세요?

아무런 응답 없이 정적만 무겁게 흐른다.

그때 멀리서 작은 트럭 하나가 마른 먼지를 일으키며 오다가 박 순

경을 보고 멈춘다.

운전사   거기 누가 있대요?

박 순경   네?

운전사   거기 아무도 안 살 텐데.

         (약간 웃음기가 서린 얼굴로) 거기 구신 나오는 집인데.

박 순경   네?

운전사   거, 몰라요? 여기 동네 사람들이 다 아는데…….

         거기 구신 나오는 집이여.

박 순경   여기 사시는 분들 좀 아세요?

운전사   뭐 낱낱이 잘은 모르지만 가끔 여기 일손 거드는 이처럼

         보이는 사람만 왔다 갔다 한다고 하더만.

박 순경   여기…… 여자분 안 사세요?

운전사   여자요? ……. 글쎄…… 없을 텐데? ……아 가끔 어떤 미친

         여자가 빈집인지 알고 담을 몇 번 탔다고 하던데.

박 순경   그래요? 몇 살 정도의 여잔데요?

운전사	(생각을 곰곰이 하다가 피식 웃는다) 그러게 난 도대체 미친
	여자들은 나일 분간 못 하겠단 말야. 한 사십 줄 좀 됐나?
박 순경	아…….
운전사	그럼 수고하세요. (가면서) 어이 가요. 거기 구신 나와.

트럭 다시 마른 흙먼지 일으키고 박 순경을 남겨 둔 채 떠난다.
흙먼지가 가라앉을 때쯤 박 순경도 알 수 없다는 표정을 지으며 자
전거를 일으켜 온 길을 혼자 되돌리려 할 때 집 안 어디선가 현관문
여닫는 소리가 멀리서 들린다.
박 순경 재빨리 뛰어가, 막 현관문을 닫고 들어가려는 남자를 부른다.

박 순경	여보세요! 저기요!

남자 멈칫하더니 불안하게 좌우를 살피면서 철문으로 걸어오다 일
정 거리를 유지하며 더 이상 가까이 오지 않는다.
40대 중반의 초췌하고 어두운 표정을 가진 남자다.

박 순경	하곡파출소 박 순경입니다.
	여기 혹시…… 아…… 여자분이시던데…….
	혹시 가족 중에 어제 실종신고 하신 분 계십니까?
남자	어제요? ……그런 사람 없는데요.
박 순경	어떤 여자분이 동생분을 찾는다고 왔었거든요.
남자	그럴 리가…… 아마 뭔가 잘못된 거겠지요.

박 순경	아니, 여기에…… (주머니에서 쪽지를 꺼내기도 전에)
남자	죄송합니다.
	지금 하던 일이 있어서 들어가 봐야겠습니다.
박 순경	잠깐만요. 저기요.

그때 좀 전까진 닫혀 있던 창문 하나가 열려 있는 것이 보인다.

| 남자 | ……. |
| 박 순경 | 잠깐만요. 지금 안에 다른 분이 계십니까? 저기……. |

남자는 박 순경의 시선을 받아 뒤를 힐끔 보더니 열린 창문을 바라본다.

남자	아뇨 없습니다. 죄송합니다. 그만 들어가 봐야겠습니다.
	그럼…….
박 순경	아니, 여보세요. 여보세요!

남자가 성큼성큼 집으로 들어가려 하자 박 순경이 재빨리 사진을 빼내 들어 보인다.

| 박 순경 | 잠깐 이 사진 좀 확인해 주세요. 잠깐만요! 이 사진요! |

남자가 멈칫한다.

한동안 망설이다가 문 쪽으로 다시 조심히 걸어온다.
사진을 보려고 미간을 약간 찡그러뜨린다.

박 순경   (남자의 표정을 살피다가) 이분이 가족 되십니까?

남자   …….

박 순경   자세히 보세요. 가족분 되세요?

남자   ……그런데, ……그게 어떻게?

박 순경   어떻게 되시죠?

남자   제 말입니다. 그런데 어떻게 그게…….

박 순경   어떤 여자분이 이분을 찾는다고 왔었거든요.

남자   네? ……. 누가……?

박 순경   동생분을 찾는다고 하면서…… 이름이 뭐더라……
(다시 쪽지를 꺼낸다) 배…… 수미 씨?

남자 놀라는 표정을 감추지 못한다. 이윽고 덜컹 하고 오랫동안 열리지 않았을 것만 같은 녹슨 쇠문을 여는 소리가 들린다.

8   거실(낮)

넓고 독특한 구조의 거실과 주방, 2층으로 올라가는 계단이 현관에 바짝 붙어 있고 1층에는 각방으로 통하는 좁다란 마루 복도가 연결되어 있다.

유난히 문이 작고 많다는 느낌이 들고 전체적으로 앤틱한 분위기를 띠는 목재 재질의 일본식 가옥구조다.

어딘지 낡고 오래된 음습한 기운이 감돈다.

박 순경은 낯선 분위기에 집 안 이곳저곳을 휘둘러보다 탁자 위를 손가락으로 쓰윽 하고 문지른다.

손가락 끝에 먼지가 뽀얗게 묻는다.

남자가 주방에서 차를 준비하며 찻잔을 달그락거리는 소리가 미세하게 들릴 뿐 적막감이 돈다.

남자가 찻잔을 들고 온다.

박 순경 앞에 차를 따라 내민다.

꽃잎 차를 처음 보는 박 순경이 차 위에 둥둥 떠 있는 마른 장미 꽃잎을 신기한 듯 바라본다.

남자   꽃잎 차입니다.

박 순경   아 네, 감사합니다. 전 처음 마셔 보는데요.

           (집 안을 둘러보며) 집이 무척 독특하네요.

남자   원래 일본식 이층집이었는데 전 주인이 확장하면서 개조를 했다고 들었습니다.

박 순경   아…… (주위를 둘러보며 한쪽 벽에 서 있는 기다란 가방을 보며) 골프를 즐기시나 보네요.

무현   (박 순경이 쳐다보는 곳을 힐끗 보더니) 아뇨. 그건 낚시 도구

실문을 열고 새장 안의 새들에게 모이를 주며 즐거워하는 은주.

13 　　　　　 수미 방(낮)

수미가 방에 들어선다.

한낮이지만 두껍게 드리운 커튼 때문인지 방 안은 어둡다.

커튼을 열어 양옆으로 묶고는 낯선 표정으로 자기 방을 훑어보다가 흠칫 놀란다. 자신의 방이 거의 완벽하게 꾸며져 있는 것을 보고 어 안이 벙벙하다.

자신의 물건들이 고스란히 미리 옮겨져 와 있는 것이다.

그것도 병적으로 반듯하게 정돈되어 있다.

작은 액자며 화장대 위 소소한 화장품, 침대 위 커다란 인형까지.

수미, 미심쩍은 표정을 지으며 옷장으로 다가간다.

천천히 옷장 손잡이를 잡아 본다.

수미　　　제발…….

옷장 문을 확 열어 보면 촘촘히 걸려 있는 똑같은 색상의 같은 옷가 지들. 선반 위며 서랍까지도 그녀의 옷가지며 장신구들이 빽빽이 차 있다.

어금니를 지그시 깨문다.

그때 2층 복도쯤 어디선가 날카로운 비명이 들리고 수미는 동생 방으로 후다닥 뛰어간다.

14 수연 방(낮)

동생 방문을 급하게 열자 슈미즈 차림의 동생이 옷을 갈아입다 깜짝 놀라며 입으려던 옷으로 몸을 가린다.
그러다 언니임을 확인하고는 다시 차분하게 옷을 갈아입는다.

수연	뭐야. 매너도 없이 노크도 안 하고.
수미	너가 소리 지른 거 아냐?
수연	(무시하는 표정)
수미	무슨 소리 못 들었어?
수연	못 들었어. 문이나 닫어.
수미	……분명 이 방에서 났는데.

고개를 갸웃하는 수미.
얕은 한숨을 쉬며 방 안을 둘러보다, 묘하게 색칠된 낡은 옷장 하나를 뚫어지게 쳐다본다.
천천히 옷장 앞으로 다가가는 수미.

수미	이 옷장이 왜 여기 올라와 있지?
수연	(옷장을 힐끗 보지만 참견하지 않는다)

수미가 불안한 시선으로 옷장을 들여다본다.

15   2층 복도 → 안방 → 욕실 앞^(낮)

2층으로 통하는 중간 복도에 작은 붙박이 서랍장이 하나 있고 그 문을 열었다가 닫는 은주.
은주가 계단을 내려와 안방으로 들어가서 장롱을 열고 남편이 갈아입을 내의를 정성 들여 곱게 포개고는 조심스럽게 들어 욕실로 향한다. 집 안의 좁은 통로를 쭉 따라가다가 욕실 앞에 다다르면 욕실 문 앞에 곱게 포개진 남편의 또 다른 내의가 보인다.
은주 문득 멈춰 선다.
한참을 뚫어지게 문 앞에 놓인 내의와 자신이 들고 있는 내의를 번갈아 보더니 갑자기 아줌마를 부른다.

은주	아줌마! 아줌마!

아줌마 후다닥 달려오고.
경황없이 달려온 아줌마의 행색을 보곤,

은주	죄송해요. 저…… 이거 아줌마가 갖다 놓은 거예요?
아줌마	(아줌마, 여자의 표정을 하나하나 뜯어보다 그녀가 들고 있는 내의를 본다) 네? 이게 뭐래요? ……. 전…… 아…….
	선생님 내의는 사모님이 보관하시잖아요.
	제가 갖다 놓은 게 아닌데요.
은주	(잠시 의아해하더니) 아, 알았어요. 제가…… 깜빡했나 봐요.

아줌마, 머쓱해하며 물러나면.
은주 천천히 고갤 들어 2층을 올려다본다.

16   정원(낮)

장 씨가 정원 한구석에서 갈고리로 낙엽이며 지저분한 것들을 긁어
모으는 모습이 멀리 보인다.
어슴푸레한 정원에 있는 외등들이 하나둘 켜지기 시작한다.
넓은 정원에 삭풍이 한 번 분다.
오른쪽 담 앞에 그네가 한 번 가볍게 출렁인다.
억새풀이 요동을 치고.

17   식당^(밥)

식당으로 쓰이는 공간은 거실과 반쯤 이어져 있고 반쯤 분리되어
있다. 주방 겸 응접실로 쓰이는 곳으로 조금 넓은 듯한 독특한 형태
를 가졌다.

직사각형 모양의 식탁에 아빠와 새엄마, 두 자매가 아주 조용히 식
사를 하고 있다.

그릇 달가닥거리는 소리, 접시에 젓가락이 약하게 부딪히는 소리만
들릴 뿐 기이할 정도로 조용하다.

남자는 오로지 음식에만 집중하는 것 같고 두 자매는 먹는 둥 마는
둥 무표정하게 식사를 하고 있다.

은주가 세 식구의 안색을 살피다가 정적을 못 참겠다는 듯 입을 연다.

은주   아, 정말, 이번 주말 저녁에 선규랑 선규 처 불러서 같이
          저녁 먹기로 했어요.

무현   (여자에게 눈 한번 주지 않고) ……그래?

은주   모처럼 애들도 왔는데 멀리 있는 애들도 아니고 그동안
          연락도 못 했구…… 그래서요.

역시 남편은 대꾸 없이 꾸역꾸역 식사를 한다.

얼핏 눈이 마주치면 느낌 없이 살짝 미소를 보내고는 또다시 밥이
며 반찬을 집는다.

두 자매는 그런 분위기가 너무 끔찍하다.

50

빠른 속도로 식사를 마친 남편은 컵에 물을 따르고는 쭈욱 한 번에 들이켜며 자리에서 일어선다.

무현   우아- 잘 먹었다.
(입가심을 하고는) 정리할 게 있어서 먼저 일어날게.
(손목시계를 보더니) 피곤할 텐데 이거 내일 치우지.

은주   당신…… (무언가 말하려다)

남편이 쓰윽 일어나 컵에 물을 따르고 여자 앞에 내려놓고는 화면 밖으로 사라진다.

은주   (물컵을 내려다보다가 고갤 천천히 들어 수미를 보며 차분하게 묻는다) 네가 아빠 내의 갖다 놓은 거니?

수미, 대답하지 않는다.

은주   그런 거 내가 해도 돼. 내 일인 거 같아.
수미   내 방 정리도 내 일이야. 왜 남의 물건들에 손을 대?
은주   전부터 그렇게 돼 있었어.
수미   전에도 똑같은 옷들이 수십 벌씩 걸려 있었어?

서재 쪽에서 나온 남편 다시 화면 안으로 들어와 여자 앞에 두 개의 알약을 내려놓는다.

수미	(아빠가 돌아서 식탁에서 멀어지는 걸 느끼고 작지만 빠르게)
	난 저녁 같이 안 할 거야.
은주	뭐?
수미	그 사람이랑 저녁 같이 안 할 꺼라구.
은주	그 사람이 아니고 너희 삼촌이야.
수미	…….
은주	오늘 첫날인데…… 그만하자.

수미, 수저를 내려놓고는 일어서 2층으로 올라간다.
수연, 혼자 남아 은주의 눈치를 본다.

은주	˙넌?
수연	…….
은주	넌 왜 안 따라가? 언니 하는 대로 따라야 하잖아.

수연이도 수저를 내려놓고 슬며시 자리에서 일어난다.
은주, 쪼르르 식당을 나가는 수연의 뒷모습을 바라본다.

18   2층 복도 끝 계단 (같은 시간)

2층 복도 끝에 앉아 있던 수미.

| 무현 | 알아…….

| 은주 | …….

| 무현 | ……. 수미…… 좋은 애야.

사이

여자가 금세 잠이 든 것 같다.
쌔근쌔근 잠이 든 모습이 마치 아이처럼 보인다.
남자, 여자를 내려다보다 아주 조심히 팔을 꺼내려고 한다.
여자 아주 미세한 인기척에 반응하며 남자의 팔을 자기 가슴으로
끌어다 웅크린다.
남편, 멈춘다.
한동안 움직이지 않다가 다시 조심히 팔을 꺼내 극도의 작은 움직
임으로 진열대로 걸어간다.
진열대의 캠코더와 여자의 약병과 작은 집기들을 만지는 척하며 여
자의 상태를 살핀다.
여자가 몸을 뒤척인다.
무현은 잠시 숨을 죽였다가 다시 방에서 빠져나온다.

23   서재(밤)

남편, 서재로 가더니 소파에 매트를 깔고 누워 시트로 몸을 덮는다.

24   안방(밤)

침대에서 곤히 자던 여자, 불현듯 눈을 뜬다.
옆을 본다. 남편이 없다.
스르륵 일어나 마치 몽유병에 걸린 여자처럼 방문을 열고 나간다.

25   수연 방(밤)

쓱쓱거리며 2층 복도 마룻바닥을 쓰는 듯한 기분 나쁜 소리가 가까워지면서 수연 방문 앞에서 멈춘다.
극도로 천천히 문이 열린다.
삐이걱거리는 소리가 음산해 기분 나쁘다.

잠을 자던 수연은 잠결에 누군가 자기 방으로 들어온 것을 감지한다. 누군가 옆으로 다가오는 것을 느끼고 눈을 더욱 질끈 감는다.

뒤척이는 척하며 시트를 얼굴 위로 끌어 올리자 누군가 스르륵 내린다. 시트를 내리자 수연의 얼굴이 드러난다.

수연은 계속 눈을 감고 자는 척한다.

누군가가 자기를 한참 내려다보고 있는 것 같아 견딜 수가 없다.

더 이상 견디지 못하고 눈을 뜬 채 옆으로 고갤 돌린다.

아무도 없다.

불을 켠다.

역시 아무도 없다.

수연이 침대에서 뛰어 내려와 베개 하나를 들고 언니 방으로 뛰어간다.

26   수미 방^(밤)

수미, 잠결에 눈을 떠 보니 수연이가 침대 안으로 파고드는 게 느껴진다. 잠에 겨운 목소리로.

수미   왜 그래? ……꿈꿨어?

수연   (고갯짓)

수미   옷장 때문에 그래?

수연   (고갯짓)

수미   그럼 왜 그래?

60

수연   ······누가 내 방에 있다 나갔어.

수미   ?

27   2층 복도 → 거실 → 서재^(밤)

복도로 나온 수미는 동생 방문을 살며시 열었다가 방 안을 훑어보
곤 다시 조용히 닫는다.
조심히 계단을 내려가 거실 쪽으로 향한다.
거실 쪽에서 빛이 흘러나온다.
거실에는 정규 방송이 끝난 상태의 텔레비전이 지지직 소리를 내며
혼자 켜져 있다.
거실로 천천히 발걸음을 옮기다가 서재 문을 살짝 열어 보면 아빠
가 소파에서 잠들어 있다.
아빠의 잠든 모습을 물끄러미 바라보다가 흘러내린 시트를 덮어 준
다. 아빠의 헝클어진 머리카락을 살며시 쓸어 넘겨 준다.

(소리)   아빠 주무시잖아.

깜짝 놀라 뒤를 돌아보면 은주가 거실에 꼿꼿이 서 있다.

수미   ······알아.

은주	근데 왜 깨우려고 그래?
수미	누가 깨워?
은주	지금 네가 깨우려고 하고 있잖아.
	아빠한테 뭐 할 말 있어?
수미	(어이없다는 표정) ……상관하지 마.
은주	내 얘긴 아빠 주무시니까 깨우지 말라는 얘기야.
	내 말 못 알아듣겠니?
수미	나, 물 마시러 내려온 거야.
은주	아빠 주무시니까 조용히 얘기해…….

상대할 가치를 못 느낀다는 듯 외면해 버리는 수미.
뒤에서 은주의 중얼거리는 소리가 들리지만 무시한다.

28   주방(밤)

속이 타는지 주방에서 물을 벌컥벌컥 들이마시는 수미.
마시다가, 왜 텔레비전을 안 끄고 저러고 있지? 하는 생각을 한다.
수미는 다시 거실 쪽으로 발걸음을 옮긴다.

29   거실^(밤)

텔레비전이 지지직 소릴 내며 틀어져 있고 그 앞 소파에서 은주가
정규 방송을 시청하듯 넋 나간 표정으로 텔레비전을 보고 있다.
수미 흠칫 놀라며 걸음을 멈춘다.
은주가 아주 무표정한 얼굴로 천천히 수미를 쳐다본다.
하지만 꼭 수미를 의식하고 쳐다보는 것 같지는 않다.
그녀의 표정이 상당히 기이하다.
수미와 눈이 마주치지만 은주는 아무런 느낌이나 감정 없이 오히려
살짝 미소 짓는 얼굴을 해 보이더니, 다시 텔레비전 쪽으로 고개를
돌린다.
도저히 이해할 수 없다는 표정의 수미.

30   수미 방^(밤)

자기 이름을 부르는 소리에 끔뻑이던 눈을 크게 뜨는 수연.
그 목소리는 아주 낮고 어두워 음침하게까지 들린다.
누군가 보자기 같은 것을 뒤집어쓰고 벽장 앞에 서 있다.
수연, 그걸 가만히 쳐다보다가 손으로 잡아당기면,
수미가 쓸려 내려지는 보자기 때문에 머리가 헝클어진 채 뚱한 표
정으로 수연을 본다.

수미	무섭지?
수연	바보 같아.
수미	······그래?

수미, 침대 안으로 들어간다.

수연	······내 방에 가 봤어?
수미	어.
수연	뭐 이상한 거 없었어?
수미	아니 없었어······. 그 여자 빼곤.
수연	누구? ······새엄마?
수미	응.
수연	······그 여자가 들어왔었던 거야?
수미	그런 것 같아.
수연	(곰곰이 생각해 본다) ······내 방에 왜 들어온 거지?
수미	(극히 단조롭고 건조하게) 미친 여자야.
수연	······.

수연, 갑자기 이상한 기분이 든다.
수미, 수연의 품속으로 파고든다.

수미	이리 와.
	그 여자 무서워? ······내가 있으니까 안 무섭지? 그지?

35   2층 계단 ^(아침)

2층으로 향하는 계단을 올라가다가 수미, 이상한 기분이 들어 멈칫한다. 천천히 고개를 숙여 내려다본다.

36   2층 화장실 ^(아침)

잠옷 치마를 걷어 올리는 수미.
낭패스러운 한숨을 쉰다.

37   수미 방 ^(아침)

방문을 열자 침대 위에 양반 자세로 앉아 있던 수연, 무덤덤하게 언니를 쳐다본다.
매트 위에 작은 붉은 혈점이 찍혀 있고 손가락 끝에 묻은 피를 내려다보는 수연.

수연   언니…….
수미   괜찮아. 내려와.

수연의 손을 잡아 침대에서 내려오게 한다.

매트와 시트를 재빨리 걷는다.

옆에서 뚱한 표정으로 있던 수연이 걸리적거리지 않으려고 한쪽 벽
으로 비켜난다.

문을 살짝 열어 주위를 살핀다.

손짓으로 수연을 오라고 한다.

38   2층 화장실 (아침)

큰 다라이에 시트와 옷가지를 넣고 발로 꾹꾹 누르고 있는 수미.

수미   멀었어?

수연   잠깐만.

샤워 커튼 사이로 낑낑거리며 생리대를 착용하는 수연의 실루엣이
보인다. 챠악- 하는 소리와 함께 샤워 커튼이 젖혀지면 수연이 뻘쭘
한 표정으로 나온다.

수미   (그런 수연이를 잠시 쳐다보다가) ……축하해.

수연   뭘?

수미   네가 여자라는 걸.

수연　　찝찝하구 구질구질해.

수미　　받아들여. 이슬 먹고 살래?

수연　　······이젠 매달 이래야 되는 거야?

수미　　일종의 형벌이지 뭐. 근데······ 근데 알아? ······그 여자도
　　　　　생리하는 거.

수연　　정말? ······그럼 우리 셋이 똑같이 생리하는 거야?

수미　　(끄덕끄덕) 불행하게도······.
　　　　　같은 여자라는 이유로 말야······.
　　　　　근데 첨인데 양이 많더라.

수연　　으······ 비릿해.

수미, 씨익 웃으면 수연도 따라 어설프게 웃는다.
수연이 어딘지 어색해하며 서 있다.
그런 수연이의 몸을 쳐다보다가.

수연　　왜?

수미　　······. 음······ 아냐.

수연, 아까 손에 묻어 말라 버린 핏자국 냄새를 맡으려고 코에 갖다
대고 킁킁거린다.
수미가 그런 수연의 손을 찰싹 때린다.

수미　　손 씻어.

수돗물이 콰아 소리를 내며 힘차게 쏟아진다.

39   2층 베란다^(낮)

수연의 잠옷과 시트가 빨랫줄에 걸려 바람에 흔들거리고 있다.
푸른 하늘을 배경으로 흰색의 잠옷과 시트가 눈부시게 보인다.

40   1층 베란다^(낮)

거실 오른쪽 유리문을 통해 정원 쪽으로 난 1층 목조 베란다.
천장과 기둥 사이에 새장이 하나 있고 새장 안에 두 마리 잉꼬가
있다. 그 밑으로 흔들의자에 수미와 수연이 앉아 있다.
오후의 따뜻한 햇볕이 나른한 기분을 들게 한다.
수연이 새장을 올려다본다.

수미   죽여 버릴까?

피식하고 웃는 수연.
그때, 찰칵 카메라 셔터 누르는 소리에 깜짝 놀라 뒤돌아보면 무현

이 폴라로이드 카메라로 두 자매를 찍고 있다.

지이익 하고 현상되어 나온 사진을 흔들어 보이는 무현.

무현   괜찮아?

수미   뭐가? …….

무현   얼굴이 안 좋은데? 어디 아퍼?

수미   아니. 괜찮아.

무현   말해 봐. 어디 아픈 거야?

수미   글쎄 아니라니까……. 수연이 방 옷장이나 좀 치워 줘.

무현   옷장?

수미   응.

무현   그 방에 옷장이 있었나?

수미   관심도 없지?

무현   (흔들던 사진을 올려다본다) 잘 나왔다. 볼래?

수미   (실망스러운 표정으로 아빨 외면한다) 아니. 나중에.

무현   (뻘쭘한 표정이 되어) 서재에 갖다 놓을게.

수미, 아빠가 거실로 들어가는 걸 뒤돌아본다.

수미   여기 있을 꺼니?

수연   어디 가는데?

수미   그냥 산책.

수연   난 여기서 그냥 쉴래.

수미	많이 아파?
수연	언닌, 안 아파?
수미	(대답 대신 얼굴을 찡그러뜨린다)

41   숲길 1 ^(낮)

가볍게 허밍을 하며 — 얼핏, 새엄마가 새 모이를 줄 때 흥얼거리는
멜로디와 흡사하다 — 이름 모를 들꽃을 수북이 따면서 어디론가
걷고 있는 수미.
무성한 나뭇잎 사이로 빛이 여러 조각으로 갈라진다.
이윽고 도착한 곳은 폐창고.

42   폐창고 ^(낮)

마치 홍수에 떠밀려 온 가재도구들이 아무렇게나 방치되어 버린 것
처럼 어질러져 있는 내부. 농기구와 크고 작은 공구들, 그리고 한쪽
선반 위엔 보라색 작은 병들이 놓여 있다.
수미가 먼지가 잔뜩 묻은 가재도구들을 한쪽으로 치우자 작은 나무
상자 하나가 나오고 상자 뚜껑을 열면 수미의 어릴 적 소지품들로

보이는 사진이며 노트며 장난감들이 나오고, 엄마의 유품들도 하나
씩 나온다.
그것들을 하나하나 꺼내 보이는 수미.
어렸을 때 사진들, 가족사진들.
수미는 가족사진 특히 자기와 수연이 함께 찍은 사진을 빙그레 웃
음기 어린 얼굴로 보고 있다.
그런 다음 일기며 낙서장들, 태엽을 감으면 발레리나가 돌아가며
음악이 나오는 작은 뮤직박스를 들여다본다.
뮤직박스를 꺼내 태엽을 감는다.
발레리나가 돌아가며 음악이 흐르고.
폐창고 이곳저곳을 둘러보다가 선반 위의 보라색 병을 꺼낸다.
수미는 보라색 물병을 손에 든 채 내려다본다.
폐창고 내부 어딘가에서 푸득푸득하는 소리가 들린다.
쥐들이 돌아다닌다.

수연	뭐 해?
수미	(깜짝 놀라며) 넌 여기서 뭐 해?
수연	언니 쫓아왔지. 손에 든 거 그거 뭐야?
수미	(꿀꺽꿀꺽 마시는 시늉을 내다 혀를 길게 빼며) 웩.
수연	(수미의 장난스러운 행동을 감흥 없이 보다가) 그거야?
	……그게 엄마 물건들이야?

수미, 수연을 올려 보며 천천히 고개를 끄덕거린다.

무현	!
은주	(여자의 표정이 순식간에 싸늘해진다) 왜 기억 안 나?
선규	…….
은주	너, 미쳤어?

무현과 선규, 그녀의 서슬에 움찔한다.

그때 선규 옆에서 잔뜩 긴장해 있던 선규 처가 음식이 얹혔는지 갑자기 밭은기침을 해댄다. 그러다 점점 강도가 심해지면서 갑자기 바닥으로 픽 하고 쓰러진다.

모두들 놀란다.

선규 처는 바닥에서도 아주 심한 기침을 하면서 갑자기 온몸을 바르르 떤다. 가슴이 답답해지는지 자기 가슴을 세차게 쿵쿵 치면서 바닥에 먹은 걸 토해 낸다.

선규가 달려가 미희의 상체를 일으킨다.

미희의 얼굴이 하얗게 질려 있고 고개를 아주 심하게 꺾은 상태로, 거의 흰자위만 보이는 두 눈은 위로 치켜뜬 채 몸을 부들부들 떤다.

선규	왜 그래? 미희야! 왜 그래? 말해 봐. 어디가 불편해?

49 　　　　　　　수연 방^(밤)

잠을 자고 있던 수연, 갑자기 눈을 커다랗게 치켜뜬다.

50 　　　　　　　폐창고^(밤)

수미가 들어 보였던 보라색 병이 놓여 있고 카메라 빠르게 이동하
면 구석 이곳저곳에서 독약 먹은 여러 마리의 쥐들이 몸을 부르르
떨면서 죽어 가고 있다.

51 　　　　　　　식당^(밤)

사람들 모두 얼어붙은 듯 서 있고.
미희는 온몸에 경련이 일며 부들부들 떨고 있다.
입이 쩍쩍 벌어지며 미희는 치켜뜬 눈으로 은주의 다리 사이 냉장
고 옆 싱크대 밑을 뚫어지게 쳐다본다.
동공이 더욱 커지며 심한 경련을 일으키는 미희.
귀청을 때리는 소름 끼치는 비명이 집 안에 울려 퍼진다.

52 정원(밤)

선규가 미희를 부축하고 나와 차 뒷좌석에 태운다.
어느 정도 안정을 취한 미희.
선규가 자기가 입고 온 재킷으로 미희를 감싸 준다.
옆에서 걱정스러운 표정으로 무현이 서 있다.

무현   괜찮아?

선규   괜찮구 뭐고 더 이상 저두 이런 일 지겹습니다.

무현   미안하네.

선규   이젠 연락하지 마세요. 돌아갈게요.

선규, 차에 타고 시동을 건 뒤 급하게 출발한다.
미희가 뒤를 돌아본다. 멀어져 가는 집.

53 시골 국도 2(밤)

운전 중에도 걱정스럽게 미희를 의식하는 선규.
아직도 공포와 충격에서 헤어나지 못한 넋 나간 표정을 하고 있는
미희.

미희	자기야…….
선규	왜?
미희	나 아까…… 그 집에서…… 이상한 거 봤어.
선규	뭘 봤는데?
미희	……. 싱크대…… 밑에…… 어떤 여자애.

- 순간적인 플래시 컷.
은주의 다리 사이 냉장고 옆 싱크대 밑으로 너무나 흉측하게 생긴 어떤 여자아이가 납작하게 웅크린 채 고개를 밖으로 쳐들고 있는 모습이 얼핏 보인다.

선규의 머리끝이 쭈뼛 선다.
미희, 말을 끝내자마자 눈에서 눈물이 주르륵 떨어진다.

54   거실/식당^(밤)

선규와 미희를 보내고 들어온 무현, 은주가 망연자실한 표정으로 식탁에 앉아 있는 것을 본다.

무현   들어가 쉬어.

은주 대꾸 없자, 무현은 식탁 위에 물 한 잔과 알약 두 알을 놓고 그냥 서재로 들어가 버린다.

은주, 넋 나간 사람처럼 앉아 있다.

텅 비어 버린 것 같은 적막감이 집 안을 감돈다.

잠시 후, 어디선가 아주 미세하게 식기들이 흔들리는 소리가 나는 것 같더니 그 소리는 벽 또는 벽장을 긁어대는 소리로 바뀐다.

전에 듣던 소리와 비슷하다.

은주는 얼이 빠진 얼굴로 소리가 들리는 주방 쪽으로 고갤 돌린다.

은주 있는 곳은 어둡고 주방은 환하게 불이 켜져 있다.

보기에도 아주 오래된 싱크대 문 하나가 끼이익 소리를 내며 아주 천천히 열린다.

은주, 호흡을 가다듬어 진정하고는 천천히 싱크대 쪽으로 향한다.

조심스럽게 싱크대 안을 들여다보지만 이상한 점을 발견하지 못한다. 싱크대 문을 닫고 불을 끄고 돌아서는데 식당 식탁 의자가 모두 식탁에서 멀리 떨어져 일렬로 놓여 있다.

은주, 고개를 갸웃하며 의자를 하나하나 식탁 가까이 붙여 놓는다.

마지막 의자를 붙여 놓고 옆을 보는데.

의자 하나가 다시 멀리 떨어져 있다.

55   거실 _(같은 시간)

거실에서 선잠을 자고 있던 무현을 흔들어 깨우는 은주.

무현   어.
은주   일어나 봐요. 빨리요.
무현   왜?
은주   어서요.

56   식당 _(같은 시간)

무현과 은주, 조심스럽게 들어가 식당과 주방 구석구석을 살핀다.
식탁이나 의자 모두 제자리에 놓여 있다. 이상한 흔적을 발견할 수
없다. 아무 일도 아니라며 은주를 진정시키는 무현.
은주는 그래도 미심쩍은지 안심하지 못한다.
식당을 나오다가 식탁 위에 무현이 놓고 나간 알약 두 알이 고스란
히 놓여 있는 것이 보인다.

57   안방 ^(밤)

은주, 창백한 얼굴로 침대에 걸터앉아 있다.

무현, 식당에 놓여 있던 알약과 물컵을 은주 손에 쥐어 준다.

무현 자리에서 일어나려고 하자.

은주   그냥 여기 있으면 안 돼?

무현   ……왜?

은주   이 집에…….

무현   ?

은주   ……이 집에 뭐가 있는 것 같아.

무현   뭐가 있는데?

은주   ……아무튼 뭐가 있는 것 같아.

무현   (긴 한숨) 그게 무슨 말야……. 있긴 뭐가 있다고 그래?

              갑자기 환경이 바뀌어서 그런 거야.

은주   …….

무현   자, 누워. 푹 자고 나면 한결 나아질 꺼야.

              내가 나가서 집 안을 좀 살펴볼게.

무현 나가고 은주는 불안한 눈으로 방 안을 둘러본다.

텅 빈 방 안, 한기가 도는 것 같다.

은주   뭐라고? 똑바로 말해 봐.

수연   ……잘못했어요.

은주 그때서야 천천히 다가간다.

문을 살짝 열어 안을 들여다본다.

수연이가 땀과 눈물로 범벅이 된 탈진한 얼굴로 은주를 올려다본다.

은주   한 번 더 물어보겠어. 네가 잘못한 걸 인정한 거지?

수연 그 말에 주르륵 눈물을 흘리며 겨우 참았던 울음을 다시 터트

린다.

은주   울음 그쳐……. 시끄러우니까 그만 그치란 말이야.

수연, 울음을 참으려고 하지만 그럴수록 눈물은 걷잡을 수 없이 흐

른다.

은주   너 분해서 이래? 분해서 이러는 거야?

은주 아무리 다그쳐도 수연이의 울음이 계속되자 호흡이 거칠어지

면서 도로 문을 쾅 소리 나도록 닫고는 다시 문고리를 돌려 채운다.

은주   그 안에서 네가 뭘 잘못했나 생각해 봐.

66   수미 방⁽밤⁾

무슨 소리에 잠을 깨는 수미. 일어나긴 했지만 잠에 취해 곧바로 정
신을 못 차린다. 얼굴을 비비면서 침대에서 일어선다.
방문을 열고 나가는 수미.

67   2층 복도⁽밤⁾

아직 정신이 차려지지 않는 수미.
문을 막 나설 때 은주가 1층으로 내려가는 것이 보인다.
이상한 기분이 들어 수연 방으로 뛰어가는 수미.

68   수연 방⁽밤⁾

문을 확 젖히고 들어서는 수미.
또다시 올려놔진 옷장을 보며 기겁을 하는 수미.
재빨리 옷장 문에 채워진 잠금쇠를 떼어 내고 옷장 문을 확 젖히면
수연이 홑이불에 둘둘 말려 금세라도 숨이 넘어갈 것 같은 백지장
같은 얼굴에 흰자위만 보이는 눈을 치켜뜨고 온몸이 빳빳하게 마비

되어 있다.

수미   수연아!!

수연이를 옷장 안에서 빼내는 수미.
수연이는 호흡장애를 일으키며 몸이 뻣뻣해져 가고 그런 수연을 부둥켜안고 온몸을 주무르며 진정시키는 수미.

수미   수연아!! 정신 차려!!

수연이의 손가락 하나하나에 검푸른 피멍이 들어 있다.

69   정원(아침)

집 뒤쪽으로 붉은 해가 서서히 떠오르기 시작하고 그 붉은 해는 표현할 수 없는 강렬한 아름다움을 띠기도 하고 어딘지 불길한 기운을 띠고 있는 것처럼 보이기도 한다.

한낮인데도 식당 안은 그리 밝지는 않다.

은주와 수미, 수연이 식탁에 앉아 있다.

은주는 한 손엔 잡지를 한 손엔 찻잔을 들고선 차를 연신 들이켜고 있다. 수미는 그런 은주를 적대감 어린 시선으로 노려보고 있다.

애써 수미의 시선과 마주치지 않으려는 은주.

은주가 틀어 놓은 거실의 오디오에선 무거운 클래식이 흘러나오고 은주가 수연에게 아무렇지도 않은 듯 말을 건넨다.

은주   과자 좀 더 먹을래?

수연은 대답도 고갯짓도 못 하고 겁먹은 듯 은주와 수미를 번갈아 본다.

수미는 그런 은주가 극도로 증오스럽다.

수연이가 대꾸가 없자 은주, 무슨 말인가를 하려다 갑자기 표정을 바꾸고 남편 무현을 부른다.

은주   여보- 차 식어요.

무현   (멀리서) 잠깐만.

수미   아무렇지도 않아?

은주   뭐? 뭐가?

수미   어떻게 그 짓을 하고서도 그런 표정으로 있을 수가 있냐구?

은주	인과응보야. 잘못했으면 벌을 받는 게 당연해.
수미	그게 수연이가 한 거야? 왜 수연이한테 그래?
은주	네가 한 거니? 그럼 너두 벌 받으면 돼.
수미	아빠가 당신이 한 짓 알아?
은주	네 아빠가 모든 걸 다 해결해 줄 것 같니?
	그럼 아빠를 불러. 내가 불러 줘?

수미, 벌떡 일어선다.

수연, 깜짝 놀라고.

은주	(낮지만 단호하고 음산하게) 앉아. 왜 이래, 버릇없이?
	네 엄마한테도 이랬어?
수미	엄마 얘기하지 마.
은주	잘 들어. 너희 엄만 나야. 알아?
	너희들이 아무리 발버둥 쳐 봐도 이 세상에 너희들이
	엄마라고 부를 사람은 안타깝게도 나밖에 없어. 알아?!
수미	(호흡이 거칠어지고)
은주	견디기 어렵지? 그런데 어쩌겠어?
	세상일이란 게 다 이래.
	네가 그리는 대로 세상이 달콤하게 돌아가는 게 아냐.
	아주 더러운 꼴을 보면서도 참고 살아야 돼.
	……내가 지금 너희들을 견디어 내야 하는 것처럼.
수미	뭐? 슬슬 시작하는 거야?

은주	시작하는 거냐구? 그래 네가 변하지 않는 한.
	이걸 받아들이지 않는 한 내일이고 모레고 너랑 나랑
	두 눈 뜨고 한집에 살고 있는 한 끝나지 않아.
수미	그렇지 않을걸.
	당신이 이 집에서 나가는 모습을 보게 될 거야.
은주	누가 먼저 나가게 될지 두고 보면 알겠지.
수미	당신은 범죄자야.
은주	뭐? (잠시 수미를 쳐다보다 실소를 하듯)
	너…… 도대체 왜 내려온 거니?
수미	?
은주	또 그런 말을 나한테 하네?
	너 아직 병이 나은 게 아니었구나?
수미	(얼굴이 하얗게 질리며)
은주	너…… 내가 무섭니?
수미	뭐?

수미의 얼굴이 흥분과 분노와 모멸감으로 처참한 표정이 되어 간다. 그때 무현이 서서히 걸어온다.
은주, 금세 표정을 바꿔서,

은주	이리 오세요. 차 드세요.

무현, 머뭇거리다 차를 손으로 집어 든다.

그걸 바라보던 수미, 더 이상 참지 못하고 찻잔을 들어 벽에 던져 버린다. 벽에서 박살 나는 찻잔들.

무현   또 왜 그래?

수미   최악이야.

무현, 은주, 수미, 수연 모두 얼어붙은 듯 움직이지 않는다.
벽을 타고 흘러내린 찻물이 마치 피가 흐르는 느낌으로 주방 싱크대 밑으로 무겁게 흐른다.

무겁고 어두운 느낌으로…….
디졸브.

71   거실/식당^(저녁)

디졸브되면 음산하게 텅 빈 거실이 꽤 오랫동안 비치고…….
서재에서 나와 거실을 통해 욕실로 가려던 무현은 주방에서 여자의 말소리가 들리는 것 같다.
걸음을 멈추어 본다. 확실히 여자가 뭐라고 하는 소리가 들린다.
무현의 시점으로는 벽에 가려 보이지 않지만, 여자가 주방을 정리하며 누군가에게 주절주절 신경질적인 잔소리를 늘어놓고 있다.

천히 뒤돌아보는데.

책상 위의 선풍기가 틱틱 소리를 내며 느린 속도로 돌아가고 있다.

천천히 전선을 타고 내려와 보면 전원코드가 빠져 있는데 돌고 있는 선풍기.

76 　　　　　수미 집 외경(밤)

삭풍이 몰아치는 밤.

붉은 보름달이 크게 떠 있고 먹구름이 달을 가리기도 하고 드러내기도 한다.

77 　　　　　수미 방(밤)

불은 꺼져 있지만 휘황한 달빛에 방 안 군데군데 어둠과 밝은 곳이 콘트라스트를 이룬다.

침대 위에 쓰러져 얼굴을 파묻고 오열하는 수미.

손을 더듬어 침대 위에 있는 큼지막한 아기 인형을 끌어다 품에 안고 서럽게 흐느낀다.

누군가 어둠 속에 웅크리고 앉아 있다.

그 인기척에 고갤 천천히 들어 보는 수미.

수미　　수연이니?

어두운 그림자는 가만히 웅크리고 앉아 대답하지 않는다.

수미　　수연아…… 왜 거기에 그러고 있어?

수연　　(아주 낮고 음침한 목소리) ……왜 울어?

수미　　아빤 내가 아직 아픈 걸로 생각하고 있어.

　　　　　……내가 미친 거야?

　　　　　아니잖아…… 너 이렇게 살아 있잖아. 맞지?

수연　　…….

수미　　미안해.

수연　　뭐가.

수미　　몰랐어. ……널 내버려 뒀었잖아.

수연　　……할 수 없지. 이제 그러지 마, 안 그래도 돼.

수미　　아니…… 미안해. 다시는 그런 실수하지 않을게.

수연　　……힘들어? ……나 때문에?

수미　　(수미의 눈이 점점 붉어지더니 갑자기 표현할 수 없는 설움이 밀려

　　　　　온다)

수연　　나 돌아갈까?

수미　　아니. 그러지 마.

수연　　아빠는…… 나 죽은 거 알아……. 언니만 모르잖아.

수미	아냐…… 그렇게 말하지 마. 내가 아냐…….
	아빠가 몰라…….
	네가 살아 있다는 거, 네가 왜 돌아왔는지 아빠만 몰라.
수연	……후. (웃음인지 한숨인지 모를 호흡)
	……그래 이젠 어떡할 꺼야?
수미	…….
수연	어떡할 꺼야?
수미	그 여자…… 죽일 꺼야.
수연	…….
수미	그렇게 해서 알려야 돼.
	그 여자가 너한테 어떤 짓을 했는지……
	아빠한테 알려야 돼.
수연	지금 할 꺼야?
수미	응?

수연, 스르륵 일어선다.

수연   내 방으로 갈래.

수연이 어둠 속에 있다가 문 쪽으로 이동하면서 환한 달빛에 전신이 드러나면…… 목과 어깨 쪽이 썩어 진물이 나는 끔찍한 모습을 하고 있다.

78 　　　　　　　　서재(밤)

입구에 들어서 있는 옷장을 발견하고 멈칫하는 수미.
잠들어 있는 아빠 몰래 들어가 은주가 먹는 약병 하나를 집어 든다.
무현이 몸을 뒤척인다.
수미 멈칫하다 무현이 더 이상 움직이지 않자 조용히 서재를 빠져
나온다.

79 　　　　　　　　숲길 1(밤)

폐창고로 가는 수미.
달빛이 훤한 밤 숲길은 어쩐지 비현실적으로 보인다.

80 　　　　　　　　폐창고(밤)

수미는 여러 상자를 열어 무엇인가를 찾는다.
추운지 몸을 덜덜덜 떨고 있다.
전에 들고 왔던 가방을 열어 무엇인가를 꺼낸다.
보라색의 작은 물병.

약을 꺼내 나무판자 위에 펼쳐 놓은 다음 그 위에 투명한 물약을 붓
으로 바른다.

수미의 안색이 점점 안 좋아진다.

81 서재(밤)

수미 다시 몰래 들어가 진열대를 열고 약병을 조심히 집어넣는다.

이 모든 일들을 아주 냉담하고 차분하게 그리고 주도면밀하게 진행
한다.

82 주방/수미 방(밤)

수미가 갈증이 나는지 냉장고 문을 열어 물을 벌컥벌컥 들이마시며
숨을 고른다. 물병을 집어넣고 이마며 목에 밴 땀을 닦아 내며 냉장
고 문을 닫는다. 잠시 냉장고 안에서 무언가 이상한 것을 본 느낌이
든다.

조마조마한 심정으로 냉장고 손잡이를 쥔다.

확 하고 열어 보지만 이상한 건 없다.

가벼운 한숨을 내쉬며 도로 문을 닫는 순간, 무엇인가 따악 하는 소

리가 수미의 귓가를 때린다.

화들짝 놀라는 수미.

바람에 식당 창문이 요동을 치고, 문을 잠그고 돌아서 고갤 돌리자 무현이 식탁에 고개를 떨군 채 어딘지 지치고 암울한 표정으로 앉아 있다. 무슨 일인지 섬뜩한 기분이 든다.

무현	(천천히 고개를 들며) 수미야…….
수미	?
무현	(무언가 상당히 힘들게 입을 연다) 내가…… 이제야…… 수미 말을…… 알았어.
수미	…….
무현	네가 아까 한 말……. 그 여자가 수연이한테 한 짓 나두…… 알아. 하지만,
수미	(얕은 한숨) 알았어. 내일 얘기해. 오늘은 정말 피곤해.
무현	……. 그래…… 그래…… (사이에 긴 한숨) 내일 얘기하자.
수미	내일이면 다 밝혀질 거야.
무현	그래…… 내일이면 다 밝혀지겠지……. (힘없이 일어서 나가는 무현)
수미	(측은한 마음에 힘없이 돌아서는 무현을 향해) ……주무세요, 여보.

'여보'란 말에 무현, 소스라치게 쳐다보고 — 그건 마치 놀란 표정이라기보단 얼핏 흉포한 표정 같기도 하다 — 여보 소리에 깜짝 놀라

눈을 크게 뜨고 깨어나는 수미.

83   서재(낮)

요란한 전화벨 소리로 인해 무현, 소스라치며 잠에서 깨어난다.
높게 달린 작은 창문으로 빛이 들어와 눈이 부시다. 미간을 찌푸리
다 쩌렁쩌렁 울려대는 벨 소리에 허둥대며 전화를 받는다.

무현   여보세요. ……응. 지금? ……알았어. 어디야? 알았어.
        곧 갈게. 끊어. ……아, 잠깐, 여보세요! 여보세요!

상대방이 일방적으로 끊는다.
무현은 상대방에게 전화를 걸어 보지만 받지 않는다.
무현은 전화를 내려놓고 잠시 정신을 추스른다.
서둘러 옷을 챙기고는 밖으로 나간다.

84   수미 방(낮)

이상한 꿈에서 깨어나 정신을 차리고 눈을 떴을 때 수연이는 보이

은주를 무시하고 서재로 뛰어가는 수미.

93   **서재**(낮)

서재로 뛰어든 수미.
또다시 무현의 탁자 위에 무현이 전에 베란다에서 찍은 사진이 눈에 들어온다.
그런데 거기에 수연은 보이지 않고 수미만 놀란 표정으로 카메라를 향하고 있다. 순간 어떻게 된 거지? 하는 표정을 짓는다.
천천히 다가가 옷장을 확 하고 열면.
옷장 안에서 포대기가 꿈틀거린다.

수미   수연아!!

여러 개의 책상 서랍을 바닥에 쏟아 내며 칼이며 가위를 찾다가 진열대에 놓여 있는 가위를 집어 든다.

94　　　　　　거실/주방(낮)

그걸 거실에서 지켜보던 은주, 혀를 쯧쯧 찬다.
은주가 주방으로 천천히 걸어간다.
연신 고갤 설레설레 흔들며 혀를 차면서 무언가 중얼거린다.
가스레인지 위에서 펄펄 끓는 주전자를 집어 든다.

95　　　　　　서재(낮)

은주는 주방에서 펄펄 끓는 주전자를 들고 수연을 풀어 주던 수미
에게 터벅터벅 걸어온다.

은주　　넌 어쩌면 병이 들어도 그렇게 더럽게 들었냐? 이게 다
　　　　네가 자초한 거니까 더러운 꼴 당해도 네 팔자겠지.

수미, 뒷걸음친다.
뜨거운 주전자를 수미에게 들이밀면서 다가오는 은주.
수미, 뒷걸음치다 은주가 다가오자 가위로 있는 힘껏 내리친다.
가위가 은주의 주전자를 든 손에 찍히면서 악 소릴 냄과 동시에 주
전자를 놓친다.
그때를 놓치지 않고 은주를 힘껏 밀어젖히는 수미.

은주, 진열장에 몸을 부딪히자 진열장 안에 있던 낚싯바늘 통이 떨어지면서 수십 개의 날카로운 낚싯바늘들이 바닥에 뿌려진다.

그 위로 은주가 쓰러지고 찢어지는 비명.

그러나 몸을 일으킨 은주가 수미의 다리를 낚아챈다.

수미의 몸이 기우뚱하는 것 같더니 바닥에 미끄러져 머리를 책상에 부딪힌다.

수미가 의식을 잃는다.

은주가 벌떡 일어서며 비틀거리며 광으로 내려간다.

뭐라고 쉴 새 없이 웅얼거리며 수미에게 악에 찬 저주를 퍼부으며 수미를 지나쳐 간다.

은주　　이제 후회해도 소용없어. 다 네가 불러낸 것들이니까.

　　　　이젠 네 집 식구들이라면 아주 지긋지긋하고 치가 떨린다. 정말 지긋지긋해.

은주는 계속 혼자 중얼거리며 광 쪽으로 간다.

깜빡깜빡 정신이 들 때면 은주가 광에서 삽을 질질 끌며 걸어오는 게 보인다. 의식은 겨우 차렸는데 몸을 움직일 수가 없다.

은주　　너나 나나 다 똑같아. 알아?

의식이 들었다 나갔다 하면서 빠른 속도로 이상한 환각이 보인다.

- 열 손가락에 피를 뿜으며 무엇인가를 박박 긁어대는 손.
- 옷장 안에서 음독자살하여 처참하게 죽어 있는 엄마.
- 울면서 엄마를 부르며 뛰어다니는 수미의 어린 시절.
- 옷장 안에서 발버둥 치며 옷장 문을 손으로 마구 긁어대다가 서서
히 죽어 가는 수연.
그 옆에, 그 옆에 누군가가 있다. 누군가가 보인다.
은주가 수미를 내려다보며 뭐라고 말을 한다.
수미는 입만 벙긋거리는 은주를 보지만 알아들을 수 없다.
은주가 천천히 삽을 머리 뒤로 들어 올린다.
수미의 눈에서 눈물이 흐른다.
머리 뒤로 올린 삽을 내려치려는 순간.
현관문이 열린다.

무현   수미야!

겨우 의식을 차려 현관 쪽을 보면, 무현이 들어온다.
수미의 눈에 눈물이 핑그르 돈다.

수미   아…… 아빠…….

집 안은 온통 아수라장이다.
어느새 은주는 보이지 않고 수미만 바닥에 누워 있다.
무현은 놀란 얼굴로 뛰어 들어가 수미를 일으킨다.

뭐라고 입이 열리진 않지만 수미의 두 눈에 뜨거운 눈물이 쏟아져
나온다. 무현이 수미의 정신을 들게 한다.
수미, 무현이 가져온 물을 받아 마시고
거실 소파에 비스듬히 앉는다.

수미   아빠…….

무현   그래…… 아빠야. 정신이 드니? 이젠 괜찮아.

수미   아빠…… 이제 알겠어? 이젠 알겠지?

무현   그래 알았어. 천천히 해.

수미   그 여자 말야. 그 여자 어딨어?

           지금 그 여자가 날 죽이려고 그랬어…….

           날 죽이려고 그래.

무현   그래…… 알아. 알았으니까 그만해. 이젠 괜찮아.

수미   ……뭘 알았다는 거야? 수연이…… 수연이 살려야 돼.

무현   수미야. 그렇지 않아. 네가 잘못 생각한 거야.

           그거 다 거짓말이야.

수미   뭐?

무현   수미야. ……그만 좀 해. 너 많이 아파.

수미   ……? 수연인? 수연아!

           (서재에 옷장을 가리키며) 수연이 꺼내 줘! 수연이!

수미의 팔에서 피가 번져서 마룻바닥에 뚝뚝 떨어진다.
무현, 황급히 뛰어와 피를 지혈한다.

수미는 이게 언제 생긴 상처지? 하는 표정으로 피 나는 곳을 쳐다본다. 수미, 손짓으로 서재를 가리킨다.

수미   아빠, 저기…… 수연이.

96　　　　　　　　　　서재(낮)

서재로 들어가 진열대를 열고 소독약과 붕대를 꺼낸 다음 알약 두 개를 꺼낸다. 나오면서 열린 옷장 문 사이로 여기저기 찢긴 인형이 포대기 밖으로 반쯤 튀어나와 있는 것이 보인다.

97　　　　　　　　　　거실(낮)

거실에 나오면 서재에 수미는 보이지 않고 은주가 고개를 창문 쪽으로 돌린 채 소파에 다소곳이 앉아 있다.
무현이 나오자 천천히 고개를 돌린다.
얼굴엔 눈물 자국이 채 마르지 않은 채로 무현을 돌아본다.

은주   수미는요? 수미는 괜찮을까요?

무현　　……약 먹어. 한결 나아질 거야.

무현, 다가가 소파 앞 탁자 위에 물과 알약 두 개를 내려놓고 은주의
팔에 난 상처를 붕대로 둘둘 말아 응급 처치 한다.
소독약을 찾으러 다시 어디론가 뛰어가는 무현.
혼자 남아서 알약을 내려다보는 은주.
그때 현관 차임벨이 울린다.
아무도 움직이지 않는다.
문고리가 천천히 돌아가다가 문이 삐이걱 열린다.
문이 열리면 은주가 들어선다.
거실의 은주, 현관 앞에 들어선 은주를 바라본다.

현관 앞 은주　수미야…….

거실의 은주　…….

현관 앞 은주　수미야…….

거실의 은주　…….

거실의 은주, 현관 앞 은주를 바라보는 두 눈이 붉게 충혈되면서 눈
물이 맺힌다.

거실의 은주　……? …….

현관 앞 은주　수미야…….

100 병실(낮)

텅 빈 병실, 수미만 혼자 있다가 고개를 옆으로 돌린다.

수미 수연아.

카메라, 수미가 고개를 돌린 쪽으로 팬 하면 어두운 구석엔 아무도 없다.

수미 수연아 어딨어? 이리 나와. 이젠 괜찮아.
수연 (소리만) 언니…….
수미 미안해 수연아……. 그 여자한테 다 말했어.
수연 …….

마임이라도 하는 듯 누군가를 얼싸안는 동작을 취한다.

101 시골 국도 3(낮)

달리는 차 안의 무연과 은주.
다분히 지친 표정으로 차창 밖 지나가는 시골 풍경들, 마을 입구와
시골길 저수지를 무감하게 바라보고 있다.

무현과 은주 힘없이 집으로 들어오고 무현은 어지럽혀진 집 안을 대충 치우려고 한다.

은주는 천천히 주방으로 들어간다.

옷을 벗어 식탁 의자에 올려놓고 차 한 잔을 끓여 식탁으로 가져온 뒤 의자를 끌어내 앉는다.

무현이 들어와 은주 옆에 앉는다.

둘은 한동안 말이 없다가.

무현   은주야…… 혹시…… 혹시 말야.

은주   ?

무현   혹시…… 내가 모르는…… 무슨 일이 있었던 거니?

은주   (아주 천천히 고개를 가로젓는다)

무현   (힘없이 웃으며) 그래…… 미안해…….

무현 일어서 식당을 나간다.

잠시 멈춰 섰다가 다시 고갤 돌려,

무현   근데 아까 수미가 뭐라고 그런 거야?

은주   아무 말도 안 했어요.

무현, 고갤 힘없이 끄덕거리다 식당을 빠져나간다.

은주, 잠시 후 식탁의 빈 의자들을 한동안 말없이 바라보다 조금씩 어깨를 들썩이는 것 같더니 얼굴을 감싸 쥐며 아주 오랜 시간 조용하고 서럽게 오열하기 시작한다.

- 플래시 컷.
앞 씬의 병원.
수미가 은주의 손목을 강하게 잡아당겨 은주의 귓가에 대고 나직이 속삭인다.

수미　　　수연이가······ 당신한테 전하래. 곧 당신을 찾아갈 꺼야.

다시 화면 돌아오고.
은주는 어깨를 들썩이며 흐느낀다.
그러다 어디선가 작은 소리가 조금씩 들려오면서 울음을 멈춘다.
전에 들린 벽 긁는 소리와 함께 누군가의 말소리도 들리는 것 같다.
찻잔을 쥐고 있던 은주의 손이 덜덜 떨린다.
떨림의 진동을 타고 찻잔의 달그락거리는 소리가 들린다.
환하게 불이 켜진 주방, 냉장고에 조금 가려진 한쪽 벽에서 뭔가 알아들을 수 없는 웅얼거림 같은 게 들리더니 느닷없이 벽에서부터 머리를 양옆으로 딴 어떤 여자애가 너무나 느린 속도로 천천히 가로질러 간다.
팔과 다리를 아주 크고 힘차게 흔들어대면서 가는데 기이할 정도로 느린 속도로 걷는다.

그건 사람의 속도가 아니다.

은주의 목덜미에 소름이 돋는다.

여자앤, 계속 아주 크고 힘찬 모습으로 다른 쪽 벽면을 향해 가다가 갑자기 멈춘다.

은주 쪽으로 천천히 몸을 돌린다.

아이의 얼굴엔 눈 코 입이라고 할 수 있는 것들이 없이 입 쪽에 커다란 구멍 하나만 입을 크게 벌리듯 뚫려 있다.

그 여자아이는 은주 쪽으로 몸을 완전히 돌리더니 다시 팔과 다리를 크게 움직이면서 느리게 느리게 은주에게 걸어온다.

은주, 숨이 턱 하고 멈출 것 같다.

느리게 오던 여자아이, 갑자기 순식간에 엄청난 속도로 은주에게 돌진한다.

은주, 동공이 커지면서 경악한다.

103 수미 병실 (저녁)

수미 죽은 듯이 잠들어 있고 수미의 평온한 얼굴에 눈물 자국이 채 마르지 않아 있다.

104   거실 (낮)

박 순경, 무현의 이야기를 심각한 표정으로 듣고 있다.
창밖을 보자 천둥 번개가 치고 비가 억수같이 쏟아지고 있다.

무현   제 가족에 대한 이야기는 여기까지입니다.

박 순경   그게 뭐죠?

무현   그런 거 느껴 보신 적이 있습니까?

박 순경   네?

무현   전생이라든가 빙의라든가…… 초자연적인 현상들요.

박 순경   귀신을…… 말씀하시는 겁니까?

무현, 박 순경의 말을 아무 소리 없이 듣다가 차를 한 잔 따른다.

박 순경   하여튼 뭐……

              전 귀신이 있다고 생각해 본 적은 없습니다.

무현   (아무 대꾸 없이 차 한 모금을 마시며) 전 오늘…… 이 집 안에
              서 일어났던 사실 그대로를 하나도 빠짐없이 말씀드리는
              겁니다.

박 순경   (어색하게 웃으며) 저보고 믿으라는 말씀은 아니시겠죠?

무현   (얼굴빛이 조금씩 음침해지고 어두워진다) 박 순경님은 살아오
              면서 무언가 지워 내고 싶은 순간이 있었나요? 정말 돌이
              키고 싶지 않은 정말 지워 버리고 싶은 순간 말입니다.

박 순경	네?
무현	죽은 사람과 대화하지 말라는 말을 아십니까?
박 순경	네? 그게…… 무슨…… 그게 무슨 말씀이시죠?
무현	(조금 진정하려는 듯 호흡을 고르며) ……정말 파출소로 찾아 온 여자가 수미라고 생각하십니까?
박 순경	네?
무현	어제 찾아왔다던 그 여자가 정말 수미라고 생각하시냐고 물었습니다.
박 순경	수연 양 사진을 가지고 와서 동생분이라고…… 아니 근데 무슨 말씀이시죠? 저한테 찾아온 여자분이 수미 양이 아니란 말입니까?
무현	……그 앤 죽었어요. ……자살했습니다.
박 순경	(놀라며) 네? …….
무현	……일 년 전에 스스로 목숨을 끊었습니다.

사이에 천둥과 벼락이 멀리서 친다.

박 순경	저…… 잠깐만요. 제가 좀 혼란이 와서 그러는데…… 죄송하지만…… 수미 씨 사진을 볼 수 있나요?
무현	……아마 서재에 있을 겁니다. ……조금 시간이 걸릴지도 모르겠습니다.
박 순경	…….

박 순경은 도무지 종잡을 수 없다는 듯 극도로 혼란스러운 표정이
되어 간다.

무현   아빠가 되는 것과, 좋은 아빠가 되는 것은 다른 것 같습니
         다. (천천히 자리에서 일어서다 갑자기, 금방 울음이라도 터트릴
         것 같다) 만약 그 애가 찾아왔다면, 그 애라면 무슨 사연이
         있었겠죠. 무언가 말을 할 게 남아 있었나 봅니다.

박 순경   네에?

무현   잠깐만 기다리세요. 잠시 들어갔다 나오겠습니다.

박 순경   잠깐만요. 그럼 현 부인께선?

무현 대답 없이 서재로 들어가고 창문을 때리는 비는 더 억수같이
쏟아져 내린다.
박 순경, 혼자 남아 있는 상태로 주방이며 현관 입구 집 안 여기저기
를 둘러본다. 어쩐지 집 안 전체에 으스스한 공기가 감돈다.
한참을 기다려도 무현은 나오지 않는다.
불현듯 박 순경은 불길한 기분이 든다.

박 순경   저기 여보세요! 배 선생님!

박 순경은 천천히 일어나 서재로 다가간다.
박 순경은 쾅쾅 문을 두드리다 응답이 없자 문을 열어 본다.

SCENE 95

은주는 주방에서 펄펄 끓는 주전자를 들고
수연을 풀어 주던 수미에게 터벅터벅 걸어온다.

SCENE#	LOCATION	DAY	SET
95	서재		

C# 1

수미, 가위로 포대기를
자르려 하지만 잘되지 않는다.

C# 2-1

F.S.
포대기를 자르려고 안간힘을 쓰는
수미의 뒷모습으로
카메라, 불안하게 다가간다.

C# 2-2

카메라 점점 다가가 뒷모습 B.S.까지 가면
수미, 고개를 홱 돌려 뒤를 쳐다본다.

C# 3

Extreme Low Angle.
펄펄 끓는 주전자를 들고
수미에게 터벅터벅 걸어오는 은주.
수미의 시점으로 바라본 은주.

SCENE#	LOCATION	DAY	SET
95	서재		

C# 4

수미, 위협감을 느끼고 몸을
움츠러뜨린 채 그 자리에서 뒷걸음친다.

C# 5

뜨거운 주전자를 수미에게
들이밀면서 다가오는 은주.
뜨거운 김이 수미 머리 위로
올라가는 게 보인다.

C# 6

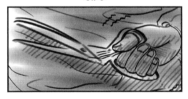

수미, 뒤춤에 감춘
오른손으로 가위를 잡고 있다.

C# 7

수미를 향해 다가오던 은주, 잠시 멈춘다.

SCENE#	LOCATION	DAY	SET
95	서재		

C# 8

가위를 들고 은주에게 돌진하는 수미.

C# 9

놀란 표정의 은주.

C# 10

가위 들고 카메라 앞으로 돌진하는 수미.

C# 11.

오븐 장갑을 낀 손등에 찍힌 가위.

SCENE#	LOCATION	DAY	SET
95	서재		

C# 12

가위가 손등을 찍음과 동시에 악 하고
비명을 지르는 은주, 주전자를 놓친다.

C# 13

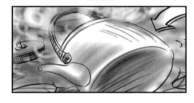

놓쳐서 바닥에 떨어진 주전자.
쏟아지는 뜨거운 물.

C# 14-1

은주가 찍힌 손등을 움켜쥐고
신음하고 있을 때, 이때를 놓치지 않고
은주를 힘껏 밀어젖히는 수미.
은주, 진열장에 몸을 부딪히자
진열장 안에 있던 낚싯바늘 통이
떨어지면서 수십 개의 날카로운
낚싯바늘들이 바닥에 뿌려진다.

C# 14-2

그 위로 은주가 쓰러지고 찢어지는 비명.

SCENE#	LOCATION	DAY	SET
95	서재		

C# 15

그 모습을 보고 빠져나오려던 수미.
그러나 이때,

C# 16

몸을 일으킨 은주가
수미의 다리를 잡아챈다.

C# 17

수미의 몸이 갸우뚱 하는 것
같더니 바닥에 미끄러진다.

C# 18

책상 위로 쏠리듯이
떨어지는 수미의 시점.

주방과 식당

은주의 방

수미의 방

Disney Ladies Series
디즈니 레이디스 시리즈

어렸을 때부터 어른이 된 지금까지
오랜 시간 동안 우리에게
따뜻한 위로와 진심 어린 응원을 전하고 있는
디즈니 애니메이션.

삶을 더욱 빛나고 단단하게 만들어준,
자신이 얼마나 가치 있는 사람인지 알게 해준,
디즈니의 여성들이 전하는 이야기입니다.

수많은 사람에게 사랑받은 애니메이션 〈겨울왕국〉.

진심 어린 마음과 단단한 용기로 위기를 극복해나가는 엘사와 안나, 언제 어디서나 유쾌함과 순수함을 잃지 않는 올라프, 누구보다 올곧고 다정한 크리스토프의 이야기는 우리에게 큰 감동과 진한 울림을 주었습니다.

《엘사와 안나, 우리는 매일 어른이 되고 있어》를 통해 자신이 얼마나 가치 있는 사람인지 깨달을 수 있을 거예요.

우리는 모두, 지금 모습 그대로도 충분히 빛나는 존재입니다.

Character

엘사

신비로운 마법의 힘을 지녔다. 사려 깊고 조용한 성격이지만, 아렌델 왕국의 평화를 지키기 위해서 자신이 가진 능력에 대한 두려움을 이겨낸다.

안나

명랑하고 대담하며 낙천적이다. 어떠한 어려움에 부딪히더라도 피하지 않고 맞서 싸우는 당당함과 용감함이 돋보인다.

크리스토프

안나의 곁을 묵묵하게 지키며, 두 자매의 모험을 응원한다. 무뚝뚝하게 보이지만 다정한 마음을 가지고 있다.

올라프

호기심이 가득하다. 항상 유쾌하고 사랑스러운 매력을 뽐낸다. 삶의 여유를 즐길 줄 아는 느긋함도 있다.

언제나
'진정한 나'를 잃지 마세요 🌸

자신을 있는 그대로 인정하고 사랑하는 마음이 중요합니다.
항상 감정을 솔직하게 드러내고 행동하는 안나처럼요.
기쁨과 슬픔, 사랑과 외로움, 자신감과 두려움 등
느껴지는 감정을 애써 숨기지 않아도 돼요.
잘못된 감정이라는 건 세상 어디에도 없으니까요.
용기 있는 안나는
사랑하는 엘사를 위해 기꺼이 모험에 뛰어들었어요.
내면의 소리에 귀를 기울이고
흔들림 없이 소신을 지켜나가는 모습이
정말 멋지지 않나요?

자신의 감정을 소중히 여기며
다양한 경험을 하다 보면
자연스럽게 진정한 나의 모습을 발견하게 될 거예요.

분명 행복한 일이 일어날 거예요 ✺

잠에 들기 전,
내일은 오늘보다 좋은 날이 될 것이라고 상상해보세요.

더 멋진 하루가 당신을 기다리고 있을 거예요.

자립심을 키우세요 ✿

자립심은 타인에게 의존하지 않고
자신의 감정과 생각을 중시하며
그것을 바탕으로 스스로 결정을 내리려는 마음가짐이에요.
또한 자신의 마음가짐에 책임을 지는 것이기도 하지요.
즉, 다른 사람이 원하는 대로 살아가는 것이 아니라
'자신의 인생'을 살아가는 것을 가리킵니다.

스스로를 믿고 앞으로 나아가면
인생의 꿈을 반드시 이루게 될 거예요.

남의 힘으로는
행복해질 수 없어요

✳

안나는 자립심이 강한 인물입니다.
백마 탄 왕자에게 보호받기를 기대하지 않아요.
타인의 힘으로 행복해지려고 하면
결코 행복해질 수 없습니다.

자신을 아끼며 온전히 자신의 힘으로
행복해지려고 노력해야 합니다.

완벽하지 않아도 괜찮아요 🌸

엘사가 불렀던

〈겨울왕국〉의 OST 'Let It Go'를 기억하시나요?

마지막에 '완벽했던 소녀는 이제 없어 That perfect girl is gone.'라는

가사가 나옵니다.

여기서 우리는 엘사가 완벽해지려고 애쓰며

스스로를 괴롭혀왔다는 사실을 알 수 있어요.

완벽이란 결점이나 흠이 전혀 없는 상태를 뜻해요.

엘사는 언젠가 여왕이 되어 왕국을 다스려야 하는데,

사람을 다치게 할 수도 있는 마법을 지녔다는 것이
자신의 치명적인 결점이라고 생각했겠지요.
그래서 필사적으로 마법의 힘을 숨기려고 노력했습니다.
하지만 누구나 남들에게 보여주고 싶지 않은
결점을 가지고 있습니다.
세상에 완벽한 사람은 없어요.
우리는 완벽하지 않기에 끊임없이 성장하기를 꿈꾸며
더 나은 사람으로 발전할 수 있답니다.

재능을 마음껏 발휘하세요 ✿

흥미롭고 즐거운 일이 있다면, 적극적으로 도전해보세요.
그동안 알지 못했던 재능을 깨닫고
새로운 세상과 만날지도 모릅니다.
좋아하는 것과 하고 싶은 일을
해보기도 전에 포기하는 행동은 절대 하지 마세요.
즐겁게 열중할 수 있는 분야가 있다는 사실만으로도
삶은 더욱 풍요롭고 유쾌해질 거예요.

외로움을 내 편으로 만드세요

우리는 모두 외로움을 안고 있습니다.
자신의 외로움을 지혜롭게 다스리고
혼자 있는 시간도 가치 있게 보내야 합니다.
독립된 인격체로서
혼자만의 시간을 즐길 줄 알아야
누군가와 함께 하는 시간도 즐길 수 있답니다.

안나와 엘사가 서로 도와가며
여러 차례의 위기를 극복한 것처럼요.
서로를 아끼는 마음으로
어려운 순간을 함께 헤쳐나가면
단단한 믿음이 생기게 되고
이는 더욱 강력한 힘을 발휘하게 해요.

유머가 필요한 순간도 있어요 🌸

차가운 눈으로 만들어졌지만,
따뜻한 포옹과 여름을 좋아하는
올라프는 유머 감각이 넘쳐나요.
보는 사람의 마음까지 즐겁게 만듭니다.
사람의 마음을 어루만지고
미소 짓게 하는 유머 감각은
인간관계를 원활하게 하는 역할을 합니다.
어색한 분위기나 심각한 상황을
밝게 바꿔주는 긍정적인 힘도 있고요.

진심을 다해
대화를 나눠보세요 🌸

서로의 생각과 기분을 알고 싶다면 대화를 해보세요.
대화가 부족하면 오해와 갈등이 생기기 마련입니다.
굳이 말로 표현하지 않아도
상대방이 이해해줄 것이라는 믿음은 이기적인 욕심입니다.
아무리 친해도 나와 상대방은 서로 다른 사람이에요.
하고 싶은 말이나 바라는 것이 있다면
분명하게 이야기해야 합니다.

대화는 상대방을 이해하고
자신의 진심을 전할 수 있는 가장 좋은 방법이에요.

신뢰를 잃지 마세요 🌸

자신을 만든 엘사를
다정하고 따뜻한 사람이라고 믿는 올라프와
주변 사람들이 뭐라고 말하든
언니는 나를 다치게 하지 않는다고 믿는 안나.
누군가를 믿는다는 것은 아름다운 마음이에요.
세상에는 믿지 못할 사람보다
믿을 수 있는 사람이 훨씬 더 많습니다.

타인에 대한 믿음을 잃지 말고
자신도 믿음을 줄 수 있는 사람이 되면
삶은 정말 빛날 거예요.

친구를 소중하게 대하세요 🌸

안나와 엘사는 자매지만,

두 사람의 관계를 우정이라고도 볼 수 있습니다.

감수성이 풍부한 사춘기 시절을 함께 울고 웃으며 보낸 친구,

가까이에서 기쁨과 슬픔을 나누는 친구,

서로에게 좋은 자극을 주고받으며 같이 발전하는 친구 등

속마음을 터놓을 수 있는 친구는

그 무엇과도 바꿀 수 없는 귀한 존재입니다.

칭찬은 강한 힘이 있어요 ❀

칭찬은 상대방에게 기쁨을 줍니다.
칭찬하는 자신도 기분이 좋아지고요.
하지만 말만 번지르르한 인사치레나
속내가 훤히 보이는 아첨은
오히려 상대방을 불쾌하게 만들 뿐이지요.
중요한 것은 칭찬에 담긴 진심입니다.
흥미와 관심을 가지고 상대방의 장점을 발견해야 해요.
칭찬의 말을 듣고 상대방이 기뻐한다는 것은
자신이 상대방을 제대로 이해하고 있다는 증거이기도 해요.

감사의 마음을 표현하세요

감사의 인사는 사람과 사람을 이어주는
신비로운 힘을 가지고 있습니다.

친한 사이일수록 감사한 마음을
표현하는 일을 잊지 마세요.

3

더 행복한 삶을
살아가기 위해서

설레는 감정을 소중히 여기세요 🌸

항상 좋은 일만 일어날 수는 없습니다.
날마다 똑같이 반복되는 일상에 지치기도 하고,
때로는 예상하지 못한 상황에 부딪혀 움츠러들기도 하지요.
그럴 때는 자신만의 설렘을 찾아보세요.
하루 종일 좋아하는 영화나 드라마를 보는 건 어때요?
오랜만에 친구에게 연락을 해보는 것도 좋고요.
집에 꽃을 두는 것도 좋은 방법입니다.
소소하지만 특별한 일은 일상에 설렘을 선사할 거예요.
작은 변화만 주어도 기분이 한결 나아져요.

긍정적인 마음은 설레는 감정에서 시작된답니다.

과거의 실패에서 벗어나세요 🌸

과거의 실패를 후회하고
똑같은 실수를 반복할지도 모른다는
두려움을 안고 살아가는 사람은 엘사만이 아닙니다.
하지만 과거는 바뀌지 않고, 지울 수도 없어요.
과거에 계속 얽매이면 두려움에서 벗어날 수 없지요.
과거보다는 현재를 중시하며
미래를 향해 나아가는 것이 더 중요합니다.
엘사는 마법의 힘을 가진 걸 두려워했지만,
나중에는 마법의 힘을 조절할 수 있게 되었듯이
시간이 지나면 우리 모두는 성장합니다.

현재의 나는 실패를 겪어야만 했던
과거의 나와는 다르다는 사실을 기억하세요.

충분히 해낼 수 있어요 🌸

엘사와 안나가 어려움을 이겨내고
아렌델 왕국을 구한 것처럼
당신도 해낼 수 있을 거예요.

새로운 도전을 할 수 있도록 응원할게요.

행복의 씨앗을 찾으세요 🌸

엘사가 처음으로 마법의 능력을 인정한 후,
긍정적인 마음으로 만든 것이 올라프입니다.
올라프는 어떤 상황에서도 절망하지 않는
낙천적인 성격을 지녔죠.
올라프라는 이름은 'Oh, laugh'에서 만들어졌다고 해요.
그래서인지 언제나 유쾌함을 잃지 않습니다.
불평이나 불만을 늘어놓기보다
행복의 씨앗을 찾아볼까요?

올라프의 눈으로 본다면
행복은 바로 우리 주변에 있습니다.

121

일단 실행에 옮기세요

완벽한 계획을 세워도 실행에 옮기지 않으면,

아무것도 바꿀 수도 없고 새로운 일을 시작할 수도 없어요.

그 자리에 멈춰 가만히 생각해보는 신중함도 가끔은 필요하지만,

생각할수록 불안감만 더 커져 계속 망설이게 될 때가 많습니다.

혹시 하고 싶은 일이 있는데도 고민만 하고 있지는 않나요?

비록 실패하더라도 해보지 않고 후회하기보다는
해보고 나서 후회하는 것이 낫다는 말도 있잖아요.

꿈을 향해 조금씩 나아가보세요.

동심을 잃지 마세요 ✳

올라프를 보면 천진난만한 동심이 생기게 됩니다.
동심은 호기심이 많고 좋아하는 것에 열중하는 마음이며,
이해관계를 따지지 않는 순수한 마음이라고도 할 수 있겠지요.
나이가 들어도 어린아이와 같은 마음을 잃지 않으면
남다른 시야를 가질 수 있을 거예요.
예상하지도 못한 놀라운 결과를 가져오기도 하고요.

노력의 대가를 보상받지 못할 때도 있습니다.
분명 괴롭고 슬픈 일이지만,
그것은 결과가 아니라 중간 과정일 뿐이에요.

노력은 헛된 것이 아니라
다음 단계로 나아가는 원동력이 될 거예요.

자신의 행복을 믿으세요

행복해지기 위해서는 행복을 간절히 바라고,

그 바람이 반드시 이루어질 것임을 믿어야 합니다.

엘사와 안나는 모두가

행복해질 수 있도록 최선을 다했어요.

때로는 무모해 보이기도 하지만,

그 마음과 행동 덕분에 해피 엔딩을 맞이할 수 있었습니다.

비록 지금은 힘들더라도

언젠가는 반드시 행복해질 것이라고 생각한다면,

그 자체만으로도 이미 행복을 손에 넣었다고 말할 수 있겠지요.

행복에 대한 믿음은 행복의 문을 활짝 열어줄 거예요.

나는 사람들이 가끔 내게 이렇게 말하고 싶어한다는 것을 알고 있다.

"구글 지도 하나면 다 알 수 있는데 굳이 그 길을 직접 가서 살펴보고 사진 찍고 기록을 남긴다는 게 무슨 큰 의미가 있어?"

한마디로 쓸데없는 일에 지나치게 힘을 쏟는 거 아니냐는 의미일 것이다. 그렇게 생각할 수 있다. 디지털 지도는 길 이상을 보여주기 때문이다. 하지만 탐험가는 잘 알지 못하는 세계에 대한 가치판단을 미리 내려놓고 움직이는 사람들이 아니다. 사실 알지도 못하는 곳을 탐험하면서 그럴 수도 없다. 다만 가능성이 있다고 생각되면 어떤 위험을 무릅쓰고 살펴보거나 조사하여 가치를 만들어가는 사람들일 것이다.

나는 1987년 대학에 입학하자마자 민주화의 결실을 이루어내는 역사를 목격했다. 그 경험은 한발 더 나아가 통일까지 생각하게 했다. 언젠가는 분명히 이루어질 한반도의 통일은 궁극적으로 섬처럼 살아왔던 우리에게 대륙의 문을 여는 열쇠가 쥐어지는 것이라고 여겼다. 그리고 거짓말처럼 1991년 12월 소련이 해체됐다는 뉴스를 들었다. 국제질서를 양분한 냉전시대의 한쪽 맹주였던 국가가 붕괴했다는 사실은 새로운 세계의 도래를 알리는 것이었다.

우리에게 대륙은 성큼 다가왔다. 유라시아 대륙은 190여 개의 민족으로 이루어진 인구 45억 이상의 거대한 시장이다. 금단의 땅이자 미지의 세계로 여긴 러시아만 해도 11개 시차에 180개 이상의 민족이 사는 엄청난 시장이자 자원의 보고였다. 서방세계와 발맞춰 걷던 우리에게 새로운 기회의 땅으로 다가왔다. 어떤 기회가 있을까? 무엇을 해야 할까? 청년 정신으로 충만해 있던 나는 이 낯선 땅에 뛰어들었다. 아무도 가려고 하지 않은 길이었기 때문에 그래서 나라도 가야겠다고 생각했다.

소련 붕괴 4년 차인 1995년 7월, 대학 4학년이었던 나는 여름방학을 이용해 처음으로 러시아 땅을 밟았다. 이후 모터바이크를 이용해 총 4회에 걸쳐 유라시아 대륙을 단독으로 횡단했다.

1996년 >>> 블라디보스토크-모스크바 1만 km 세계 최초 시베리아
　　　　　단독 횡단 (1만 km)
2014년 >>> 부산-동해-블라디보스토크-모스크바-암스테르담
　　　　　-유럽 10개국 단독 횡단 (왕복 2만 5,000km)

2017년 〉〉〉 부산 – 동해 – 블라디보스토크 – 이르쿠츠크 단독 횡단

(왕복 1만 km)

2019년 〉〉〉 부산 – 동해 – 블라디보스토크 – 모스크바 – 로테르담

단독 횡단 (왕복 2만 5,000km)

2020년은 한·러 수교 30주년이 되는 해였지만 남과 북의 분단상황은 변함이 없다. 하지만 2010년 1만 km에 달하는 러시아 연방 고속도로의 완공으로 아시아와 유럽이 하나의 길로 연결되었다. 여기에 우리가 가진 대륙으로 연결되는 국제고속도로 네트워크인 '아시안 하이웨이'가 진가를 발휘하게 될 것이다. 아시안 하이웨이는 유엔의 아시아태평양경제사회위원회(UN ESCAP)가 아시아 국가 간 교류 협력을 확대하기 위하여 1959년부터 구축해온 국제 도로망으로 아시아 32개국에 총 55개 노선, 14만 km에 이른다.

나는 러시아 연방고속도로와 많은 구간을 공유하는 '아시안 하이웨이 6호선(AH6)'을 통해 유라시아 대륙을 횡단했다. 아시안 하이웨이 6호선의 한반도 구간은 부산에서 출발하여 7번 국도를 따라 올라가다가 북한의 나진, 선봉을 거쳐 블라디보스토크로 가는 루트이지만, 지금 현실에선 부산에서 출발하여 동해에서 배를 타고 블라디보스토크로 들어간다. 블라디보스토크 해양 터미널만 도착하면 아시안 하이웨이 6호선은 시베리아를 거쳐 유럽으로 향하는 길에 장애가 없어진다. 개인의 이동에 제한이 없으니 시장의 상황에서는 이

미 통일이 된 것이나 다름이 없다.

나의 탐험은 한반도에서 시베리아를 거쳐 유럽에 이르는 육로를 개척하는 데 첫 번째 목적이 있다. 한국-유럽 간 물류 운송은 수에즈 운하를 통하면 2만 1,000km, 최근 각광받는 러시아 위쪽 북극해를 가로지르는 북동항로를 통하면 1만 4,000km이다. 유라시아 대륙횡단도로도 1만 4,000km로 북동항로와 같다. 나는 유라시아 대륙횡단도로를 이용하는 육상 물류 운송이 항공이나 선박, 철도에 비해 어떤 경쟁력을 가지고 있는가 알아보기 위해 자동차와 같은 속도를 내는 모터바이크를 이동 수단으로 선택했다.

그렇게 나는 지난 25년간 러시아를 중심으로 한 유라시아 대륙의 길을 따라 만들어지는 구체적인 변화들을 기록하고 자료를 구축해왔다. 무엇보다 '400km 이하는 길도 아니고 영하 40도까지는 추위도 아니다'라는 말이 있는 지구에서 가장 거친 환경을 가진 시베리아의 가능성과 잠재력에 주목했다. 한반도와 국경을 맞대고 있는 이 거대한 땅에 2010년 대동맥과 같은 러시아 횡단 고속도로가 완공되고, 그 길이 정맥과 같은 간선도로, 모세혈관과 같은 지선도로와 연결되며 역동적인 변화를 만들어가는 현장을 바라보며 길에 대한 자료를 꾸준히 반복적으로 구축해오고 있다.

우리는 수출 중심의 산업환경을 가지고 있다. 다양한 물류 루트를 갖는 것은 국가 경제의 순환을 위한 생명줄과도 같다. 서울에서 부산까지 400km 안에서 이루어지는 제한된 선택 속에서 경제 성장은 둔화되고 어떤 분야든 갈수록 우리끼리의 치열한 경쟁구도 속에서 지쳐가고 있다. 이에 한반도와 국경을 맞대고 있는 유라시아 대륙으로 나아가는 길은 막혀 있는 숨구멍을 터주는 일과 같다고 생각했다.

현재를 디지털 기반의 세계화 시대라고 말한다. 우리 몸의 일부가 되어 있는 스마트폰을 휴대하고 정보를 따라 국경을 마음대로 넘나들며 자신의 경쟁력을 만드는 시대이다. 세계화 시대는 이동 자유의 극대화를 의미한다. 그런데도 누군가 신용카드와 스마트폰을 제공할 테니 시베리아를 횡단해서 유럽 끝을 다녀올 수 있겠느냐고 물었을 때 바로 수락할 수 있는 사람은 생각보다 많지 않을 것이라고 본다. 유럽까지 1만 4,000km이고 러시아 구간만 1만 km로 압도하는 그 거리 자체로 두려움이다. 나 역시 목숨이 위험해지는 순간도 많았고 정신이 피폐해지는 시간도 있었다.

나의 탐험의 두 번째 목표는 이렇게 대륙으로 나아가고자 하지만 정보가 없어 두려운 사람들이 효과적으로 도움을 받을 수 있도록 '유라시아 콤플렉스Eurasia Complex'를 만드는 일이다. 길에 대한 자료는 물론이고 거기서 파생되는 기회의 요소와 위험의 요소까지 수많은 정보를 함께 나누고자 한다. 부산에서 로테르담까지 12개의 베이스캠프를 세우고 오랜 세월 축적한 자료를 바탕으로 대한민국 사람이 유라시아 대륙을 내 손바닥의 손금처럼 보며 다니게 하고 싶다. 누구라도 내가 해온 것처럼 우리가 일상에서 이용하는 이동 수단을 가지고 한반도로부터 확장된 공간을 경험하게 하는 것이다.

이 책은 위 두 가지 목표를 추구해나가는 과정에서 축적된 여러 가지 정보와 나름의 단상을 우선 많은 분들에게 보여드리고 싶은 마음에 쓰기 시작했다. 무엇보다 20대 초반 시절에 첫 번째 대륙횡단을 통해 우리 땅 400km에 머물던 시야가 1만 km로 넓어지면서, 정신적·심리적 경계를 뛰어넘는 경이로운 경험이 가져다준 새로운 삶의 가치를 공유하고 싶었다. 그래서 내가 가진 수많은 경험과 기록 속에서 가장 최근인 2019년 횡단 프로젝트 〈트랜스 유라시아 시리즈4〉의 이야기를 중심으로 꺼내 보았다.

탐험과 모험에 관심이 많은 분들, 여행을 좋아하는 분들, 시간이라는 재산을 가지고 멀리 보며 꿈을 꾸는 청년들, 새로운 삶의 모멘트를 찾고 있는 중장년층, 더 큰 시장으로 나아가고자 하는 원대한 꿈이 있는 사업가들, 국가발전을 위한 새로운 통찰이 필요한 정치인이나 정책 입안자 여러분, 그리고 도전적이고 진취적인 삶을 응원하는 그 모든 분들을 가리지 않고 독자로 모시고 싶다.

어떠한 장애물에도 인류의 이동은 계속되어왔다. 지금 잠시 코로나라는 복병을 만나 이동의 제한이 있어 보이지만 우리는 곧 다시 이동하고 만나고 섞이며 삶을 이어갈 것이다. 위기를 극복하면서 인류의 역사는 진보하고 국가는 더욱 강해지고 개인은 성장한다. 그 위대한 시간 안에서 숨을 고르며 나의 이야기를 들어주시는 모든 분들께 감사한다.

목차

오래된 물음의 답

1996년 나는 세계 최초로 바이크를 타고 시베리아를 횡단한 것을 시작으로 총 4회나 유라시아 대륙을 모터바이크로 횡단했다. 그 후 25년간 수차례 방문과 탐색을 통해 지속적이며 반복적으로 부산에서 시베리아를 거쳐서 유럽 끝까지 가는 유라시아 횡단 도로에 대한 자료를 만들고 있다. 아직 알려지지 않은 시베리아 지역을 포함하여 러시아 전역의 국도, 간선도로, 지선도로를 망라한 길에 대한 자료까지 다채롭게 구축하고 있다.

내가 이런 내용을 가지고 탐험 분야의 거인들이 속해 있는 세계 최대의 탐험가클럽의 회원이 되었다는 사실은 그 자체로도 분명 의미 있고 영광스러운 일이다. 거기에 더해 개인적인 의미는 또 다른 곳에 있었다.

무엇보다 내가 가지고 있는 이야기를 그들이 인정한 것은, 내가 했던 25년간의 일들이 헛된 것은 아니었다는 것을 확인하는 의미에서 좋았다. 내 오래된 물음, '내 청춘의 시간과 역사를 켜켜이 쌓아 구축한 탐험의 내용을 다른 사람들도 가치 있게 느낄까?'에 대한 답이라고 생각한다. 그게 중요했던 이유는 탐험의 내용이 나만을 위한 것이 아니라 되도록 많은 사람들이 탐험 활동을 공유하고 유익하게 사용되길 바라기 때문이다.

이 클럽의 정회원이 됨으로써 지금까지 유라시아 대륙을 횡단하며 구축한 내용과 탐험가로서 내 정체성이 온전히 받아들여졌다. 이것은 25년간 아무도 내 이야기에 귀 기울이지 않아 탐험 내용의 가치를 알지 못해서 홀로 외로운 길을 이어가는 내게 적지 않은 힘이 될 것이다.

1996년 하바롭스크 명예광장

존재하지 않는 직업

사람들에게 탐험가 하면 떠오르는 이미지를 말해보라 한다면 아마도 영화 〈인디애너 존스〉의 주인공 정도이지 않을까. 빈곤하지도 않고 죽을 위기를 수없이 맞아도 주인공은 절대 죽지 않고 멋지게 탐험하고 돌아온다. 우리는 그 결말에 열광했지만 영화는 영화일 뿐 탐험은 판타지와는 거리가 멀다. 탐험을 시작하기 전에는 판타지가 섞인 꿈을 꿀 수 있지만, 한 발만 더 들어가 생각하면 고개를 돌릴 수 없는 엄중한 현실이 있다. 출발도 하기 전에 생각보다 작은 일에서 그런 현실과 마주한다.

예를 들면, 탐험을 떠나기 전에는 달콤하고 간편한 믹스커피를 가져가서 석양을 바라보며 마시겠다고 생각했다. 하지만 커피를 마시려면 물을 끓일 도구가 필요하고 짐이 늘어나겠구나 깨닫는 순간, 결국 손에서 커피를 놓게 된다. 실제로 모터바이크를 타고 달리는 시베리아 길보다, 어떤 때는 길을 떠나기 전에 커피를 넣느냐 마느냐와 같은 사소한 문제들로 자주 머리를 싸매기도 한다.

이런 걸 보면 탐험가는 꿈과 같은 미지의 세계를 찾아가기 위해 철저히 현실적인 준비를 하는 직업이란 생각이 든다. 하지만 이런 정의를 해봐도 사실 탐험가는 대한민국 정식 직업군에는 존재하지 않는 직업이다.

우리 사회에서 탐험가로 살아간다는 것은 소외, 고독, 불안 같은 단어들을 항상 곁에 두어야 한다는 것을 의미한다. 탐험문화가 활발하지 않고 따라서 대중의 관심도 적기 때문에 시베리아의 자연환경만큼 탐험가에게는 열악한 환경이다. 찾아오는 사람도 없고, 함께할 사람이 없다 보니 하나부터 열까지 많은 문제를 스스로 해결해야 한다.

그러나 탐험의 목표가 뚜렷했던 나는 스스로 고립과 고독을 자처하고 불안과 염려에 잡아먹힐 것 같은 순간에도 바이크를 멈출 수없었다. 탐험 현장은 하루하루 반복되는 긴장과 두려움을 이겨내고, 길 위에서 가다 서다를 끊임없이 반복하며 탐색하고 기록하는 치열한 현실이다. 그래도 다행인 것은 늘 떠나지 않는 걱정과 불안을 잠재울 정도로, 머릿속에서 끊임없이 앞으로 내가 해야 할 일들에 대한 생각이 샘솟듯 떠올랐다는 점이다.

아시안 하이웨이 6호선

내가 모터바이크를 이동수단으로 삼아 세계 최초로 시베리아를 횡단한 것이 탐험가클럽의 정회원이 된 결정적 이유는 아니다. 추천을 받고 검증받는 과정에서 그들이 가장 중요하게 고려한 부분은 '그동안 어떤 탐험을 해왔는가?'였다. 입회 검증과정에서 그들은 내게 이런 질문을 했다.

"우리의 탐험은 이제 지구를 벗어나 태양계 밖으로 나가는 시대인데 1996년부터 시베리아를 횡단한 것이 탐험으로서 무슨 의미가 있습니까?"

나는 이렇게 되물었다.

"오늘날 우주여행을 말하는 시대까지 왔다고는 하지만, 과거 냉전시대 42년 동안 탐험과 개척의 선진국에서도 러시아 면적의 5분의 4를 차지하는 광활한 시베리아에 들어간 사람은 없었습니다. 엄청난 잠재력이 있는 이 땅을 잘 알지 못합니다. 여러분은 시베리아에 대한 어떤 정보와 자료들을 가지고 있습니까?"

이런 답변과 함께 나의 탐험은 개인적 차원이 아니라 유엔에서 추진하는 프로젝트와 맥을 같이 하는 활동이라는 점을 피력했다. 그것은 유엔 아시아태평양경제사회위원회UN ESCAP에서 추진하고 있는 '아시안 하이웨이 프로젝트'이다. 1959년에 시작되었으나 지지부진하다가 2007년부터 조금씩 활성화되고 있다.

아시안 하이웨이 프로젝트는 아시아 지역의 인적·물적 교류 확대를 위해 아시아 32개국에 55개 노선을 만들어 14만 km의 고속도로를 구축하는 일이다. 대한민국은 두 개의 노선이 아시안 하이웨이 구간에 연결되어 있다. 부산에서 출발해 서울, 북한, 중국, 동남아시아로 연결되는 아시안 하이웨이 1호선AH1과 부산에서 출발해 강릉, 북한, 러시아, 중국, 카자흐스탄, 러시아로 이어지는 아시안 하이웨이 6호선AH6이다.

아시안 하이웨이 6호선
도로 표지판

　부산에서 시작하는 '아시안 하이웨이 6호선'은 7번 국도를 따라
올라가다가 북한의 원산과 나진, 선봉을 거쳐 블라디보스토크와 만
난다. 물론 현재는 북한 땅을 통과할 수 없기 때문에 나는 부산에서
출발해 동해에서 배를 타고 블라디보스토크로 건너갔다. 이후 하바
롭스크-이르쿠츠크-크라스노야르스크-노보시비르스크-옴스크-첼랴
빈스크-우랄산맥-우파-카잔-모스크바-바르샤바-베를린-로테르담
까지 가면 편도 여정은 끝난다. 목적지인 로테르담에서 돌아올 때는
모스크바에서 블라디보스토크까지 시베리아 횡단열차를 이용했다.
　나는 2019년 5월 26일부터 10월 16일까지 140일 동안의 대장
정을 통해 유라시아 대륙을 횡단했다. 그 여정에서 모터바이크로 이
동한 거리는 2만 km에 이른다. 급변하는 세상과 함께 그 모습 그대
로일 것 같은 유라시아도 점차 새로운 모습을 갖춰나가기 시작했다.

네 번의 횡단을 통해 지금까지 달려온 6만 5,000km는 유라시아의 어제와 오늘을 담은 귀중한 자료인 만큼 어느 하나 소중하지 않은 것이 없다.

유엔의 프로젝트 속에 있는 길, 그 길에 뻗어나간 간선도로, 지선도로 등에 대한 자료구축은 탐험의 중요한 목적이기도 했다. 횡단의 분명한 목적과 주제가 있고 이것을 수차례에 걸쳐 단순, 반복, 지속적으로 해온 행위 속에서, '더 익스플로러스 클럽'은 나의 진정성과 이제까지 누구도 시도하지 않았던 탐험의 창의적인 면을 보았던 것 같다.

길 위에 던진
이력서

첫 시베리아 횡단

1996년 2월 학교를 졸업하자마자 125cc 모터바이크를 가지고 시베리아로 향하는 비행기를 탔다. 당시 내겐 모터바이크를 살 돈이 없어서 일명 '시베리아 횡단 기획안'을 작성해 국내 모터바이크 생산기업에 제출해 후원을 받았다. 운송도 한 항공사가 후원해주어서 하바롭스크에 무사히 도착할 수 있었다.

그러나 바이크가 세관을 통과하지 못하고 공항에 묶였다. 바이크는 동산(動産)인데 이런 물건을 가지고 국경을 넘은 사람이 없었던 만큼 이 물건을 어떻게 보아야 할지 그들도 처음이라 우왕좌왕하는 것 같았다. 이곳에 도착하기 전 내가 배운 러시아어로는 '화장실' '숙소' '고맙습니다' 이 세 가지 말뿐이었다. 공항에서 바이크를 찾기 위해 할 수 있는 말이 없었다. 그 때문인지 모르지만 무려 한 달 만에 하바롭스크 세관에서 바이크를 찾았다.

러시아어 전공자였다면 더 빨리 해결되었을까, 알 수 없는 일이었다. 내가 러시아어를 전공하고 바이크 정비능력까지 있었다면 1996년에 러시아를 횡단할 생각을 했을까 가끔 생각해보지만, 어떤 일을 할 수 있는 여건이 마련되었다고 해서 꼭 성공할 수 있는 것이 아닌 것처럼, 어떤 일을 할 수 없는 여건 속에서도 하고자 하는 간절한 마음을 잃지 않는 집중력이 결국 끝까지 하는 힘이 된다는 것만 알 뿐이다.

나는 뭘 몰랐던 젊은 혈기로 겁도 없이 시베리아를 달려서 그해 가을, 정확히 1996년 10월 중순, 8개월 걸려서 모스크바에 도착했다. 그땐 몰랐지만 세계 최초로 모터바이크를 타고 단독으로 시베리아를 횡단한 첫 번째 사람이 되었다. 군사 목적용으로 쓴 일부 비포장도로, 저지대 습지의 질퍽거리는 진흙 속에서 바이크를 탈 수는 없었다. 바퀴가 잘 굴려지지 않아서 바이크를 어깨와 등에 업은 듯 둘러매고 걷던 지옥 같은 구간은 다시 생각해도 아득하다.

그 당시 첫 횡단을 마치고 모스크바 인투어리스트 호텔에서 중앙일보 특파원과 인터뷰를 했다. 그분을 만나자마자 "중앙일보 말고 다른 매체들은 더 없어요?"라고 웃으며 물었다. 그랬더니 모두 블라디보스토크로 날아갔다고 했다. 블라디보스토크 주재 한국 총영사가 피살되었다는 것이다. 뿐만 아니라 북한태권도를 가르쳤던 건장한 러시아인 태권도 사범도 피살되어 뉴스가 떠들썩하게 그 사건을 전하고 있었다. '사샤'라고 불렀던 그 러시아인을 나는 불과 일주일 전에 만났기 때문에 더욱 놀랐다.

내가 시베리아를 첫 횡단했던 1996년은 소련이 완전히 해체되고 몇 년이 지난 때라 국민들의 절망과 좌절이 가장 깊은 시기였다. 연방 해체 후 2, 3년부터 본격적으로 후유증이 나타나기 시작했는데 살인적인 인플레이션과 높은 실업률은 사람들에게 절망과 동시에 분노를 안겼다. 모스크바의 분위기는 어수선하고 사람들은 우울했다.

여행자를 보는 시선

그럼에도 내가 낯설고 끝이 없는 대륙의 길을 감당할 수 있었던 이유는 현지인들이 가지고 있는 따뜻한 마음과 친절한 도움 덕분이었다. 러시아 사람들은 대체로 덩치가 큰 사람들이 많고 표정이 무뚝뚝해서 말을 걸기가 쉽지 않지만 그런 겉모습과 달리 대체로 따뜻한 속정이 있는 사람들이다. 그건 그들이 거주하는 집과 비슷하게 닮아 있다.

러시아의 집들은 외관이 그렇게 깔끔하거나 좋아 보이진 않았다.

혹독한 추위와 거친 환경에 노출된 건물이라 낡고 많은 부분이 자주 보수가 필요해보이지만, 일단 집안에 들어가면 깨끗하고 가지런하게 정돈된 살림살이 면면에 놀란다. 적어도 내가 방문했던 러시아 가정들은 모두 그랬다. 손님이 온다고 해서 어쩌다 치웠다고 생각할 수 없는 게 늘 그렇게 정돈된 집이라는 걸 나 같은 사람도 느낌으로 알 수 있었다.

또 혹독하게 추운 긴 겨울에도 집안에는 늘 어떤 꽃이든 피고 있었다. 그들이 화분 속의 꽃나무를 정성 들여 보살피는 것을 보며, 지구에서 가장 혹독한 자연환경을 견디며 사는 사람들이지만 봄처럼 따뜻하고 생기 있는 정서를 늘 안에 품고 있다는 생각이 들었다. 대자연을 가까이 두고 산 사람들의 태생적 감성이 아닐까 생각해본다.

그런 모습은 시베리아나 몽골 같은 대륙의 사람들이 여행자를 바라보는 시선에도 있다. 가장 거친 환경을 가진 이런 대륙에서 여행자가 된다는 건 가장 약한 사람이 된다는 말이다. 러시아 정교회의 성경에서 가르치는 대로, 나그네는 과부, 고아와 같이 돌봄의 대상이라고 생각한다. 무조건 도움을 주어야 한다는 뜻이다.

어린 시절부터 대륙의 혹독한 환경 속에 어렵게 자란 칭기즈 칸은 나그네에게 무조건 숙식을 제공할 것을 명했다고 한다. 이것을 지키지 않는 사람에게는 극형을 내리는 일도 불사했다 하니 대륙의 여행자는 도움을 받지 않으면 죽을 수 있다. 나그네에게 무조건 도움의 손길을 주는 것이 오래 전 대륙에서는 마치 율법이나 의무와 같았다는 이야기를 알고 나니, 나 같은 단독 여행자에겐 말만으로도 든든하고 따뜻하게 다가왔다. 그런 정서가 깔린 땅이었기 때문에 사회적 상황이 악화되고 있었는데도 러시아 현지인의 도움을 받으며 모스크바에 무사히 도착할 수 있었다.

길에서 발견한 것들

첫 번째 시베리아 횡단으로 나의 시선은 우리 국토 400km에서 유라시아 대륙 1만 2,000km로 확장되는 것을 느꼈다. 내 안의 심리적 영토가 넓어졌다고 할까…, 꼭 우리나라 안에서 내 손으로 문을 닫고 살지 않아도 될 것 같은 느낌이 들었다. 우리 사회에서 성공했다고 평가받는 직업이라면 나 아닌 다른 사람들도 많이 노력할 테니, 내가 설령 공부 머리가 있다고 해도 나는 여기에 몸담지 않아도 되겠다는 생각이 들었다. 열린 세상에서 다른 할 수 있는 일이 충분히 있다는 생각이 들었고 자신감이 생겼다.

이런 마음가짐은 1987년 6월 항쟁을 통해 대통령 직선제를 쟁취하고 민주화의 제도적 완성을 이루었던 우리 나이의 세대가 가진 시대적 자신감도 한몫했을 거라 생각한다. 그 에너지는 통일 운동으로 이어졌다. 나라가 발전하려면 좁은 국토를 벗어나 더 큰 대륙으로 진출해야 하는데 그래서 통일은 필수라고 생각했다. 결과는 그렇게 되지 않았지만 그 당시 이 통일마저도 조금만 노력하면 금방 다가올 줄 알았다. 우리 세대가 '꼰대'라는 소리를 듣는다면 '하면 된' 일이 역사적으로 한 획을 긋는 엄청난 사건이었기 때문일지도 모른다.

그러나 '하면 되지. 어떤 곳인지 내가 가보겠다'며 앞만 보고 달린 첫 번째 시베리아 횡단은, 나에게는 명분이 크고 절실한 문제였지만 꿈과 현실의 차이를 절감하게도 했던 경험이었다. 러시아어는 고사하고 러시아에 대해서 아무것도 모르고 너무 준비된 것이 없었다. 하지만 저지른 일에 대한 후회는 없었다. 경험하지 못했던 일을 경험하면서 내 미래를 생각해보는 과정에서 선택의 폭이 넓어지고 유연성이 커졌으며 나 스스로 한계를 두지 않는 계기가 되었다.

안톤 체호프와 사할린 섬

나는 대학시절 문학, 철학, 미술, 음악 등 인문과 예술전공자들과 어울리며 지냈다. 그 중 미술학도 형과의 추억이 기억에 남는다. 다리가 불편했던 그 형의 다리가 되어 업고 다니기도 했고 형은 나에게 좋은 책을 읽는 방법을 알려주었다. 이런 경험이 오래도록 내 삶을 풍요롭게 한 진짜 공부였다고 생각하는데, 그런 교류를 통해 내 삶을 바꾼 한 권의 책을 만났다. 유명한 단편소설과 희곡을 남긴 러시아 작가 안톤 체호프가 쓴 〈사할린 섬〉이다.

1989년 해외여행 자유화 이후 90년대 우리나라 서점에는 해외여행을 위한 가이드북이 나오기 시작했다. 일본에서 간행되어 우리 말로 번역된 '세계를 간다' 시리즈가 그런 책들 가운데 대표적이었는데 그 중 '러시아 편'이 있었다. 내가 알고 싶은 러시아에 대한 정보로는 도움이 안 되었지만 거기서 눈을 사로잡은 몇 줄이 있었다. 안톤 체호프에 관한 몇 가지 정보였는데, 그가 시베리아를 왜 가게 되었는지, 시베리아를 만나서 어떤 생각을 하게 되었는지 짤막하게 들어 있었다.

의사이자 작가였던 그는 1890년 시베리아를 횡단해 범죄자들을 보내는 유형지 사할린에 가서 그들의 지옥과 같은 비인간적 상황을 직접 확인한다. 3개월 동안 머물며 섬의 역사와 지리를 공부하고 죄수들의 일상을 조사해 보고서를 썼는데 이것이 〈사할린 섬〉이다. 러시아에서 발간된 책을 통해 좀 더 자세히 살펴볼 수 있었다.

1890년 4월 21일 안톤 체호프는 가족과 친구들의 배웅을 받으며 모스크바 북동쪽에 있는 야로슬라블까지 기차로 이동했다. 러시아의 오랜 슬라브 전통이 살아 있는 야로슬라블 도심으로 흐르는 볼가강에서 증기선을 타고 카잔을 거쳐 페름까지 간다. 페름에서 기차로 갈아타고 우랄산맥을 넘어 예카테린부르크를 거쳐 튜멘까지 간다. 튜멘에서 스레텐스크까지 4,400여 km를 말 두 마리가 이끄는 마차를 타고 이동했다. 이 구간이 시베리아 지역이다. '안톤 체호프

도로의 경쟁력

나의 탐험은 한반도에서 유럽에 이르는 육로를 개척하는데 그 의미가 있다. 부산에서 출발해 시베리아를 거쳐 암스테르담에 이르는 국제 자동차 고속도로를 달리며 차량을 통한 물류운송이 기차와 배, 비행기 등 다른 운송수단에 비해 어떤 경쟁력이 있는지 시험해보기 위한 프로젝트가 내 탐험의 주제이다. 그 과정에서 길에 대한 정보와 물류의 흐름을 자료화하고 꾸준히 업데이트하고 있다.

이제는 너무나도 잘 알려진 시베리아 횡단철도를 통한 물류의 경쟁력이나 자원개발 사업은 우리의 비전을 넘어서 구닥다리가 되었다. 주요 지분은 중국이나 서방세계와 다국적 자본, 혹은 이와 결합한 힘 있는 러시아인들의 차지가 된 지 오래다. 이것을 우리는 오래전부터 비전이라고 외치고 있는 것이 안타깝다. 지금 이 대륙의 현장에서는 더 구체적인 움직임이 이루어지고 있다. 우리의 눈이 뉴스 기사에 머물지 않고 러시아의 길 한복판으로 내려와야만 한다.

나의 프로젝트는 미래 한반도의 통일을 염두해둔 것이다. 베를린 장벽이 무너지듯 거짓말처럼 우리의 장벽도 사라지지 말라는 법이 없다. 장벽은 사라지지 않아도 길은 낼 수 있다. 다만 그게 언제일지 그 '때'를 모른다. 그렇기 때문에 누구라도 자료화하고 준비하고 있어야 한다. 설령 오래도록 통일이 어렵다 하더라도 아시안 하이웨이 6호선은 북한의 도로를 우회해서도 이어갈 방법이 있고 충분한 가치와 가능성이 있다.

우리에게 가까운 블라디보스토크는 유라시아 대륙으로 나가는 가장 가까운 항이다. 거기에 모스크바에서 블라디보스토크까지 이어지는 1만 km 러시아 연방고속도로 전 구간이 2010년에 개통되었다. 이 말은 유럽과 아시아가 말 그대로 하나가 되었다는 의미이다. 완공한 지 오래되지 않은 따끈따끈한 도로를 통해 우리로서는 건설에 한 푼의 비용도 들이지 않고 유럽행 물류 루트를 거저 갖게 된 셈이다. 모든 기회는 새로움에서 나온다. 나는 이 길의 경쟁력을 보려고 한 것이다.

2014년에 두 번째 횡단을 했다. 'AH6, 트랜스 시베리아 2014' 프로젝트는 아시안 하이웨이 6호선 도로를 따라 한반도에서 블라디보스토크를 거쳐 모스크바와 유럽 10개국을 왕복하는 2만 5,000km의 대장정이었다. 이동수단은 1996년과 마찬가지로 모터사이클이었다.

지도 위에는 없는 것

사실 스마트폰의 지도를 보면 누구나 유라시아 대륙을 횡단할 수 있다. 길은 이미 나 있는데 무슨 길을 또 낸다는 것일까 생각할 수도 있다. 세상의 모든 길이 내 손안의 스마트폰 지도에 있는데 그것만 따라가면 되는 것 아니냐고 물을 수도 있다. 하지만 부산에서 출발해 시베리아를 거쳐 유럽 끝까지 가는데 총 1만 4,000km를 달린다. 그 가운데 시베리아를 횡단하는 러시아 구간만 1만 km다.

우리가 지도로 상세하게 들여다볼 수 있지만 지도 위에서는 아무런 일도 일어나지 않는다. 혹독한 추위도, 탈 듯이 강렬한 태양도 없고 엄청난 폭우와 천둥 번개도 없으며, 위험한 사람도 지도 위에서는 나타나지 않는다. 하지만 실제로 길을 나서면 이 모든 것을 경험할 가능성이 높아진다. 그리고 아무것도 없이 끝도 없는 길만 400km 정도를 달려야 하는 구간도 있을 수 있다. 그래서 이 구간을 두려워한다.

두려움에는 두 종류가 있다. 그 상황이나 환경을 알기 때문에 두려울 수도 있지만, 뭘 모르기 때문에 어떤 일이 일어날지 알 수 없어서 두려울 수 있다. 하지만 반대로 겁이 없는 상태는 알기 때문이기보다 모르기 때문일 가능성이 높다. 시베리아 횡단도로를 안다면 겁이 나더라도 이겨낼 방법을 찾아 준비할 수 있다.

나는 여기에서 후자에 속한다. 나도 길을 떠날 때는 할 수 있는 모든 준비를 철저히 하고 일어날 가능성이 있는 일에 대한 대비를 최대한 한다. 그럼에도 내 준비를 벗어난 경험하지 않은 새로운 문제를 만나면 매번 긴장되고 매번 두렵다. 다만 여러 차례 횡단 경험을 통해 그런 문제를 해결하는 능력치가 조금씩 높아져왔다는 점 한 가지가 강점이 될 수는 있을 것이다.

사실 나는 탐험가로서 내세울 수 있는 장점이나 타고난 능력이 거의 없다. 강인한 체력을 어느 정도 담보해줄 남다른 체격 조건을 갖지도 못했다. 몇 개월에 걸쳐 유라시아 대륙을 횡단하면서도 모터바이크 정비 능력이 없다. 대륙을 횡단하는데 차량 정비 능력이 없다는 것은 무모하고 위험하기 때문에 목숨을 걸어야 한다는 의미이기도 하다.

그리고 외국어도 잘 못한다. 어려운 러시아어도 생존에 필요한 단어들만 습득하기 바빴다. 나는 언어능력이 그 나라의 역사와 문화, 경제와 시장을 이해하고 소화하는 데 중요한 도구인 '이(치아)'라고 생각하는데, 생각해보면 1996년 당시 나는 러시아와 시베리아를 모르는 신생아인 채로 이 없이 '잇몸'을 사용한 셈이다.

이런 부족한 조건으로도 시베리아를 거쳐 유럽 끝까지 유라시아 대륙을 횡단한 나를 보며 누군가는 이렇게 말할 수 있다.

"저런 사람이 했다고? 그럼 나도 할 수 있겠는데."

맞다. 나에게는 정비 도구와 정비 능력이 거의 없다. 정비를 할 줄 모르는 것이 자랑은 아닌데 이것을 강조하는 건, 이런 내가 시베리아를 횡단했다면 그 누구도 가능하다는 의미를 전하고 싶어서다. 바이크 정비 능력도 없는 평범한 사람이 2만 km를 다녀왔으니 누구라도 할 수 있는 일이다. 다만 경험 있는 사람을 통해 충분한 정보를 수집하고 잘 준비하고 떠난다면 훨씬 안전하게 다녀올 수 있다. 나는 평범하거나 혹은 한없이 부족한 사람이다. 그렇기 때문에 죽음의 고비도 여러 차례 겪었지만 그렇게 구축한 자료들로 위험의 요소를 줄이고 기회의 요소를 우리의 것으로 만들어나갈 노하우를 함께 나누고 싶다.

유라시아 횡단을 꿈꾸는 사람들

수많은 테마로 여행을 하는 시대다. 문학을 사랑하는 사람은 쿠바에 남아 있는 헤밍웨이의 자취를 따라가는 여행을 하고, 트레킹을 좋아하는 사람들은 험준한 차마고도를 따라 걸으며, 오로라를 보기 위해 아이슬란드의 북극까지 먼 길을 마다하지 않고 가는 사람들도 있다. 시베리아 횡단이 버킷리스트에 있는 사람들도 있다.

코로나19 이전까지만 해도 모터바이크와 자동차를 타고 유라시아 대륙을 횡단하려고 하는 사람들이 연간 백 수십 명에 달했다. 캠핑족들 대부분은 최종 목적이 유라시아 대륙횡단이다. 비용이 적지 않게 들지만 온라인 커뮤니티에는 유라시아 대륙에 관심이 있거나 대륙을 횡단하려는 사람들이 수만 명 모여 있다. 엄두가 안 나게 큰 땅, 말로만 듣고 경험하지 못했던 자연환경, 끝없는 길로의 초대에 부응할 준비가 되어 있는 사람들이 생각보다 많다.

이런 사람들을 바라보면서 내가 그랬던 것처럼, 우리 안에 새겨진 북방 민족의 유전자가 고향을 찾듯 본능처럼 북방 대륙을 가고 싶어하는 것은 아닐까 생각해보았다. 이 같은 관심으로 서울이나 부산

등지에서는 '유라시아 플랫폼'이 조성되는 등 다양한 프로젝트가 진행 중이지만 아직 소프트웨어가 부족한 것이 현실이다.

대한민국이 3천만 명의 여행자 시대라 하지만 유럽을 갈 땐 대부분 비행기를 타고 가거나 시간이 있는 사람은 시베리아 횡단열차를 이용하는 것을 생각한다. 시간과 비용을 절약할 수 있을지 모르지만 나만의 이야기를 만들어나가는 데는 한계가 있다. 그래서 출퇴근하는 자동차를 타고 3천만 명의 여행자가 누구든지 지구 대자연의 보고인 시베리아를 거쳐서 서구 유럽까지 다녀올 수 있는 길을 대중화하려고 한다.

나는 이미 부산에서 암스테르담까지 1만 4,000km를 1,000km 단위로 나눠, 지선으로 연결되는 곳곳에 12개의 베이스캠프를 만들고 현지인들과 네트워크를 구축하였다. 이 유라시아 대륙을 거미줄처럼 연결하는 네트워크로 각각의 베이스캠프로부터 현장 전문가들과의 협업을 통해 새로운 루트도 개발할 수 있다.

내가 처음 시베리아를 같이 횡단하자 했을 때 '그런 데를 어떻게 가냐?' 했던 사람들이, 이제는 '거기 이제 누구나 갈 수 있는 데 아니야?'라고 말한다. 그만큼 누구나 문이 활짝 열려 있다. 그래서 나와 같은 보통 사람들이 막연한 두려움을 떨치고 유라시아 대륙으로 시선을 넓히고 발걸음을 뗄 수 있도록 그 길목에 나를 놓아두고 싶다. 그들이 내가 구축한 자료와 경험을 통해 더 넓은 길로 나아가 성장하고 발전하길 바란다. 그것이 내 꿈이자 탐험의 최종 목적지이다.

없이 복잡하고 어렵게 산다.

신의 존재를 경험한 적이 없지만 1995년 아무르강에 뭣 모르고 뛰어들었다가 죽을 위기에 놓인 적이 있었을 때, 1996년 횡단을 하면서 위험에 빠졌을 때 그냥 "살려주십시오. 살려만 주시면 하라는 대로 하며 살겠습니다." 이런 말이 저절로 터져 나왔다. 홀로 맞은 사고. 그때 나는 신이 나를 살렸다고 생각하지 않을 수 없었다.

우리는 신앙을 갖지 않았어도 절체절명의 상황에선 어딘가에 있는, 누구에게인지 모를 대상에게 살려달라는 말을 하지 않는가. 인간은 자기 끝까지 해볼 만큼 하고 나서 더 이상 어찌해 볼 도리가 없을 때, 살아가는 내내 모른 척하고 부정하고 저항하고 도망가다가도 절대자를 찾게 되는 모양이다. 2019년에 앞서 세 번의 대륙횡단을 통해 지식과 기술이 쌓인 건 분명하지만 그 경험만으로 자신만만할 수 없었던 이유는, 길은 익숙해지지만 생각지 못한 사고나 사건 앞에서는 언제든 위험에 처할 수 있기 때문이다. 그럴 때마다 두려운 마음이 드는 건 익숙해지지 않는다.

가지고 갈 것 vs 내려놓을 것

돈이 없고 정보가 없으면 짐은 많아진다. 그러나 바이크는 제한된 공간 위에 실을 수 있는 짐이 뚜렷이 한계가 있다. 짐이 무거워지면 사고의 위험이 있다. 도로가 파인 포트홀이라도 만나면 바이크를 제어하기가 어려워진다. 또 짐이 크면 바람의 저항 때문에 사고 위험이 높다. 대형 트럭은 바람을 몰고 다니기 때문에 바이크가 휘청이며 엄청난 공포를 안긴다.

나중엔 혼자 달리다가 지루할 즈음 트럭이 나타나면 즐거워졌다. 바람을 몰고 와 내 옆을 지나갈 때면 너무 공포였던 느낌이 어느 순간 짜릿하다 느낄 때가 있는데, 그건 내가 대륙의 길에 어느 정도 적응이 됐다는 의미다.

짐을 꾸리는 데 몇날 며칠은 머리가 빠진다. 짐을 조정하는 이 과정, 어떤 것을 가지고 가고 어떤 것을 내려놓을까를 끊임없이 저울질 하는 것이 출발 직전까지 하는 고민의 대부분이다. 시베리아 야생에서 곰과 싸우는 걸 걱정하면서 정작 떠나기도 전에 짐과의 싸움은 좀체 끝나지 않는 상황이 되는 것이다.

그런데 처음에는 짐 꾸리기가 너무나 어려웠으나 반복적인 여행을 통해 지금은 조금 수월해졌다. 일단은 무조건 죽지 않아야 한다. 사람에게 죽거나 동물에게 죽거나 죽으면 끝이다. 그래서 현지인처럼 보이는 게 중요하다. 단독 횡단을 하면서 넉넉한 바이크 여행자로 보이는 것은 별로 좋지 않기 때문이다.

'짐 싸기'는 꿈과 현실 사이에 간극을 좁혀나가는 인생과도 같다. 선택의 기로에서 갈등하고 결정하는 반복적 과정을 통해 전문가가 되어가는 것이겠지만, 나의 꿈과 현실은 좀처럼 좁혀지지 않는다.

지금도 현실에선 수없이 많은 장벽과 만나야 한다. 꿈은 시베리아가 기회의 땅이지만 현실은 여전히 동토의 땅이자 미지의 세계다. 그곳에서 나는 나의 한계를 보게 될 길을 다시 떠나려고 준비하고 있었다.

나의 친구 나의 분신,
모터사이클

남자들은 청소년기부터 모터사이클에 매료되는 것 같다. 맨몸으로 바람을 가르며 빠르게 달리는 두 바퀴의 가벼운 이동수단을, 직접 타보지 않아도 먼저 영화에서 보고 동경을 갖게 되기도 한다. 나는 특별한 로망이 있었다기보다 목적이 있어서 모터사이클을 타게 되었지만 기억에 남아 있는 영화는 하나 있다.

전설이 된 쿠바의 혁명가 체 게바라의 20대 시절을 픽션으로 담아낸 영화 〈모터사이클 다이어리(2004)〉이다. 졸업을 앞둔 의대생인 푸세(체 게바라의 젊은시절 애칭)와 생화학도인 친구 알베르토가 모터사이클을 타고 태어나고 자란 아르헨티나 부에노스아이레스부터 칠레, 페루, 아마존에 이르기까지 남아메리카를 종횡무진 달리며 길에서 만나는 라틴아메리카 사람들의 삶과 마주하는 이야기이다.

　나 역시 20대에 처음으로 모터사이클을 타고 러시아를 횡단하며 많은 사람들을 만났다. 영화 속에서도 그렇지만 보통 사람이 살아가는 모습은 어디나 특별히 다를 것이 없다. 가족 모두 건강하고 먹고 사는 데 큰 어려움이 없길 바라지만, 그 소박한 꿈 하나를 이루기 위해 상처와 어려움을 견디며 평생에 걸쳐 힘쓴다.

　20대에 시작한 나의 도전은 소박한 꿈일까. 말도 안 되는 허무맹랑한 꿈일까. 분명한 것은 나의 도전이 아직 끝나지 않아서 그 답도 아직은 알 수 없다는 것이다.

모터사이클 선택의 기준

　나는 1996년 첫 러시아 횡단 때에 125cc 모터사이클을 탔다. 바이크는 자동차와는 완전히 다른 방식으로 조종하기 때문에 배기량의 크기가 성능을 결정하는 제일 중요한 기준은 아니다. 자동차와 달리 모터사이클은 높은 배기량을 가졌어도 바이크의 용도에 따라 속도가 달라질 수 있다. 그런데도 우리나라 사람들은 모터사이클을 보면 몇 cc인지 묻는 것이 대체로 첫 질문일 때가 많다.

　내가 타고 있는 모터사이클은 2007년에 생산된 650cc BMW 제품이다. 2014년에 7년된 중고 제품을 구매해서 세 번의 횡단을 함께했다. 유라시아 대륙을 횡단하는 데 모터사이클을 타고 갔던 이유가 기차나 배, 비행기와 비교했을 때 부산에서 시베리아를 거쳐 유럽까지 가는 길, 즉 도로는 어떤 운송 경쟁력을 가지고 있을까 파악하기 위해서였던 만큼 내가 모터사이클을 선택한 기준은 이렇다.

첫째는 자동차와 같은 속도와 이동거리를 유지할 수 있는 성능을 가질 것, 둘째는 기록 사진 촬영 등을 위해 하루에도 수십 번씩을 달리고 멈추고를 반복하기 때문에 내구성이 좋을 것, 셋째는 포장도로와 비포장도로의 환경을 모두 견딜 수 있는 기능을 가질 것, 넷째는 단독 횡단이기 때문에 모터사이클이 넘어졌을 경우 혼자서 일으켜 세울 수 있는 무게를 가질 것 등이었다.

명품은 탐험가를 좋아한다?

우리나라에서 BMW나 벤츠 같은 브랜드 제품을 갖는 건 보통 사람에겐 부의 상징처럼 여겨질 때도 있지만, 명품이라고 부르는 브랜드들이 추구하는 가치에 대해 조금 알고 보면 재미있다. 명품시계의 대명사처럼 여겨지는 '롤렉스'는 롤렉스상을 제정하여 그 한 해에 모험정신을 보여준 사람들을 선정하여 큰 상금을 준다. '까르띠에'는 프랑스 탐험가 이름이다.

명품 브랜드명에 탐험가들의 이름이 꽤 있다는 게 흥미롭다. '탐험가'라고 하면 '최초의 시도', '지구에서 가장 거친 환경을 견딘 사람', 그런 이미지가 있는데 그것이 내구성 좋은 독보적 기술력을 가진 명품의 이미지와 맞아떨어지기 때문이 아닌가 한다.

흙먼지, 비, 바람, 강렬한 햇볕, 거친 도로를 겪은 내 바이크는 좋은 브랜드의 이름값에 반하는 허름한 노숙자 모습이다. 하지만 유라시아 횡단을 세 차례 함께 했는데도 내구성과 성능에는 여전히 문제가 없다. 자동차와 거의 비슷한 속력을 내는데 잘 못해서 바이크와 함께 길에서 쓰러지는 상황이 생겼을 때도 내 몸이 보호받는다는 느낌이 드는 순간이 있었다. 그 상황을 내가 컨트롤 하는 것이 아니라 기계가 스스로 한다는 느낌이라고 할까. 말로 다 표현하기 힘들지만 내 몸이 그것을 느낀 경험으로 이 바이크에 대한 애정이 더 커졌다. 시간이 지날수록 잘 만들어진 제품의 진가를 실감한다.

그런데 이 좋은 모터사이클을 처음 마련하고도 라이딩과 정비 능력이 없었다. 많이 타면서 내 바이크와 익숙해져야 하지만 그렇다고 익숙해질 때까지 내가 사는 지역에서 라이딩만 하고 있을 수도 없고, 목표가 있어서 마련한 것이니 무모해보일 수는 있지만 떠나야 했다. 자만하지 말고 긴장하면서 가자고 다짐했다.

이 바이크를 가지고 이후 반복된 대륙횡단으로 나만의 노하우가 쌓이면서 충분히 예상할 수 있는 어려움에 대비하는 능력치는 점점 높아졌다. 아무리 철저하게 사전 준비를 하며 학습한다고 해도 경험을 통해서만 얻을 수 있는 노하우가 있다. 직접 해보기 전에는 전혀

유라시아 횡단의
베이스캠프

러시아의 도로 이름 읽는 법

부산에서 시작하는 아시안 하이웨이 6호선은 7번 국도를 따라 올라가다가 북한의 원산과 나진, 선봉을 거쳐 러시아의 블라디보스토크와 만난다. 하지만 북한 땅으로 갈 수 없기 때문에 동해를 출발하는 여객선에 모터사이클을 싣고 650km 떨어진 블라디보스토크에 도착한다. 블라디보스토크에서 본격적으로 시작하는 유라시아 횡단 여정은 수많은 길과의 만남이다. 이 길 가운데 그 나라의 중요한 국도에 대한 정보를 알고 간다면 여정에 큰 도움이 된다.

러시아 연방고속도로는 두 가지로 나눌 수 있다. 하나는 러시아 연방지역 내를 연결하는 연방도로(국도)이고, 또 하나는 인접 국가를 연결하는 국제 도로이다. 이 두 고속도로는 서로 겹치는 구간도 많은데, 예를 들면 내가 달리는 아시안 하이웨이 6호선은 국제 도로이기도 하지만 러시아 연방도로와 많은 구간을 공유하고 있다. 우리나라 경부고속도로 일부 구간이 중앙고속도로와 겹치는 것과 같다.

러시아의 도로 표지판에서 볼 수 있는 도로명은 키릴문자 알파벳에 숫자를 붙여 표기하는 방식이다. 모스크바는 모든 행정, 경제의 중심이기 때문에 러시아 도로는 M으로 표기해왔었다. M으로 표기된 길을 따라가면 러시아 어디에서 가든 모스크바에 닿게 된다. 따라서 M이 붙어 있으면 모스크바에서 출발하는 국도라고 보면 된다. AH는 아시아로 향하는 도로이고 E는 유럽으로 향하는 도로이다.

그런데 현재는 유럽 러시아 구간에서만 도로 이름 앞에 M으로 시작한다. 우랄산맥 넘어 아시아 구간에서는 도로 이름에서 M이 사라지고 P와 A로 표기되고 있다. 예를 들면 현재 블라디보스토크에서 하바롭스크까지 가는 우수리 연방고속도로는 A370번으로 표기하고 있지만, 이전에 모스크바를 중심으로 표기한 도로명으로는 M60이었다. 이 길은 우수리강과 함께 평행을 이루며 북쪽으로 올라간다.

그리고 이처럼 숫자로 표기되기도 하지만, 별칭으로 부르기도 한다. 예를 들어 하바롭스크에서 바이칼호가 있는 이르쿠츠크까지 3,332km에 달하는 도로를 보면, 이 구간 전체는 '러시아 연방고속도로'의 일부 구간이다. 하지만 이 사이를 두 구간으로 나눠 각각 다른 명칭으로 부른다. 하바롭스크에서 치타까지 2,200km는 P297번 도로이면서 '아무르 연방고속도로'라고 부르고, 치타에서 이르쿠츠크까지 1,132km는 P258번 도로이면서 '바이칼 연방고속도로'라고 부른다. 서울에서 부산까지 416km에 이르는 우리나라 대동맥 '고속국도 1호선'을 '경부고속도로'라고 부르는 것과 같다.

끝으로 옴스크부터는 유럽 도로가 시작되어 E30 도로 표지판을 볼 수 있고, 이심(Ишим)부터는 E22 도로 표지판을 볼 수 있다. E30의 끝은 아일랜드 코크섬이고, E22는 영국 홀리헤드에서 끝난다. 러시아의 국토가 이처럼 아시아와 유럽에 걸쳐 광범위하게 걸쳐 있기 때문에, 주요 고속도로 이름에 대한 개념을 이 정도만이라도 알고 있으면 길이 훨씬 편하게 다가온다.

그리고 러시아 구간에서는 모든 것이 모스크바 중심이기 때문에 길의 여정을 말할 때 모스크바 출발 중심으로 말하는 경우가 많지만, 나는 한국에서 출발해 블라디보스토크에서 대륙횡단을 시작했기 때문에 동쪽에서 서쪽으로 가는 방향으로 말하게 될 것이다.

서두르지 않아야 보인다

2019년 5월 27일 본격적인 유라시아 횡단이 시작되는 날부터 비가 내렸다. 러시아의 여름은 비가 잦다. 시베리아에서 만나는 비는 그냥 비가 아니다. 천둥과 번개는 기본이고 도저히 앞이 안 보여 달릴 수 없을 정도로 비가 내리는 경우도 흔하다. 그해 횡단은 비로 시작해서 비로 끝난 것 같다.

횡단 준비 탓에 피곤할 대로 피곤한 상태에서 배를 타면 하루 꼬박 걸려 블라디보스토크에 닿을 때까지 보통 깊은 잠을 자면서 피로를 푼다. 러시아 땅을 밟는 순간부터 시작되는 여정의 고단함과 긴장감을 생각하면 잠깐이라도 시간이 있을 때 그때그때 피로를 푸는 일이 중요하다. 배에서 바라본 비 내리는 블라디보스토크 항은 예전과 크게 달라지지 않았고 마치 고향에 온 것처럼 마음이 푸근해진 건 다행이다.

러시아에서 배에 실은 바이크를 찾는 일은 쉽지 않다. 1996년에는 모터바이크를 세관에서 찾는 데 거의 한 달이 걸렸다. 2014년 러시아와 비자 면제 협정이 발효되면서 많은 행정업무들이 훨씬 수월해졌다. 그해에는 3일 만에 바이크를 찾았고 5년 후인 2019년엔 도착한 다음 날에도 찾을 수 있다.

러시아의 행정업무는 한국과 많이 다르다. 뭐든 급할 것이 없다고 생각하는 대륙인의 기질 때문인지 아니면 과거 사회주의 영향 때문인지 잘 모르겠지만 공무원들은 절대 서두르지 않는다. 성질이 급한 한국인은 인내심을 가져야 러시아인들의 삶을 이해할 수 있다.

그런데 한국에서 모터사이클을 가지고 온 바이커들 중에는 종종 바이크를 받자마자 타고선 내달리는 것을 볼 수 있다. 누가 따라오지도 않는데 뭐에 쫓기는 사람처럼 그러는데 그런 조급증은 시베리아 횡단을 계획하고 있다면 별로 도움이 되지 않는다.

대륙횡단은 풀코스 마라톤과 같다. 알고 있는 길이라도, 이미 모든 것이 다 준비되었다고 생각해도 가다가 도시를 만나면 충분한 정비와 점검은 다시 필요하다. 몇백 km를 가도록 아무것도 없는 곳에서 정말 필요한 것을 빠뜨렸을 때의 난감함과 당황스러움은 고스란히 자기 몫이다. 한국인의 삶이 긴 휴가를 계획하기 어렵다는 사실을 생각하면 일정이 빡빡한 데서 오는 조급함을 이해할 수도 있다. 하지만 급한 마음은 사고를 부를 수도 있고 초반에 무리하여 자기 페이스를 잃고 중간에 포기하는 일이 생긴다면 더 안타까운 일이다.

나는 블라디보스토크 해양 터미널에 내리면 가장 먼저 그 안에 있는 통신사 영업점을 방문해서 용량만큼 비용을 지불하고 유심칩을 구입해 휴대전화에 끼운다. 이제 러시아의 도로를 따라 이동하면서 인터넷을 사용하는 데는 문제가 없다.

이튿날 바이크를 찾아서 블라디보스토크 도심 일부를 천천히 주행하면서 바이크가 감당할 수 있는 속도를 체크하기 위해 엑셀레이터를 당겼다가 풀었다가를 반복해본다. 등 뒤에 쌓아 올린 짐이 바람 때문에 휘청거리는 느낌이 왔다. 이러면 바이크 속도를 100km 이상으로 낼 수 없다. 천천히 주행하면서 짐을 단단히 고정시킬 수 있는 방법을 고민해야 했다. 부슬부슬 내리는 비는 쉽게 그칠 것 같지 않았다. 헬멧과 헬멧 쉴드 사이의 비좁은 틈으로 빗물이 들이닥쳤다. 막 6월이 시작되려는 연해주는 우리나라 장마철 날씨와 비슷하다. 그칠 기미가 보이지 않는 계속되는 빗속에서 우수리스크를 통과했다.

반말하는 러시아 청소년

작은 도시 '스파스크달리'를 지나 길의 자료를 축적하느라 달리고 멈추고를 반복하다 보니 달네레첸스크 입구에 오후 10시쯤 도착했다. 달네레첸스크는 인구 3만 안팎의 군 단위 도시인데 블라디보스토크에서 400km를 달려야 올 수 있다. 밤 10시면 대부분 상점이나 숙소가 문을 닫기 때문에 마음이 조급했다. 만약 텐트를 치고 노숙을 하다 보면 다음 날 일정에 지장이 있기 때문에 되도록 피하려고 한다.

그때 도시 진입로에 모터바이크를 세워 놓고 있는 사람이 있길래 반가운 마음에 내려서 아는 체를 했다. 나는 시베리아를 횡단해서 유럽으로 가는 사람이고 오늘 밤 잘 곳을 찾고 있다고 말했다. 그는 자신의 낡고 허름한 바이크 앞에서 씩 웃으며 내게 악수를 청해왔다.

"아 그래? 야 잘 왔다. 그래 내가 가르쳐줄게."

아주 맑고 앳된 얼굴인데 초면에 반말이다. 자기는 '표도르'라고 했다. 이제 청소년기를 지나 막 법적 성인이 된 18세 청년이 낡아빠진 바이크를 배경으로 내게 취하는 제스추어가 당당하고 의젓하다.

나는 러시아의 10대 청소년들과 이야기를 나눌 때마다 마음 깊은 데서 감탄사가 나올 때가 있었다. 일단 그들은 표도르처럼 대체로 반말이다. 러시아어에도 존댓말이 있지만 별로 기대하지 않는 편이 좋다. 그렇다고 반말이 기분 나쁘거나 거슬리지 않는다. 반말이 불량하게 들리고 거슬리지 않는 건 당당하고 의젓한 태도가 나보다 어린 사람이라는 생각을 잠시 잊게 만들기 때문이 아닌가 한다. 표도르보다 다섯 살쯤 더 어린 소년도 내게 그런 악수를 청해온 적이 있는데, 가만히 보면 그게 세상이 만만하고 반항기 가득한 사춘기 청소년들의 전형적인 행동 같은 건 아니었다.

어른이나 아이나 나이에 상관없이 러시아인의 행동에는 '성숙하다'는 느낌이 드는 묵직하고 의젓하고 신중한 태도가 많이 보인다. 그들은 '내가 만나는 사람이 누구든 뭘 하는 사람이든 그저 나처럼 하나의 인격이 있는 사람이다'라는 사고를 한다. 그래서 서로 동등한 사람으로서 편안하게 하는 행동을 불손한 태도라고 생각하지 않는다. 언젠가 러시아 친구와 이런 부분에 대해 이야기를 나누며 내 추측을 확인한 적이 있었다. 이것은 어릴 때부터 이루어진 교육의 힘도 큰 영향을 미쳤을 것이다.

10대 아이도 의젓하게 와서 악수를 청하며 '당신 멋지다. 대단하다'라고 말한다. 자기 사는 것도 분명히 넉넉지 않아 보이는데 개의

소도시에서 살피는 키워드

　블라디보스토크도 아니고 군 단위의 작은 도시 달네레첸스크가 유라시아 횡단의 베이스캠프가 된 중요한 이유는 또 한 가지가 있다. 1996년에 뭣 모르고 첫 횡단을 하고 2014년 두 번째 횡단을 계획했을 땐 이미 18년이라는 세월이 지났다. 대륙횡단이 처음처럼 낯설어서 모든 것을 처음부터 다시 준비해야 했다. 어떤 짐들이 필요한지, 나를 지켜주기 위한 어떤 무기가 필요한지, 대륙의 사람들

●
큰 도시의 축소판이 되는 작은 도시. 인구 3만 명의 달네레첸스크를 걸어다니며 도시를 이루고 있는 콘텐츠들을 만나다.

은 야외로 나갈 때 어떤 복장을 하는지, 도시를 만난 여행자들은 어떤 곳에서 자는지, 파악해야 할 것들이 한두 가지가 아니었다.

나는 이 모든 것들을 이 작은 도시에서 파악하기로 했다. 블라디보스토크만 해도 60만 인구가 사는 대도시다. 너무 커서 수월하게 파악하기가 어렵다. 내 두 발로 이 지역 전체를 걸어다니면서 세세하게 파악할 수 있는 곳으로 인구 3만이 안 되는 작은 도시 달네레첸스크가 적당했다. 작은 도시는 큰 도시의 축소판이기 때문이다. 달네레첸스크 시내를 걸어다니면서 러시아 도시를 이루고 있는 주요 콘텐츠들을 파악하기로 했다.

시청이나 군청 같은 지방정부는 중앙정부를 축소해놓은 시스템으로 운영된다. 달네레첸스크역과 우체국은 모스크바역이나 러시아 중앙우체국을 미리 본다고 생각하며 살핀다. 역과 우체국이 중요한 이유는 소련시절부터 러시아의 기차역과 우체국의 네트워크는 매우 긴밀했기 때문이다. 열차를 통해 물류의 장거리 이동이 이루어지고, 역과 인접해 있는 우체국은 역으로부터 받은 물건을 그들이 가지고 있는 차량과 우편 인력을 활용해서 시골 저 깊숙한 곳에 사는 사람의 손에 전달해왔다.

달네레첸스크 외곽의 조그만 여관을 얻어서 일주일 정도 머물면서 이렇게 도시를 살피고 최종적으로 모든 짐들을 점검한다. 우리 돈으로 만 원에서 만오천 원쯤 하는 소박한 숙소지만 그 때문에 어떤 이유로 출장을 나온 사람들이나 트럭운전사 같은 소시민들이 묵어가는 곳이라, 그런 사람들과 대화할 수 있고 의외의 정보도 얻을 수 있어서 좋다.

러시아 대도시의 두 모습

몽골제국은 방대한 영토를 통치하기 위해서 빠르게 정보를 전달하는 수단으로 말을 이용했다. 일정 거리마다 말과 사람이 휴식을 취할 수 있고 숙식이 가능한 건물을 설치했는데, 이것이 바로 대몽골제국을 하나로 통합할 수 있게 해준 '역참'이라는 시스템이다.

러시아는 역사적으로 240년 동안 몽골제국의 지배를 받았는데, 몽골제국이 그랬던 것처럼 모스크바에서 블라디보스토크까지 약 1만 km를 1,000km 단위로 나누어 인구 100만 명 안팎 정도 되는 역참의 기능을 하는 도시를 키웠다. 러시아에 11개의 시차가 있는 것도 이 도시들과 무관하지 않다. 과거에 이 도시들을 잇는 것이 철도였다. 소비에트 시대 때는 대중의 이동을 효율적으로 통제·관리하기 위해 철도가 가장 적합했다.

그래서 구도시를 대표하는 소비에트 시대의 산물 가운데 대표적인 것이 기차역이다. 그리고 서커스, 레닌 광장, 마르크스 거리 같은 것도 여기에 들어간다. 러시아는 도시마다 레닌 광장, 마르크스 거리가 있다. 뿐만 아니라 지역은 다르지만 같은 건물 명과 주소를 가지고 있는 경우도 흔하다.

흐루쇼프 통치 때는 평등이란 이름 아래 거주공간의 획일화 작업이 있었다. 지금은 현대 공공주택으로 보편화된 아파트가 이때 시작한 건축물 형태에서 나왔다. 장식물 다 뗀 네모반듯한 건축물만으로 부족했던 듯, 동네는 달라도 주소가 같은 경우가 그래서 많다. 지금도 러시아 도시에서는 주소만 가지고는 집을 찾기가 어려운데 주소가 같았다면 더 많은 실수와 착오가 있었을 것 같다.

그건 한 편의 영화에서도 볼 수 있다. 러시아에선 새해가 되면 방영해주는 영화가 하나 있는데, 〈운명의 아이러니Ирония судьбы, или С лёгким паром!〉라는 구소련 시대의 영화다. 1975년에 발표된 이 영화는 술에 취한 한 청년의 실수와 이를 계기로 전개되는 좌충우돌 사랑 찾기 코믹영화다. 모스크바나 상트페테르부르크나 같은 지명, 같은 아파트, 집 열쇠 구멍도 같은 집이 존재하는데, 한 남자가 술에 취해 잘못 찾아 들어가면서 여주인공을 만나 이야기가 전개된다. 획일화에 따라 일어난 에피소드로 지금도 러시아 사람들은 옛날 이야기를 들듯 신년 연휴에는 웃으며 이 영화를 본다.

  광활한 국토에 비해서 인구가 많지 않은 러시아는 허점이 많은 듯하지만 허술하지 않은 나라다. 그냥 대강 보면 허술하게 보일 뿐 생각보다 빈틈이 없다. 우리 눈에 보이지 않을 뿐 11개의 시차와 180개 민족이 씨줄과 날줄처럼 촘촘하게 엮인 러시아는 모두 계획이 되어 있는 것처럼 보인다. 그것은 러시아대륙을 횡단하며 자주 느꼈던 부분이다. 그렇지 않고 그 큰 나라를 유지할 수 없고, 그게 어떻게든 어려움을 이겨온 그 나라의 내공일 것이다. 상당한 시간을 국가권력이 대부분을 통제한 사회주의 사회라는 점도 이유가 될 수 있겠지만 어쨌든 그것도 그들의 유산이다.

초면에 받은 선물

  달네레첸스크 도심을 나와 이 도시를 상징하는 독수리 그림이 새겨진 조형물을 지나 대륙횡단도로에 들어섰다. 20여 분 정도를 달리다가 바이크를 세웠다. 앞쪽에서 도로공사가 한창이었는데 사진으로 기록했다. 소나기가 지나갔는지 도로가 젖어 있어서 먼지는 일지 않았다.

  카메라를 주머니에 넣으려고 할 때 뒤로부터 모터사이클 한 대가 달려와 내 앞에 멈췄다. 자신을 '알렉'이라고 소개한 그는 루체고르스크 바이크클럽의 회원이었다. 우리는 반갑게 악수를 한 뒤 몇 마디를 나누었다. 나는 그에게 어디에서 출발했고 어디로 가는 중인지 간단하게 말했다. 암스테르담이 나의 목적지라는 말에 알렉은 웃으며 농담을 던졌다.

"대마초 하러 가는 거냐?"

그런 건 아니라고 답하고 특별히 나의 대륙횡단의 이유에 대해서는 자세히 말하지 않았다. 그가 입고 있는 바이커 복장 앞과 팔에는 그가 어느 도시의 어떤 이름을 가진 바이크클럽이라는 것을 알 수 있는 이미지와 글씨가 새겨져 있었다. 2013년에 창설된 '소련에서 태어나다'라는 뜻을 가진 클럽 마크가 선명하다. 인상적이었다.

그는 내게 함께 라이딩을 하자고 제안했다. 내가 달려가는 방향에

있는 루체고르스크가 자기가 사는 곳이라며 알렉이 앞장섰다. 달네
레첸스크로부터 대략 90km 정도 떨어진 곳이다. 바이크 차체가 낮
아 상체만 길게 드러난 채로 달리는 그의 모습이 조랑말을 타고 있
는 것 같아서 약간 귀여웠는데 한편으로는 듬직하고 강인해보였다.

달리는 동안 두 번의 소나기를 만났다. 평원 위에 떠 있는 비구름
아래를 십여 분 달리다가 다시 강렬한 햇살과 푸른 하늘을 만났다.
루체고르스크를 20여 km 남겨두었을 때 알렉은 도로를 벗어나 샛
길로 방향을 바꾸었다. 나도 그를 따라 대륙횡단도로를 벗어났다.
잠시 뒤, 알렉은 바이크를 세웠고 평원 한가운데 있는 하얀 줄기의
자작나무 몇 그루 옆에 있는 작은 나무집을 향해 걸어가기 시작했다.

알고 보니 지하 200m에서 솟아오르는 광천수를 맛볼 수 있는 곳이
란다. 알렉은 이곳 물이 건강에 무척 좋다며 약간의 돈을 지불하
고 구입한 물통에 직접 물을 받아 나에게 건네주었다. 달걀노른자
냄새가 진하게 풍기는 물맛이 아주 좋았다. 초면에 광천수 선물이라
니, 생각지도 못한 일이었지만 자신이 살고 있는 지역에 들어서자
여행자에게 이런 선물을 안겨주는 그 마음이 고맙다.

우리는 다시 달리기 시작했고 십 분이 지나지 않아 루체고르스크
라는 도시를 잊지 못하게 만들 거대한 조형물과 만났다. 그건 조형
물이 아니라 화력발전소의 거대한 굴뚝이었다. 우리는 200m 높이
의 굴뚝을 배경으로 호수를 바라보며 사진을 함께 찍었다.

러시아의 어느 도시에나 있는 이 화력발전소에서 데워진 물은 구

시베리아에서
살아 있는 모든 것

12시간을 달렸다. 블라디보스토크로부터 632km 떨어진 뱌짐스키를 지났고 하바롭스크가 얼마 남지 않았다. 이 구간에서 두 번의 비를 만났다. 그 중 한 번은 앞이 보이지 않을 정도로 쏟아지는 폭우였다. 겨우 비를 피할 수 있는 간이 버스정류장에서 멈춰 가방 속의 비닐봉지에 담긴 빵을 입에 넣었다.

대륙의 평원에 내리는 비가 나를 울적하게 만들었다. 쉴 수 있는 방과 곁에 누군가 있었으면 하는 그리움이 몰려왔다. 이렇게 달릴 수도 없고 머물 수도 없는 상황에서 느끼는 불안과 고독이 때로 감당하기 어려울 때가 있다. 이런 외로움이 몰려올 땐 바이크와도 이야기하고 손에 든 빵과도 이야기하게 된다.

시속 120km로 15분을 달리자 푸른 하늘에 하얀 구름이 나타났다. 따가운 햇볕 아래에서 잠시 바이크를 세웠다. 습기에 약한 장비를 꺼냈다. 나는 틈만 나면 비닐을 모으지만 그래도 필요할 때면 보이지 않는 것이 비닐 봉투다. 그만큼 비에 대해 부담이 큰데 비닐에 들어가 있는 서류와 기록을 위한 장비를 제외하고는 모두 비에 젖었다. 신발 속으로 들어온 철퍼덕거리는 물은 3, 4일 정도는 빠져나가지 않을 것이다.

기특한 내 바이크

러시아 바이커들은 1000cc 이상의 배기량이 큰 바이크를 선호한다. 속도 위주의 바이크들도 많다. 나는 세 개의 짐이 쌓여 있는 650cc이다. 포장과 비포장도로를 모두 감당할 수 있도록 만들어져서, 한 가지만 집중하기 위해 만들어진 바이크에 비교하면 속도가 떨어질 수밖에 없다.

그래도 2019년의 유라시아 대륙횡단에는 포장도로에 적당한 타이어로 새로 교체했다. 대장정이 급하게 준비가 되었다. 비용이 부족한 상태에서 12년이 된 모터바이크로 내가 할 수 있는 것은 엔진오일과 앞뒤 타이어의 교체뿐이었다. 러시아 구간의 도로 포장율이 높아지고 있기 때문에 괜찮을 것이라 애써 위안을 삼으며 감당하기로 했다.

나는 내 바이크에 미안했다. 다리 근육을 만들기 위해 평소에는 걷거나 자전거를 주로 타고 바이크를 거의 타지 않기 때문이다. 한 겨울을 포함해 몇 개월 동안 모터바이크는 지하에서 먼지로 옷을 입는다. 체인에는 녹까지 끼어 있었지만 별로 사용하지 않아서 최소 4,000km는 버틸 수 있지 않을까 했다. 12년 된 바이크가 별다른

2019년에 이루어진 네 번째 유라시아 횡단에는 포장도로용 타이어가 사용되었다. 대륙횡단을 하기 위한 특별함은 거의 사라졌다. 일상에서의 이동수단이면 모든 것이 가능하다.

관리를 하지 못했는데도 이렇게 잘 달려주니 고마울 따름이다. 그래서 내 바이크에게 더 미안했다. 포장도로용 타이어가 이렇게 편한 줄 몰랐다. 부드럽고 진동도 적고 속도도 잘 나온다.

위험한 상상력

세계적으로 해질녘의 도로에서 교통사고가 가장 많이 일어난다고 한다. 밝은 것도 어두운 것도 아니어서 도로와 도로 아닌 곳이 잘 구별이 안 되고, 걸어가거나 무엇인가를 타고 가는 사람을 빨리 알아채지 못할 수도 있기 때문이다.

바이크에는 무엇인가를 실을 수 있는 공간이 굉장히 제한적이다. 나는 뒷자리에만 짐을 쌓는다. 2014년 이후부터 대륙을 횡단하면서 나는 텐트를 거의 사용하지 않지만 그래도 텐트는 필요하다. 시베리아의 여름 한낮은 햇볕이 따갑지만 밤에는 춥다. 침낭과 습기 방지 모포와 깔개와 무엇인가를 요리할 수 있는 간단한 기구와 연료까

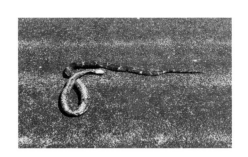

유대인 자치주의 오블루치예 마을 외곽을 지나는 연방도로에서 만난 뱀의 사체. 대륙의 길 위에는 여러 가지 위험 요소들도 있다.

지 더하면 텐트와 관련된 짐만해도 상당한 부피를 차지한다. 특히 한 자리에 쌓아올리다 보니 다른 물건들까지 포함하면 짐은 금방 키높이까지 올라간다.

어둡고 낯선 곳에서 짐을 풀고 텐트와 물건들을 구분하고 설치하는 일은 쉽지 않다. 푹 자야 다음 날 졸음운전을 하지 않기 때문에 되도록 숙소를 찾아 잠들려고 하지만, 그게 여의치 않을 땐 텐트를 칠 수밖에 없다.

그런데 시베리아에서 텐트를 치고 홀로 자면서 숙면하기는 쉽지 않다. 사람의 감정이 낯선 곳에서 얼마나 예민해지는지 경험해본 사람은 알 것이다. 시베리아는 야생동물이 어디서 나타나도 이상하지 않은 곳이다. 무엇인가 조금만 부스럭거리는 소리가 나도 텐트 안에 있는 사람의 상상력은 순식간에 엄청난 위험으로 확대된다. '내가 이제 비로소 곰의 앞발 한 방에 죽는구나' 하는 생각에까지 이르면 입이 마르고 청각은 예민해질 대로 예민해진다.

물론 추위로 떨어야 할 때도 있는데 이 모든 것이 숙면을 방해한다. 그리고 다음 날 다시 짐을 꾸리기 위해 많은 시간이 드는 것도 큰 단점이다. 그런데 대륙횡단을 하는 동안 내가 텐트를 사용하지 않는 결정적인 이유가 하나 더 있다. 목표가 대륙의 길에 대한 자료 구축이다 보니 기록장비의 배터리 충전은 필수이다.

텐트를 시베리아의 초원 위에 세우든, 숲이나 강가에 세우든, 아니면 배터리를 충전할 수 있는 숙소에서 자든, 낯선 곳에서 밤을 맞이할 때면 불안하고 조급해진다. 며칠 전에도 해가 지평선 끝으로 떨어지고 어두워지기 시작하자 나도 모르게 조급해졌다. 6월 5일이었는데 일몰은 백야로 인해 8시 30분경에 이루어진다. 밤 10시면 숙소의 문이 닫힌다는 사실을 알고 있기 때문에 속도를 높였다.

그런데 목숨을 앗아가는 사고는 순간적이고 충동적이다. 내가 달리는 방향으로 도로가 두 개로 갈라졌는데 그 사이에 공간이 빈 탓에 도로가 곡선으로 휘어져 있는 걸 몰랐다. 해질녘의 마법에 걸린 나는 120km의 속도로 그대로 휘어진 도로 밖으로 나갔다.

순간이지만 머릿속에 수많은 생각이 빠르게 흘러갔다. 몇 차례의 경험으로 알게 된 것인데 이것은 죽음을 느낄 때만이 나타나는 무의식적인 본능이다. 바이크가 자갈 위에서 넘어지거나 미끄러지면 나는 어떻게 쓰러져야 할까? 그래도 살고 싶은데 살 수 있을까? 오늘 나 뭐 입었지? 그래도 죽지는 않겠지?

바이크 복장을 갖추어 입었다 해도 시속 120km라면 사망하거나 대형 사고로 이어진다. 앞이 캄캄해졌다. 나에겐 아직 해야 할 일이 남아 있기 때문이다. 지난 겨울 11월부터 지금까지 나를 잠 못들게 했던 일들이 떠오른다. 나는 끝이 없는 대륙의 길 위에서 거미줄을 촘촘하게 쳐가고 있다. 숙소로 들어가는 어둡고 먼지 나는 길 위에서 나는 생각한다. 러시아에선 '되는 것도 없고 안 되는 것도 없다'는데 나에겐 안 되는 것이 없는 나라다. 나는 살아 있었다.

반갑지 않은 마중

소나기가 반복되는 푸른 하늘 아래에서 하바롭스크 지방 깊숙히 들어가고 있었다. 이때쯤 나를 마중하러 오는 무리가 있다. 마쉬끼Midges로 호명되는 작은 날파리떼들이다. 비가 시작되면 우의를 입기 위해 바이크를 멈추는데 이 녀석들은 이때를 놓치지 않고 내 눈을 공격한다. 눈 안에 알을 까서 거기 수분을 먹고 자란다고 러시아인에게 들었다. 하바롭스크와 아무르 지방에 걸쳐 나타나는 이 벌레들 때문에 야외에서 잠을 잘 때 엄청난 스트레스가 된다. 거기다 모기와 쇠파리떼들은 시베리아 곳곳에서 밤과 낮이라는 시간을 교체해가면서 엄청난 생명력으로 달려든다. 수렁으로 이루어진 숲 지대에서 적응해온 러시아인들의 속눈썹이 숱이 많고 긴 이유를 이해했다.

● 하바롭스크와 아무르 지방에 걸쳐 나타나는 쇠파리떼들

맞아 죽어가면서도 달려드는 쇠파리떼의 공격은 집요하다. 쇠파리는 피부 살점을 자르므로 통증이 심하다. 암컷은 피를 빨아먹는다. 물리고 찢긴 부위는 붉은 반점으로 부어오르고 딱딱해지는데 가려움을 참지 못하고 한번 긁게 되면 살이 찢어질 때까지 멈추기 힘들다.

바이커들의 정신적 지주이며 거의 신적인 존재로 알려져 있는 잘도 스타노프는 애칭인 '사샤' 혹은 외과의사를 가리키는 '히루룩 Surgeon' 으로 더 많이 부른다. 클럽은 행동강령이 있는 군대와 같은 조직으로 소비에트 당시의 사회주의 질서가 아니라 러시아 제국에 자신들의 정체성이 있다고 보고, "혁명 이전의 강한 러시아로 돌아가자!"라고 주장한다. 바이크 문화는 미국에서 들어왔지만 자신들의 정체성을 민족적인 색채로 드러내면서 현재 러시아 모터바이크 문화는 대중들의 넓은 공감대를 형성해가고 있다. 여기에 바이크 자체에 관심을 가지는 사람들이 많아지면서 참여가 금기시되었던 여성들에게도 바이크 문화가 개방되었다.

우리의 리더는 대통령 친구

러시아 최초의 바이크클럽 '심야의 늑대들'은 잘도스타노프 아래서 정치적 영향력까지 키워간 사건이 있었다. 2014년 우크라이나의 크림반도를 러시아가 병합한 것이다. 우리는 서방의 시각으로 국제 문제를 보기 때문에 우크라이나의 크림반도를 러시아가 빼앗았다고 보지만, 러시아 입장에서는 크림반도가 원래 러시아의 것이었다고 말한다.

러시아인과 우크라이나인은 이 크림반도 사건을 전쟁으로 표현한

매년 세바스토폴에서 열리는 러시아의 모터바이크 쇼. 2014년 크림반도가 러시아에 의해 우크라이나로부터 병합되었다.

다. 우크라이나 동부지역에 거주하고 있던 러시아인들은 우크라이나로부터 독립하겠다는 구호를 내걸고 시위를 일으켰다. 우크라이나 정부군이 개입해 시위를 진압하기 시작했다. 러시아는 우크라이나 내 러시아인을 보호한다는 명목으로 군대를 보내겠다고 발표했다. 오랫동안 형제 국가였던 두 나라 사이에 전쟁이 발생하기 직전이었다. 국제사회는 이 사태를 주목했다. 군대의 개입 대신 러시아 전역으로부터 바이커들이 크림반도에 모여들었다. 명목은 크림반도

최대 항구도시 세바스토폴에서 개최되는 모터쇼에 참가한다는 것이
었다. '심야의 늑대들'이 모터바이크 쇼를 주최했다. 러시아의 많은
바이커들은 강한 러시아를 지향하는 사람들이다, 이들 중 군인과 같
은 전투력을 지닌 사람들이 많다. 군복만 입고 있지 않을 뿐이지 그
들이 우크라이나 사태에서 민간인 용병 역할을 했다. 이로 인해 서
방세계는 러시아에 경제제재를 가하고 있으며 바이크클럽, '심야의
늑대들' 리더인 잘도스타노프도 서방세계로부터 경제제재 대상이
되었다. 2014년 블라디보스토크에서 만난 대학생 세르게이의 하소
연이 생생하다. 어머니는 우크라이나인, 아버지는 사할린 출신의 러

크림반도에서 열리는 바이크 쇼에 참가하기 위해 모터바이크를 타고 있는 블라디
미르 블라디미로비치 푸틴 대통령 (사진출처: Kremlin.ru)

시아인인데 나는 누구 편을 들어야 하나요!

이 사건을 기념이라도 하듯 러시아는 해마다 세바스토폴에서 국제모터쇼를 개최하는데 그곳에 푸틴 대통령과 잘도스타노프가 함께 바이크를 타고 나타났다. 재미있는 건 푸틴 대통령은 러시아에서 생산하는 세 바퀴 바이크 '우랄'을 탔는데, 잘도스타노프는 미국 제품 할리데이비슨을 탔다. 러시아 바이커의 적은 서방세계라는데 그 리더가 미국 제품을 타고 나타난다.

그들도 자신들이 좋아하는 바이크 브랜드가 미국이나 독일 제품이라는 것을 의식하고 있다. 그래서 러시아 바이커들에겐 우리가 바이크는 서방세계에서 생산한 것을 타지만 바이크 문화는 수출한다는 자부심이 있다. 실제로 슬로바키아 수도 브라티슬라바 인근에 '심야의 늑대들' 지부를 설립했다. 현재 서방세계가 크림반도 사건으로 러시아는 물론이고 이 사건에서 진두지휘 역할을 했다는 이유로 잘도스타노프까지 제재대상 명단에 올렸지만, 그는 슬로바키아를 베이스캠프로 우리의 바이크 문화를 전 유럽에 전파하겠다고 공언하고 있다.

오랜 세월 무시당하고 탄압받던 러시아 최하위 문화였던 바이크 문화가 변방에서 중심으로 모여들며 완벽한 주류문화로 우뚝 서게되었다. 현재 바이크 문화는 국가적으로 장려되고 있으며 대부분의 바이커는 '강한 러시아'를 열망하는 민족주의자에 친정부파일 가능성이 높다.

사랑받는 여행자

록 공연이 끝나자 한국에서 온 나에 대한 소개가 시작되었다. 무대에 올라 간단히 인사를 하고 강산에의 노래 〈할아버지와 수박〉을 약간 거친 목소리로 부르고 내려왔다. 내게 말을 걸어오는 사람들이 더 많아졌다.

'아르셰니예프' 시에서 온 바이크클럽 멤버들은 모두가 상체를 맨몸으로 노출시키고 있었다. 나는 이들과 더욱 반갑게 인사를 나누었다. 아르셰니예프는 연해주를 개척한 것으로 알려진 러시아 탐험가인데, 그가 쓴 《타이가에서의 만남》 책을 번역해서 한국에 소개했다는 것을 알고 그들은 나를 명예시민이라며 내 몸에 아르셰니예프라는 이름을 별명으로 새겨주었다. 또 내 모터바이크에게는 딱딱거리는 배기음이 거위 소리를 닮았다고 '구스Goose'라는 애칭을 붙여주었다.

무대 위에서 내려온 사회자의 목소리가 사람들의 시선과 몸이 공터 끝으로 가도록 유도했다. 물구덩이와 통나무와 온갖 장애물들이 설치되어 있는 오프로드코스가 만들어져 있었으며 이미 준비된 바이커들이 이 험난한 구간들을 하나하나 통과해서 달려가고 있었다.

한 시간 정도 후에는 암벽등반이 시작됐다. 여긴 '아담'의 연인인 '이브'도 참여했다. 내 눈에는 상당히 비만으로 보여도 러시아 남자

들은 무척 빠르고 순발력이 있듯이, 러시아 여성들은 살집이 적고 약간 마른 듯해도 상당한 근력을 가지고 있는 경우가 많다. 이 넓은 땅 거친 환경에서 살아가기 위해서는 이런 기본 체력은 반드시 필요한 것 같다.

하바롭스크로부터 서쪽으로 4,000km를 달려야 만나게 될 크라스노야르스크에서 온 지니스는 자신이 담근 술 '사마곤'을 가져와 맛을 보여주기도 했다. 그리고 내가 앞으로 달려갈 방향에서 만나게 될 도시에 있는 바이크클럽 멤버들의 연락처를 전해주었다.

축제 둘째 날에는 '러시아1 Russia1'이라는 러시아 연방 최대의 방송사에서 취재를 나왔는데 나도 인터뷰에 초대되었다. 나의 여행 이야기가 전해져 방송국과 인터뷰하게 된 것이다. 나는 유라시아 대륙을 횡단하는 '아시안 하이웨이 6호선'과 많은 구간을 공유하는 러시아 횡단도로가 2010년 완성되어 이제 한국에서 시베리아를 거쳐 유럽에 이르는 길을 모터바이크로도 달릴 수 있게 되었다고 말했다. 이 길로 인해 분단된 남과 북이 하나의 길로 연결되기를 바란다는 메시지를 남겼다. 방송은 '하나의 길을 위하여'라는 제목으로 소개되었다.

러시아에서 만나는 바이커들은 국적과 인종과 종교에 관계없이 "모든 바이커는 형제다"라는 슬로건에 합당한 감동과 배려의 행동을 보여준다. 바이크를 탄다는 이유 하나만으로 나는 축제에 참가한 이들에게 형제라고 불리며 온갖 사랑을 받았다.

바이커 여행자를 돕는 마음

그러나 '모든 바이커는 형제다'라는 메시지를 한 발 더 들어가서 생각할 필요가 있다. 러시아 바이커들이 나 같은 외국인 바이커를 도울 때 '그냥 함께 바이크를 즐기니까 우리는 형제다'라고만 생각하는 것은 아니다. '너 외국에서 왔구나. 근데 이 넓은 땅을 횡단하겠다고? 그 도전정신 좋다. 내가 좀 도와줄게' 이런 마음이라고 보면된다.

전파가 잡히지 않아 차고촌의 지붕에서 통화하고 있는 바이커 디마

본들이 러시아 곳곳을 장악해가고 있다. 이들에 의해 밀려난 영세 제조업자나 자영업자들은 그들의 생활기반이 차고촌으로 밀려나 있기도 한다. 크라스노야르스크 시내에서 공장을 가지고 있던 창틀 제조업자 유라의 경우가 그랬다. 료허도 차고에서 정비소를 운영하고 있고 디마는 목공소를 운영하고 있었다. 러시아의 차고촌은 어떤 식으로든 창고기능 이상을 훨씬 넘어서 있다.

들개떼가 사냥하듯

러시아 바이커들의 도움은 길에서도 빛을 발한다. 그들이 도로 사정에 밝고 긴 라이딩에도 힘 조절을 잘하기 때문이다. 러시아 도로는 위험하다. 러시아 사람들도 홀로 달리다가 사고가 나면 죽을 수 있다는 것을 알기 때문에 늘 두 명 이상 무리 지어 함께 달린다. 러시아인들은 서울에서 부산에 이르는 400km 정도는 옆 동네라고 생각하지만, 사실 그들도 하루 종일 달려야 하는 거리인 건 마찬가지다.

2010년 러시아 횡단 연방도로가 완공되었지만 전 구간이 포장도로가 되었다는 것을 의미하는 건 아니다. 현재까지 포장율을 꾸준히 높여가고 있지만 비포장도로도 있고 좁은 길도 있다. 중간에 앞이 안 보이는 비바람을 만날 수도 있고, 도로가 패인 '포트홀'을 만나게 되면 서행해야 한다.

그러나 그들은 총알처럼 출발하면 좀체 멈추지 않고 번개처럼 달린다. 그렇지 않으면 그 끝없는 대륙의 길을 감당할 수 없기 때문이다. 그건 자동차나 트럭도 마찬가지다. 모두 같은 상황이기 때문에 시속 100km 이상을 달리다가 조금만 삐끗하면 그대로 대형 사고로 이어지기 쉽다.

이들이 여행자와 함께 라이딩을 할 때는 달리는 순서가 있다. 네 명이 달린다고 하면 여행자는 2번에 세워준다. 이것은 손님에 대한 예우다. 1번 자리는 가이드 역할이다. 그 뒤로 손님이 서면 3, 4번이 따라오며 에스코트 한다. 카라반 형태로 무리를 지어 달린다.

러시아 도로를 달리는 모터바이크는 속도 면에서 자동차와 같다. 구소련 시대의 자동차 '볼가' '쥐굴리'는 바이크의 경쟁상대가 안 된다. 자동차 한 대와 바이크 한 대가 달리면 자동차가 이긴다. 그러나 무리를 지어 달릴 땐 결과가 달라진다. 바이크 팀은 들개떼가 사냥하듯 엄청난 팀워크를 보이기 시작한다.

자동차 운전자와 선두에 선 바이커가 서로 지칠 즈음, 팀을 이룬 바이커들은 서로 자리를 바꾼다. 바이크는 뒤쪽에 달리는 사람이 바람의 저항을 덜 받아 덜 힘들다. 자동차가 포트홀을 만나면서 속도를 줄이는 순간, 바이크 팀은 뒤쪽에서 달리던 사람이 빠르게 치고 나오며 자동차를 앞지른다. 그 뒤를 2, 3, 4번 바이크가 빠르게 달려가며 자동차를 따돌린다. 러시아 바이커들은 자동차를 따라잡는 데서 쾌감을 느낀다. 그 안에는 '우리는 생명을 나눈 전우야!'라는 느낌의 *끈끈한* 프렌드십이 더 견고해진다. 축제를 통한 일상에서의 탈출, 클럽을 중심으로 이어가는 공동체 문화, 서로 보호하고 도와주며 라이딩하는 프렌드십, 이 모든 것이 뒷받침되어 러시아에선 '모든 바이커는 형제다'라는 말이 나왔다.

자신의 한계와
싸우는 길

나는 하바롭스크에서 다른 도시보다 며칠은 더 길게 머물렀다. 생각지도 못하게 바이크 축제에 초대되었고 클럽을 숙소로 제공받기도 했다. 나는 '릭시 아무라' 클럽 회장 이반에게 바이크 뒤에 높이 쌓여 있는 짐을 옆으로 분산할 수 있도록 사이드 가드 구조물을 구할 수 있는지 물어보았다. 그에게선 내 바이크의 회사가 독일에 있어서 그곳으로부터 부품을 주문해서 가져오려면 많은 시간과 비용이 필요하다는 말만 돌아왔다.

나는 유라시아 대륙을 횡단하는 과정에서 필요한 것들을 현지에서 직접 구하거나 제작하는 방법을 경험하여 다른 여행자들을 위해 자료화하려는 계획을 가지고 있었다. 그런데 하바롭스크에서의 체류 기간이 길어져 사이드 가드 제작은 우선 순위에서 밀려났다.

본향을 향한 본능

새벽에 숙소로 들어왔던 여행자들이 일어나 짐을 들고 밖으로 나온다. 호주에서 온 두 명의 바이크 여행자들과 가볍게 눈인사를 했다. 내 눈은 그들의 모터바이크로 향했다. 그들의 모터바이크는 내 바이크를 가운데에 두고 양쪽으로 주차되어 있었다. 오! 사이드 가드를 했다. 사이드 가드에 부착된 양쪽의 짐 가방을 바탕으로 운전

자의 뒷자리에 넓은 면적이 펼쳐져 있고 그 위에 많은 짐들을 쌓기 시작했다.

마지막으로 두 짝의 비포장도로용 타이어를 짐의 가장 윗부분에 놓았다. 각각의 짐들을 쉽게 그리고 단단히 고정할 수 있는 두꺼운 고무줄이 인상적이다. 그들이 선택한 바이크는 나와 같은 기종의 BMW GS 650이다. 이 바이크는 포장과 비포장도로의 환경을 모두 감당하는 것으로 바이커들에게 널리 알려져 있다. 내 것과 조금 다른 점은 어드벤처용이라 차체가 바닥에서 더 높이 떠 있다는 것이다. 다리가 긴 체형을 가진 이들에게나 비포장도로용으로 더 적합한 바이크였다.

내가 잠자코 지켜서 보고 있으니 부드러운 표정을 가진 이 사람이 자기소개를 했다. 자신은 외과 의사이고 친구는 엔지니어라고 했다. 엔지니어라는 친구는 자신의 바이크 곁에 붙어서 무엇인가를 계속 살펴보고 있다. 그들의 목표는 시베리아를 횡단해 조상의 고향인 영국까지 달려가는 것이다. 나는 함께 배를 타고 블라디보스토크에 도착해서 1박 2일의 주행을 함께했던 패트릭 콜맨이 생각났다. 그도 호주에서 온 바이크 여행자이며 목적지가 영국이었다.

조상의 고향. 생각해보면 나 역시 우리 조상이라고 보는 북방계 민족이 머물렀던 시베리아를 온 셈이다. 우리 민족 유전자의 원형이 있는 곳. 우리나라 사람들이 나와 같은 생각을 하며 시베리아를 오는 것은 아닌데, 저 멀리 호주에서 온 사람들이 조상의 고향을 찾아

고정하는 것에 아직도 익숙하지 못한 상태이다. 이로 인한 스트레스
가 컸다.

이슬비가 내리는 날, 클럽 밖으로 나와 도로 위로 들어섰다. 밤새
내린 비로 인해 바이크가 지나가는 길 위의 곳곳에서 고인 물이 튀
어 오른다. 숙소에서 6km 정도의 거리에 있는 아무르철교가 하바롭
스크를 빠져나가는 길목이다. 모터바이크를 멈추고 헬멧 위에 설치
된 고프로에 전원을 넣었다. 3.9km의 길고 긴 다리를 영상에 담으
면서 달리다가 강쪽으로 시선을 살짝 돌렸다. 두 눈만으로는 담기
힘든 대자연이 다가온다. 두려움마저 느껴지는 거대한 강에 경외감
이 생긴다.

아무르의 기적Amur Miracle이라고도 불리는 이 다리는 차가 달릴 수
있는 도로 아래로 열차가 지나가게끔 철도가 놓여 있는 복합교이다.
하바롭스크를 거쳐 극동으로 들어가거나 반대로 모스크바로 연결되
는 유일한 길이기도 한 이 다리의 중요성은 이곳에선 말로 다할 수
없다. 다리의 입구에서부터 검문소가 있으며 다리 곳곳에 일정한 간
격으로 자그마한 초소가 서 있고 경비하는 사람들이 다리를 지키고
있다. 다리가 파괴되었을 때를 대비해서 강 밑으로 터널을 파서 또
다른 길을 만들어 놓았다. 다리를 넘어서자 하바롭스크 지방이 동북
쪽으로 물러서고 유대인 자치주가 시작된다. 잔뜩 찌푸린 회색빛 하
늘이 눈앞으로 다가와 모터바이크의 속도를 줄였다.

또 비다. 바이크를 멈추고 길가의 구멍가게 안으로 들어갔다. 며

칠 동안 머물렀던 도시와 방금 지나온 거대한 강에 대한 여운을 이곳에서 잠시 정리하고 싶었다. 귀여운 인상의 젊은 여성이 가게 안을 지키고 있었다. 7월인데도 비가 오니 추웠다. 홍차 티백을 구입한 뒤 종이컵에 넣고 뜨거운 물을 부어달라고 했다. 방학 때라 부모님 가게를 돕는 중이라며 살짝 웃는 얼굴이 송창식의 노래 '담배가게 아가씨'가 떠오르는 이미지였다. 바이크 주변을 서성이는 동네 아이들을 가게 안으로 들어오라고 해서 먹고 싶은 것을 하나씩 집어보라고 했다. 주인의 눈치를 보며 서 있는 그들 손에 초코바를 하나씩 쥐어주고는 비옷으로 갈아입고 다시 출발했다.

평지 위에 놓인 길을 따라 한참을 달리자 '비로비잔'이라는 표지판이 눈앞에 들어온다. 비로비잔은 하바롭스크로부터 180km 떨어진 곳으로 유대인 자치주의 주도이다. 1934년, 당시 세계인의 주목을 받으며 러시아에 유대인 자치주가 생겼을 때 유대인들은 젖과 꿀이 흐르는 가나안 땅과 같은 기대감이 있었다. 하지만 이곳은 사람이 살기 힘든 습지였고 혹독한 기후를 가지고 있었다. 1991년 소련의 해체와 함께 많은 유대인들이 이곳을 떠났다. 1995년, 아무르 강에서 수영하다 익사할 뻔한 나를 구해주었던 유대인 '비딸리'의 고향이기도 하다.

비로비잔에서 70km쯤 달렸을 때 부두칸 강 표지판을 지나자마자 모터바이크를 세웠다. 강렬한 햇볕과 더위를 견디기 힘들었다. 빛바랜 나무집들이 길을 따라 늘어서 있었다. 비옷을 벗기 위해 바이크를 멈추자마자 뒤로부터 달려오던 바이크 두 대가 차례로 속력을 줄이며 무슨 일이 있냐고 묻는다. 내게 무슨 문제가 있다면 도움을 주겠다는 의미가 있는 말이다. 순간적으로 이루어진 만남이어서 나는 "아니 뭐 그냥…"이라고 멋쩍게 대답했다. 무리를 지어 함께 달리자는 그들에게 먼저 가라고 하고 사진을 찍고 출발했다.

빛의 속도로 달려가는 러시아 바이커들에 비하면 아직 나는 거북이 달음질 정도의 속도이다. 러시아의 바이커들과 함께 라이딩을 하면 이동거리는 저절로 늘어난다. 러시아에서는 함께 달리면 멀리 갈 뿐만 아니라 빨라지기도 한다. 끝이 없는 러시아의 길을 처음부터 혼자 하는 여행은 바람직하지 않다. 누군가와 함께하면서 대륙의 길을 달리는 법을 배우고 이 길에서 이야기를 만들며 천천히 나아가는 것이 좋다.

길 위에서 누군가를 만나고 싶다면 자신의 바이크의 속도를 줄이면 된다. 느린 속도를 유지하고 있으면 빛의 속도로 달려가는 러시아 바이커들과 반드시 만나게 된다. 인종과 종교와 국적에 관계없이 형제라고 부르는 그들은 결코 여행자를 길 위에 홀로 내버려 두고 가지 않는다. 나는 그런 모습이 참 신기하고도 든든했다.

하바롭스크로부터 280km쯤 달렸을 때 길 건너편 산등성이에 자리 잡고 있는 '따뜻한 호수Teplozersk'라는 이름을 가진 마을이 보였다. '이곳에는 온천이 있겠구나' 생각을 하면서 산길을 달리다가 한적한 길 한편에 자리 잡고 노점을 차린 분을 만나게 되었다. 햇볕을 가득

담고 있는 산과 숲이 주는 느낌이 좋은 이 지역에서 채취한 꿀과 잣
을 조금씩 구입했다.

'따뜻한 호수'라는 이름을 가진 마을을 지나는 P297, 아무르 연방도로변에 노점
을 차리고 있는 할아버지. 2014년부터 2017년, 2019년까지 세 번째 만남이다.

나의
데르수 우잘라

아무르주의 주도 블라고베셴스크를 출발해서 750km를 달려왔
다. 하바롭스크 지방과 유대인 자치주와 아무르주를 지나 자바이칼
지방의 주도인 치타에 이르는 P297, 아무르 연방고속도로는 아직
끝나지 않았다. 석양이 눈높이까지 내려와 숲길 저 멀리에 떠 있다.
도로가 살짝 젖어 있는 걸 보니 소나기가 나보다 먼저 이곳을 지나
간 모양이다. 이상하게 옅은 안개가 머무르는 것 같은 몽환적인 길
위에서 눈앞 가득 붉은빛이 펼쳐진다.

뭔가 정체를 알아차리기도 전에 헬맷 속으로 기분 좋은 향기부터
들어온다. 향기는 점점 진해지는데 이 향기의 출처를 모르겠다. 바
이크의 속도를 줄이고 이리저리 고개를 돌려 마을이나 사람의 흔적

을 찾아보았지만 길 위에는 울창한 숲과 지는 해와 나뿐이었다. 분명 꽃향기였다.

찾았다. 숲과 도로 사이의 길가에 다양한 종류의 꽃들이 피어서 숲속 깊숙이까지 퍼져 있었다. 안개의 정체가 밝혀졌다. 건조한 대기가 대지 위의 습기를 빨아올리면서 길 전체가 꽃향기로 뒤덮이며 안개처럼 떠다니고 있었다. 이 광활한 땅, 어느 곳에서나 꽃은 쉽게 볼 수 있지만 이런 시간에 이런 곳에서 이런 기분 좋은 향기를, 그것도 달리는 모터바이크 위에서 만나는 건 아주 드문 일이다.

나를 기다려주는 이

    20km를 더 달렸다. 막심과 나탈랴가 길가에 서 있었다. 길 위에서 함께했던 10시간 동안 우리는 만났다 헤어지기를 여러 번 반복했다. 여전히 반가운 표정으로 다가온 나탈랴가 내게 안부를 물어왔다. "킴, 괜찮아?" 미안한 마음이 한 가득이라 나는 헬멧을 벗으면서 어떤 표정을 지어야 할지 난감했다.

    하바롭스크 바이크 축제에서 나를 봤다며 클럽에서 아는 체를 해왔던 막심과 그의 연인 나탈랴는 다시 연락을 해왔다. 이들은 내 여

●
대륙의 끝없는 길을 감당할 수 있도록 일정 구간을 함께 달려준 막심과 나탈랴.
자동차 정비소를 운영하고 있는 그는 러시아의 환경에 맞도록 모터바이크를 개조하는 '초퍼'이기도 하다.

아무르주와의 경계, 자바이칼 지방의 시작. 자바이칼은 모스크바를 기준으로 바라보았을 때 바이칼호수 뒤편에 있는 지역임을 의미한다. 스타노보이(외흥안령)산맥이 펼쳐져 있으며 1689년의 네르친스크 조약에 의해 자바이칼 지방이 러시아의 영토가 되었다.

10대 후반에서 20대 초중반의 젊은이들이 이런 비극적인 사고의 가해자가 된다. 이들은 대륙을 횡단하는 여행자들을 공격대상으로 삼기 시작했다.

잠시 뒤, 나와 막심은 되도록 연기가 안 나도록 최대한 마른 나뭇가지들을 모아 모닥불을 피웠다. 막심은 자신이 가지고 있던 여유분의 금속 컵을 내 손에 쥐어주었다. 컵 안에는 모닥불로 데운 따뜻한 밀크커피가 담겨 있었다. 그걸 보니 속으로 슬그머니 웃음이 났다. 2019년 6월, 시베리아의 잡목 숲에서 안톤 체호프처럼 차를 마시고 싶었던 나의 낭만이 24년 만에 이루어졌다. 한결 피로가 풀리는 기분이었다.

모터바이크를 타고 하루 종일 주행하는 것은 중노동을 하는 것과 같다. 첫날이라면 온몸이 몸살을 앓을 수도 있다. 하루 동안에 달린 거리는 650km를 넘었다. 손가락 마디마디가 얼얼하고 어깨가 뻣뻣했다. 며칠째 피곤함이 누적되어 있었다. 밤이 깊어질수록 야영지의 기온은 더욱 내려갈 것이다.

●
시베리아 평원에서
이루어진 밀크커피
한잔의 꿈

'가는 길에 무고한 희생자를 기리며'. 2014년 8월 중순 러시아의 바이크 여행자 알렉세이 바수코프가 이곳에서 살해당했다. 자바이칼 지방의 경계로부터 17km 거리에 있는 잔나 마을 외곽, 아무르 연방도로 변에 위치한 이곳은 인적이 드문 타이가 지대로 유일하게 있는 카페에서 술에 취한 24세, 26세 젊은이들에게 시비가 있었다. 추모비 뒤편으로 사건발생 장소였던 카페의 흔적이 보인다. 피해자는 카페 옆 커다란 구덩이 안에서 수십 개의 타이어와 함께 불에 태워졌다. 이 끔찍한 사건은 러시아 바이커들의 관심을 끌었고 SNS를 통해 전국적인 네트워크가 가동되기 시작했다. 결국 바수코프의 이동경로를 추적하여 이 장소를 찾아내게 되었다. 2년 뒤 같은 자바이칼 지방에서 또 한 명의 바이커 여행자가 희생당했다. 일본인 오이타 코이치가 피해자이며 가해자는 지프헤겐 마을 주민이었던 20세, 21세 청년들이었다.

20년 된 '새' 바이크

막심은 자동차를 고치는 정비공이면서 모터바이크 초퍼chopper다. 바이크 자체를 필요에 맞게 개조하거나 외양을 멋지게 만드는 기술자다. 그는 20년 된 일본 제품 혼다 모터사이클을 500달러에 사서 1,000달러를 들여서 2년간 고쳤다고 했다. 겨울엔 영하 40도 여름엔 영상 30도, 그 사이 70도의 기온 차를 이겨내야 하는 혹독한 자연환경과 수많은 포트홀로 위험하고 거친 도로 사정에 맞게 러시아 대륙용 바이크로 거듭 탄생시킨 것이다.

내가 1996년 러시아에서도 전례가 없는 바이크로 대륙을 횡단한 최초의 사람이 된 건, 내가 대단해서라기보다 그때까지는 러시아 사람들이 대체로 어려운 형편이라 바이크를 타지 않았기 때문이다. 그 이후 서서히 러시아의 아시아 쪽에선 일본 바이크에 대한 수요가 커지기 시작했다.

러시아 대륙을 횡단하려면 포장도로와 비포장도로를 모두 감당할 수 있는 최적의 바이크가 필요하다. 이런 바이크를 일본 기업 스즈키에서 최초로 만들었는데, 이후 혼다에서 '아프리카 트윈' 시리즈로 보편화시켰다. 그러다가 독일 BMW 사에서 아프리카 트윈에 필적하는 제품을 생산하기 시작했다. BMW GS는 우리나라 사람들이 대륙횡단용으로 선호한다. 그러나 유럽 바이커들은 대체로 혼다의 아프리카 트윈을 더 선호하는데, 그 이유는 BMW보다 가격이 저렴하고 한 가지 큰 장점이 있기 때문이다.

혼다는 자가 정비를 할 수 있도록 정비 매뉴얼을 공개하고 있다. 누구든지 그 매뉴얼을 보고 바이크를 고칠 수 있도록 했다. 러시아의 초창기 바이커들은 자가 정비 능력을 거의 가지고 있는데, 모두 형편이 어려우니까 비용을 들여 누군가에게 맡겨서 고치기보다 매뉴얼을 보고 스스로 고쳐왔다.

그래서 러시아에선 막심처럼 20년 된 중고 바이크를 오랜 시간 고쳐서 새 바이크로 재탄생시키는 일이 그렇게 드물지 않다. 우리가 볼땐 저런 고물을 왜 샀을까 생각할 수 있는 허름한 중고 바이크를 사서 퇴근 후 시간 날 때마다 고치는 것을 큰 즐거움으로 안다. 그들은 집도 오래도록 짓는다. 일하고 돌아와 여가시간에 틈나는 대로 자기 집을 자기 손으로 짓거나 고친다. 그렇게 시간과 공이 든 집이라 집안도 애정을 가지고 쓸고 닦고 해서 깔끔하고 단정한지도 모르겠다.

막심은 내게 아주 많은 도움을 준 친구다. 처음 러시아를 횡단하는 사람들에게 정말 필요한 조언을 막심에게 대부분 들었다고 해도 과언이 아니다. 모기, 쇠파리, 호랑이, 곰들을 다 만나도 되지만 밤에는 야영지가 절대로 사람 눈에 띄면 안 된다는 것을 알려준 사람이 막심이다. 야영할 때 살아남는 법, 벌레떼에서 나를 지키는 법, 그 안에서 자연을 즐기는 방법, 시비거리가 발생하지 않는 카페를 선택하고 바이크를 주차하는 방법, 바이크가 고장 났을 때 지나가는 사람의 도움을 받는 법 등등 많은 요긴한 이야기를 들려주었다.

그래서 나는 막심을 '나의 데르수 우잘라'라고 생각한다. 탐험가 아르세니예프가 원주민 데르수 우잘라의 도움을 받아 극동의 연해주를 개척했던 것처럼, 막심은 나에게 거친 러시아 대륙의 길을 잘 적응할 수 있도록 여러모로 도움을 준 대륙횡단 초기 구간의 스승이다. 1953년 세계 최초로 히말라야 최정상 에베레스트 산을 오른 에드먼드 힐러리 경도 네팔인 세르파 '텐징 노르가이'와 함께 했었다. 현지인의 도움을 받은 탐험가들의 이야기는 감동인데, 나 역시 러시아 현지인으로서 나의 가이드가 되어준 막심을 생각하면 언제나 따뜻한 감동이 밀려온다.

헬멧을 내려놓는 이유

내가 막심과 함께 라이딩을 했을 때다. 한참 앞서가던 내가 잠시 길가에 바이크를 세웠다. 나는 헬멧을 벗어 어디다 올려둘 데가 없어서 그냥 바이크 앞쪽 땅바닥에 잠시 내려놨었다. 그랬더니 갑자기 100km 속도로 달리던 막심이 바이크를 급히 멈추고 "무슨 일이 생겼어? 뭘 도와줄까?" 하고 물었다. 그런 거 아니라고 했더니 그럼 헬멧을 바닥에 놓아두면 안 된다고 했다.

나는 헬멧을 어디다 아슬아슬하게 올려놓았다가 혹시 떨어질까 걱정이 되어 그냥 바닥에 놓은 것 뿐인데, 바이커들이 바이크 앞쪽이나 뒤쪽의 도로 바닥에 자기 헬멧을 내려놓는 행위는 자신을 좀 도와달라는 뜻이라고 했다. 전 세계 바이커들의 메시지라고 하는데, 나는 유라시아 대륙횡단을 위해 바이크를 탔을 뿐 평소 바이크를 즐기고 함께 바이크 문화를 즐기는 사람은 아니었기 때문에 이런 좋은 메시지가 있는지 몰랐다.

특히 러시아에서는 '모든 바이커는 형제다'라는 구호 아래 도움이 필요하다는 메시지를 보내는 바이커를 그냥 절대 지나치지 않는다. 그래서 이제 와서 고백하지만 사실 나는 이 헬멧을 이용한 SOS 메시지를 나중엔 조금 악용했다고 할까, 활용했다고 할까 아무튼 그랬던 적이 있었다.

그건 디지털 기반의 세계화 시대의 여행이 '이야기'를 만들지 못하는 단점이 있었기 때문이다. 지금은 구글 지도만 보고 여행할 수 있는 시대라 길 위에서 사람들이 만나서 만들어가는 이야기가 점점 사라지고 있다. 숙소도 온라인으로 예약하고 누구에게 길을 물을 필요도 없으니, 사람이 보인다고 해도 가서 말 붙일 일이 거의 없는 여행이 된다.

나는 아날로그 시대부터 여행을 해왔다. 그 시대의 여행에서 만난 정감 넘치고 따뜻한 사람들의 이야기는 지금도 잊을 수 없다. 디지털 시대가 도래하고 나도 디지털 기기 기반으로 많은 정보를 접할 수 있어도 적당히 모른 척하고 사람들을 만나서 묻는다. 스마트폰과 신용카드 한 장만 들고 이동하는 '디지털 노마드'를 자처하면서도 내가 숲과 마을 사이에서 두려움에 떠는 경계인이지만 그렇기 때문에 충분하진 않아도 숲과 마을 양쪽에 대한 정보를 조금씩 모두 갖게 된다는 의미도 된다. 시베리아에서 만나는 러시아인을 무서워하기보다 그들에게 그때그때 내가 먼저 줄 수 있는 것을 찾기로 했다.

"우다치Удачи!(행운을 빈다)"

아침이 밝아오면 어디서 알고 오는지 나를 찾아오는 사람들이 있었다. "너 멋지다! 행운을 빈다!" 그들은 내 얼굴을 보고 그런 말을 하려고 왔는데 이런 말을 들으면 정말 힘이 난다. 하지만 받는 것으로 끝내지 않겠다고 결심했다. 나도 넉넉지 않고 어렵지만 먼저 좋은 말 한 마디라도 돌려주자 생각했다. 그 시간 아무것도 가진 것이 없는 내가 당장 할 수 있는 최선의 방법이었다. 처음엔 '고맙다'라고만 했다가 이제는 진심을 다해 "보그 루빗 바스Бог Любит Вас(신은 당신을 사랑하신다)"라고 말해준다.

아무르주의 도시, 벨로고르스크를 향해 연방도로를 따라 걸어가는 남자

172

시베리아는 러시아 사람들에게도 엄청난 오지를 의미한다. 깊은 시베리아 시골 마을에서는 어쩌다 일을 보러 도시에 한번 나가려고 한다면 러시아 연방고속도로까지 어떻게든 차가 없으면 걸어서라도 나와야 한다. 나는 지나가는 자동차를 잡지 못하고 도시까지 80km 정도를 걸어가는 사람을 봤다. 그날도 오늘 몸을 누일 숙소를 생각하며 달리는데 후줄근한 양복바지에 다 낡아빠진 구두를 신고 어깨가 축 처진 채 걷는 사람이 있었다. 누군가를 만나러 가야 하는 일이 있는 건지, 갖춰 입고 나선 복장은 형태만 양복일 뿐 평상복보다 더 나을 것도 없어 보였다.

나는 이런 사람이 눈에 들어오면 그냥 지나치기가 어렵다. 길 위를 걷는 사람이 그대로 내 모습 같다. 대륙에서 여행자는 도움을 받아도 괜찮은 존재라는데 반대로 나는 그를 돕고 싶었다. 나는 그 사람에게 차비를 주었다. 지나가는 차를 잡고 운전자에게 차비라도 준다면 좀 더 길을 수월하게 가지 않을까 싶어서 만 원 정도 되는 돈을 건넸다.

"내가 태워주고 싶지만 보다시피 내 뒷좌석은 짐이 많아 어렵다. 행운을 빈다."

이건 내 입장에서도 쉬운 일이 아니었다. 나 역시 빠듯한 비용으로 출발해서 아직 갈 길이 먼 사람이었으니까. 그리고 저 러시아인의 자존심이 상할 수도 있다. 도우려 했다가 무안하게 거절당하거나 화 내는 것을 고스란히 받아야 할지도 모른다.

하지만 좋은 마음으로 진실하게 다가가면서 다음 일은 걱정하지 않기로 했다. 나는 말로라도 진심을 전하고, 내 먹을 것도 부족하지만 주머니에서 있는 것을 꺼내 나누고 싶었다. 그런 행동을 통해 오는 말로 표현할 수 없는 기쁨과 만족이 있다. 내가 누구를 도와줬다는 생색을 내고 싶은 마음은 조금도 없다. 그저 함께 동행해주시는 분께 드리는 감사의 마음을 내 행동으로 봉헌했다고 생각하면서 나홀로 기뻐했다.

대륙을 횡단하고 1만 4,000km로 내 시선이 확장되었어도 자기 변화는 그보다 힘들다. 모든 자만과 오만이 벗겨지는 과정이 고통스럽고 때로 처연하다. 하지만 그 변화를 통해 나는 하루 한 겹의 겸손을 찾아가고 작아져서 사라져버릴 것 같은 순간의 나를 잡았다.

연방도로변에서 다가온 여자

그러나 가난한 사람이 원하는 것을 해줄 수 없을 때도 있다. 대형화물트럭을 촬영하기 위해 달리던 모터바이크의 속도를 줄이고 멈추어 세웠다. 카메라 초점을 맞추고 있는데 건너편 도로에 세워져있던 화물트럭에서 한 여인이 내려 나를 향해 다가왔다. 180개 이상의 민족으로 이루어진 러시아에서는 대체로 누구든 외국인이라고 생각하지 않기 때문에 그녀가 스스럼없이 다가와 뭐라 뭐라 말을 했다. 헬멧을 오래 쓰고 있다가 벗으니 그녀의 말을 알아들을 수 없었다. 하지만 오히려 그녀의 얼굴 표정에서 그녀가 무엇을 원하는지 느낌으로 알 수 있었다.

길 위에서 만나는 많은 러시아인들이 시골에는 일자리도 돈도 없다고 했다. 어떤 사연이 있는지 모르겠지만 햇볕에 그을린 얼굴을 매

마을 밖, 길 위로 나온 여인

만지고 길로 나선 중년의 여인은, 자신이 살고 있는 시골 마을 외곽을 지나가는 러시아 연방고속도로변에 길게 늘어서 있는 트럭운전사들을 대상으로 본능적 필요를 채워주고 있는 듯했다.

낯선 대륙의 길 위에서 나는 내 자신에게 엄격한 편이다. 순간적으로 나는 상대방의 말을 알아듣지 못하겠다는 표정으로 외국인임을 알렸다. 그리고 카메라로 시선을 돌리면서 그녀의 시선을 피했다. 그러면서도 마음 한구석엔 상대방을 무안하게 할 수 있는 내 행동에 대한 안타까움이 있었지만 어쩔 수 없었다.

두 모습의
러시아

　물류와 사람의 이동이 활성화되기 위해서는 도로가 완성되어야한다. 부산에서 시작되는 아시안 하이웨이 6호선AH6은 블라디보스토크에서 우수리스크까지 이어지다가 중국 국경을 넘어 하얼빈으로연결되어 만주를 지나 다시 러시아 치타로 들어간다. 하지만2010년 러시아 횡단도로가 완성됨에 따라 중국 국경을 굳이 넘지않아도 우수리스크에서 하바롭스크를 지나 치타까지 2,700km를 아시안 하이웨이 30호선(AH30) 도로 표지판을 보며 달릴 수 있다.

　이 도로는 연해주 지방과 하바롭스크 지방, 유대인 자치주, 아무르주와 자바이칼 지방의 주도 치타까지 이어진다. 또한 유럽-아시아 국제 운송통로인 '트란스시브transsib'의 일부이기도 하다. 트란스시

우수리스크에서 하바롭스크를 거쳐 치타까지는 아시안 하이웨이 30호선이다. 아시안 하이웨이 6호선은 우수리스크에서 하얼빈을 거쳐 치타에 이르는 만주 횡단 고속도로이다. 치타부터 다시 아시안 하이웨이 6호선이 시작된다. P297, 아무르 연방고속도로는 하바롭스크에서 시작해서 치타까지이다.

브는 중부 유럽-모스크바-예카테린부르크-크라스노야르스크-하바롭스크-블라디보스토크-나호트카를 하나의 길로 연결하는 프로젝트이다.

러시아를 횡단하는 연방고속도로에 속하는 아무르 연방도로(P297)는 하바롭스크에서 치타까지이다. 두 도시 사이의 거리는 2,165km이다. 1996년 첫 모터사이클 횡단에서 가장 힘든 지옥의 구간이 이 안에 있다. 스코보로디노에서 체르니셰프스크까지 700여km 구간이다. 스코보로디노는 아무르 연방고속도로와 레나 연방고속도로(A360)가 교차되는 아무르주의 도시로 하바롭스크에서 약 1,000km 거리이고, 체르니셰프스크는 치타에서 300km 거리에 있

러시아 도로는 사망도로

하지만 잘 변하지 않는 도로 사정도 있다. 2014년의 유라시아 대륙횡단 때 나는 연해주 지방의 길 위에서 러시아 방송국 취재팀을 만났다. 그들은 모스크바에서 극동까지 온 이유에 두 가지 취재 목적이 있다고 했다. 첫 번째는 사할린에서부터 크림반도까지 이동하면서 러시아의 크림반도 병합에 대한 국민들의 생각을 묻는 것이고, 두 번째는 러시아의 부실 도로를 취재하는 것이었다.

러시아는 겨울에는 영하 40도 여름엔 영상 30도가 되는 나라로 도로는 그 사이 70도의 기온차를 견뎌야 한다. 얼었다 녹았다를 매년 반복하는 가운데 길이 부서지고 터지게 된다. 시베리아에 있는 많은 전봇대들도 기울어져 있다. 툰드라 지역의 집들도 살짝 비틀렸

연해주 지방의 길 위에서 이루어진 러시아 방송국과의 인터뷰. 2014년 크림반도가 우크라이나로부터 러시아로 병합되었다. 러시아의 한 방송국은 국민들의 반응을 알아보기 위해 '사할린에서 크림까지'라는 프로그램을 계획했다. 더불어 '사망도로'라고 불리는 러시아의 길에 대해 밀착 취재를 함께 기획했다.

2010년에 완성된 러시아 횡단도로는 포장도로를 의미하지 않았다. 2017년까지도 곳곳에서 도로 포장을 위한 공사가 계속되었다. 2019년, 네 번째 다시 만난 대륙의 길은 포장이 거의 이루어져 있었다. 다만 혹독한 대륙의 환경 혹은 부실 공사로 인해 도로를 보수하고 유지하기 위한 공사는 계속되고 있다.

거나 기울어진 경우가 많다. 그러나 취재진들은 유리 가가린을 우주로 보낸 우리 러시아가 시베리아 도로 하나를 단단하게 만들지 못하는 게 말이 안 된다고 했다. 부실 도로를 고발하겠다는 취지였다. 도로 상태의 열악함에 대해서는 2010년 푸틴 총리 스스로가 자신이 운전한 자동차 안에서 체험하며 이렇게 말했다.

"지금까지 아무르 고속도로는 연방고속도로가 아니라 좋은 시골길처럼 보였다."

푸틴 총리가 아무르 고속도로를 횡단한 후, 이 도로 건설에 참여한 건설사와 고위 공직자가 부실 공사를 이유로 주 검찰청에 출두해야만 했다. 뇌물을 받은 공직자와 건설업자가 모두 구속되고 2,165km의 아무르 연방고속도로 구간 중 500km가 재건설 대상으로 결정되었다. 그럼에도 2014년에 만난 방송사 취재진들은 여전히 '러시아 도로는 사망도로'라며 나에게 미안해했다. 고질적인 뇌물의 병폐가 사라지지 않는 모양이었다.

400km는 약 서울에서 부산까지의 거리다. 바이크 속도 최대치로 놓고 멈추지 않고 달려도 하루종일 달려야 갈 수 있는 거리인데 러시아 사람들은 옆 동네라고 생각한다. 그리고 그 길이 결코 상태가 좋지 않은데도 무조건 달린다. 총알처럼 출발해서 어마무시한 속도로 달린다. 포장이 잘 되어 있어서 최대치로 달리던 차가 졸음운전을 하거나 음주, 과속운전을 하다가 갑자기 포트홀을 만나서 사망사고에 이르는 일이 빈발했다. 러시아 도로의 길가에서는 죽은 사람을 위한 추모비를 자주 볼 수 있다. 육체는 묘지로 옮겼지만 영혼은 길 위에 남아 있다고 생각하는 것 같다.

여행자들이 포트홀이 있다는 것을 알아도 위험한 이유는, 먼저 장마철인 여름에 비가 오면 물이 차면서 포트홀 구멍이 잘 안 보인다. 그리고 시베리아의 밤은 너무나 깜깜해서 전조등을 켜도 잘 안보인다. 길만 생겼지 아무것도 없는 태초의 대자연 같은 곳에서는 이런 빛도 미미한 존재일 뿐이다. 그래서 시베리아의 밤을 이겨내기 위한 트럭의 조명은 엄청 밝은데 이게 맞은편 길에서 달려오면 곤란하다.

러시아에서 '400km는 옆 동네'라고 말한다. 하지만 그 길을 감당하기 위해 운전자들은 총알과 같은 속도로 출발해서 빛과 같은 속도로 달려댄다. 열악한 도로 상황을 감당하지 못하고 영원히 길 위에 남은 사람들이 많다. 오랫동안 러시아의 도로를 사망도로라고 부르는 이유이다.

만약 맞은편에서 전조등을 켜고 달려오는 트럭이 있다면 내 눈은 멀어버린 듯 안 보이게 된다. 이런 상황에서 포트홀을 만나면 사고를 피하기 어렵다.

아름다운 시골의 두 얼굴

과거 러시아의 시골은 가장 러시아다웠지만 지금 러시아는 가장 위험한 곳으로 바뀌었다. 오랜 세월 러시아와 시베리아를 오간 내게는 마음 아프게 다가온다. 거기엔 역사적·사회적 이유가 있다. 소비에트가 무너지면서 집단농장과 공장이 사라져버린 시골 사람들은 점점 살기가 어려워지자 도시로 몰려갔다. 도시빈민으로 살아가다가 거기서 적응을 못하고 돌아온 사람들이 좌절하여 술에 취해 살게 되었다.

러시아는 다민족국가로 어릴 때부터 공공예절 교육을 엄격히 받으며 자라 남에게 폐를 끼치는 행동을 하지 않기 위해 조심하며 지켜야 할 것은 확실히 지킨다. 작은 호스텔에서 여럿이 함께 묵을 때에도 그들은 아주 조심스럽게 조용히 들어온다. 그리고 퇴실할 때는 자기가 쓴 침대 시트와 베개 시트 같은 것을 모두 벗겨서 한쪽에 모아놓고 간다. 일곱 살 어린아이부터 노인까지 모두 그랬다. 그렇게 에티켓이 있고 엄격해보이는 사람들이 술과 만나면 감당하기 힘든 사람이 되어버린다. 불도저 혹은 곰과 같은 성향이 보드카와 만나면 비극의 씨앗이 된다.

"왜 우리도 똑같이 일하는데 모스크바에 사는 사람들만 잘 사나."

꼭 모스크바에 가서 일해보지 않았더라도 우랄산맥을 기준으로 서쪽과 동쪽의 빈부격차가 큰 것을 알게 되었다. 디지털 시대 이전에는 모스크바는 모스크바 대로, 시베리아는 시베리아 대로 서로 자기 것만 바라보며 만족하며 살았다. 그런데 인터넷의 보급으로 러시아는 물론이고 세계 여러 나라의 삶을 실시간으로 바라보게 되면서 뭔가 잘못되었다는 것에 눈뜨게 된다. 서방의 경제제재를 받고 있지만 시베리아의 자원을 통해 모스크바는 여전히 불야성이란 것을 알게 되고 너무나 힘든 자신들의 삶과 대비되는 상황에 분노했다. 러시아에서 시위는 전통적으로 모스크바와 상트페테르부르크 중심으로 일어났지만 현재는 SNS의 영향으로 전국에서 일어나는 양상으로 달라졌다.

광야의 1인 시위자

자바이칼 지방 우룜마을, 길가 숙소로부터 76km 거리의 지레켄 Zhireken마을을 지나고 있었다. 달려가는 길 앞으로부터 공사가 이루어지고 있다는 표시판이 눈에 들어왔다. 모터바이크의 속도를 줄이고 서서히 달려가기 시작했다. 잠시 뒤, 도로 위 공사현장이 눈에 들어왔다. 현장에서 조금 떨어져 있는 도로 노동자들의 시선이 도로 한편의 길가로 모여 있었다. 그 옆으로 수레를 끌고 가는 한 남자가 눈에 들어왔다. 연해주 지방의 도시 달네레첸스크에서 만난 18세 젊은 바이커 표도르의 SNS를 통해서 나는 이미 이 남자의 존재에 대해 알고 있었다. 그는 대륙의 길 위에서 반정부 투쟁을 하는 무당 알렉산드르 가비셰프다.

'사샤'라고도 부르는 이 샤먼은 자신의 고향인 사하공화국의 수도 야쿠츠크에서 몽골식 주거지인 유르트를 수레에 싣고 걸어서 1만 km 떨어진 모스크바로 향하고 있었다. 그의 동선은 SNS를 통해 알려지고 확산되는 중이었다.

 시베리아 구간에서 만나는 러시아인들은 사샤와 같이 자신들을
'시베리아끼(시베리아 사람들)'라고 부르며 현재 러시아는 우랄산맥
동쪽에 있는 시베리아 지역과 서쪽에 있는 '푸틴스카야 오블라스찌
(푸틴 주)'로 나뉘어 있다고 했다. 전자는 가난함을 상징하고 후자는

●
대륙의 길 위에서 외치는 소리. 야쿠츠크의 샤먼 알렉산드르는 자신의 숙소인 유
르트와 기둥, 난로를 수레 위에 싣고 모스크바까지 1만 km를 걸어가고 있는 중이
었다. 그는 더 이상의 선거로는 러시아를 바꿀 수 없다는 생각을 가지고 있었다.
그가 주장하는 러시아는 부유한 모스크바와 가난한 시베리아로 나뉜 현실이다.
모스크바에 입성해서 강력한 주술을 걸어 푸틴을 추방할 것이라고 말한다. 이를
위해 그가 사용하는 도구는 발효된 암말의 젖과 말총과 가죽 북이다. 크렘린 성벽
밖에 있는 붉은 광장에서 모닥불을 피우고 주술도구들을 사용하여 기도하면 푸틴
이 정신을 차리고 조용히 물러날 것이라고 했다.

린포체 바그샤(Rinpoche Bagsha) 사원. 울란우데 시가지와 셀렝가강이 한눈에 내려다보인다.

로 돕고 어울리며 함께 풍요로워지길 바라는 마음에서 하는 일이라는 점에서 진심은 있다.

이곳에서는 자작나무가 뒤로 물러나고 소나무나 침엽수가 숲의 주인공이다. 아무도 없는 평원에서 하늘이 새카매지고 천둥과 번개가 내리치고 강풍과 함께 비가 쏟아져 내릴 때는 감당하기 힘들 만큼 무섭고 두렵다. 하지만 모든 것이 30분 정도이다. 그 시간이 지나면 상황은 끝나고 젖었던 옷은 마르고 체온은 햇볕 덕분에 올라간다. 햇볕은 따갑지만 습기가 없어 불쾌하지 않다. 30분 동안 겸손을 배우고 또 30분이 지나면 위로를 받는다. 사람보다 짐승이 많고 야생과 하늘이 가까운 이곳에서 기도를 하면 내 간절함이 하늘에

200

좀 더 빨리 닿을 것 같은 느낌도 든다.

러시아는 화려한 빌딩 숲이 있는 모스크바와 모스크바가 아닌 곳만이 존재한다고 말한다. 하지만 모스크바에 사는 것이 정말로 풍요로운 삶을 의미하는 것일까? 세속적인 눈으로 보면 이곳에 사는 사람들의 삶의 만족도가 그다지 높지 않을지 모르지만 많은 양의 자원을 이동하려면 꼭 거쳐가는 울란우데 역은 몽골과 중국으로 연결되는 교통의 요지로서 가능성이 높은 도시이다. 관공서나 상가 담당자의 얼굴에서 웃음을 자주 볼 수 있다는 건 이 도시의 잠재력이다.

분석적이고 매사에 따지는 사람들은 영리할 수 있다. 하지만 발전

수많은 바람들이 서로 어우러져 있다. 모두의 공통점은 '행운'이다. 나의 기도는 끊임없이 솟구쳐 나오는 '나'가 죽는 것이다.

가능성은 매사 웃음과 함께하는 긍정적인 사람들에게 있다. 부랴트 인들은 소수민족이지만 상대방이 말을 잘 못해도 웃음으로 대해줘서 좋다. 얼굴도 정말 우리나라 사람들과 거의 흡사한 모습이라, 그런 얼굴이 미소를 지으면 긴장이 한결 풀린다. 사람들이 욕심이 없고 겸손해보인다. 좋으면 또 오고 싶은 법. 그런 사람들이 많아지면 도시는 더 활기가 넘치지 않을까.

밤 12시에 울란우데 입구에 도착했다. 이곳에서 두 갈래 길로 나누어진다. 하나는 몽골 울란바토르로 이어지는 A340 고속도로이다. 다른 하나는 치타에서 시작해서 울란우데와 이르쿠츠크로 이어지는 P258, 바이칼 연방고속도로이다.

P258, 바이칼 연방고속도로는 아시안 하이웨이 6호선의 일부 구간이다.

이상한 도난사고

아침 여섯 시가 조금 넘었을 것 같다. 숙소 카운터를 보는 아주머니가 조용히 나를 깨우며 나와 보라고 했다. 무슨 일이 생긴 것이다. 순간 내 머릿속에 불안한 그림이 그려진다. 이미 숙박비를 지불했기 때문에 그녀는 내게 볼 일이 없다. 모터바이크다! 당혹감이 몰려왔다. 무슨 일인지 몰라도 문제를 나한테서 찾으려는 마음이 먼저 든다. 이 도시에 대한 자료는 잘 모았고 다음 구간에 계속되는 비 예보로 이틀 정도 출발을 미루었다. 휴식은 필요하지만 멈춤이 길어지자 모든 것이 늘어지는 기분이 들었다. 이에 대한 경고인 걸까.

밖으로 나가보니 여러 명의 경찰이 바이크 옆에 서 있고 두 대의 경찰차가 도로변 주차장에 있었다. 바이크를 탈 때 가슴이 닿는 부위에 설치해놓은 가방이 열려 있다. 이것이었구나. 다시 머릿속이 빠르게 움직였다. 여기 뭐가 들었더라? 사진기는 옮겨놓았고 누군가가 탐낼 만한 물건은 생각나지 않는다.

경찰은 도둑을 잡아놓았다고 했다. 나는 별거 아니라는 표정을 지었지만 자동 소총까지 들고 있는 경찰의 표정은 진지했다. 장물과 범인들을 확인하기 위해 경찰차가 있는 곳으로 이동했다. 우의와 네비게이션과 휴대용 후레쉬가 눈에 들어온다. 아직까지 사용하지 않았지만 네비게이션은 무척 중요하다. 가방에 뭐가 있었는지 잊었다는 것으로 모든 문제를 내 안일함으로 돌렸다.

그리고 그들과 눈이 마주쳤다. 뒷자석으로부터 얼굴을 들이대며 손을 뻗어 악수를 청하는 남자에게서 술 냄새가 났다. 그와 함께 술자리에 있었을 남자는 얼굴을 살짝 돌리고 앉아 있다. 나에게 피해를 준 사람과 눈을 마주치는 일은 참 어색하고 꺼림칙했다. 나는 어떻게 해야 할지 빠르게 판단하고 경찰들을 설득했다. '이 물건들은 중요한 것이 아니다, 이들은 단지 술에 취해서 그랬던 것 같은데 찾았으니 나는 괜찮다'고 했다. AK47 칼라시니코프 자동 소총을 들고 있는 젊은 경찰은 그들이 감옥에 갇히게 될 것이라고 말한다. 다만 경찰들은 그들을 봐달라는 나의 말에 대해 싫어하지는 않는 듯했다.

모터바이크를 둘러보는 감식반이 있는 곳으로 젊은 경찰과 함께 이동했다. 감식반 대원이 열어놓은 가방 안에는 돋보기까지 들어 있다. 자세히 보니 부서진 채 조각이 나 있는 작은 열쇠통의 파편들이 눈에 들어왔다. 하나하나 주워 모아보았다. 도대체 무엇으로 이렇게 박살을 내놓았을까. 모터바이크 곁에 있던 경차 사진을 찍자마자 그 젊은 경찰이 즉시 삭제를 요구한다. 백업되는 사진까지 확인하려고 한다.

그와 다시 이야기가 시작되었다. 바이크 가격에 놀라던 그가 나의 목적지에 대한 이야기를 듣고 호감을 표시했다. 그는 공수부대에서 생활했다며 자신은 총을 좋아한다고 말한다. 칼리시니코프 총을 만든 사람이 자신의 아버지의 할아버지라 자기 성에 칼라시니코프라는 이름이 들어 있다고 했다.

호스텔 현관문이 열리면서 나를 깨웠던 아주머니가 나온다. 신고한 사람은 자기라며 미안해하길래 고맙다는 말을 전했다. 범인이 잡혀 있는 상태여서 함께 내가 경찰서로 가야 한다고 해서 숙소로 들어와 가방을 챙겼다. 이런 일이 왜 일어났는지 모르겠다.

차를 타고 간 곳은 경찰서처럼 보이지 않는 곳이었다. 1층 대기실에서 한 시간을 앉아 있다가 여러 명의 경찰에게서 이런저런 질문을 받았다. 다시 한 시간 뒤, 나를 담당하는 수사관이 남성으로 바뀌었다. 내가 외국인이기 때문에 공식적으로 통역인이 참석해야 한다며 한국어 통역사에게 전화를 해보지만 연락이 안 된다는 소리가 들린다. 그날은 일요일이었고 담당 수사관과 40분 동안 기본 조서

울란우데 경찰서

다음 날 확인서를 쓰고 잃어버린 물건들을 돌려받았다.

를 꾸며 놓자 중국인 영어통역사가 왔다. 그들은 내 나이를 확인하고 상당히 놀랐다. 조서가 상당히 구체적이고 확인 작업이 철저했다.

나는 술 취한 남자가 가져가려 했던 물건의 가격은 각각 1달러두 개와 2달러라고 말했다. 네비게이션도 1달러냐고 묻는 그에게 네비게이션은 2년 전에 구입한 것인데 비가 들어가서 현재 작동하지 않는다고 그의 입을 막았다.

참 이상했다. 무장경찰이 고작 이런 잡범을 잡는 것도 이상하고, 돈도 안 되는 것을 훔친 사람들도 이해할 수 없고, 피해자를 범인과 한 차에 태워 이동하는 것도 이상했다. 경찰서에서 절도범은 다시 내게 손을 내밀었지만 미안해하는 모습은 없었다. 이미 나는 모든 원인을 내 부주의로 돌렸기 때문에 그가 내미는 손을 잡을 수 있었다. 그의 처벌을 원하지 않는다는 내게 경찰은 그가 술에서 깨면 조서를 꾸며서 다시 연락하겠다고 했다.

12시 35분. 6시간 정도가 흘러가버렸다. 내일까지 숙박비용은 이미 지불했지만 오늘 날씨가 웬만하면 출발하려는 계획이었는데 다 틀어져버렸다.

홀로 모든 상황을 감당하기 위해서 빈틈이 있어서는 안 된다는 것을 알고 철저히 준비했지만 예상 밖의 일들이 기다리고 있었고 이런 상황에서 이방인으로서 홀로인 나는 무기력할 뿐이었다.

경찰서 밖으로 나와 통역과 인사를 나누고 헤어지자 길 맞은편에

여행자에게
축복을

　1996년 나와 함께 바이칼호수로 달려가던 타냐네 가족이 차에서 내릴 때 뒤따라가던 나도 모터바이크를 세웠다. 타냐는 내게 바이칼호수와 만나기 전에 먼저 해야 할 일이 있다고 했다. 그녀는 내가 입고 있는 옷의 한 자락을 조금 찢어내라고 했다. 나는 옷에서 찢어낸 천 조각을 들고 호수가 내려다보이는 언덕 공터를 둘러싸고 있는 나무들이 있는 곳으로 걸어갔다.

　그녀의 안내를 받아 이미 수많은 천 조각이 달려 있는 한 나뭇가지에 내 옷 조각을 매달았다. 시베리아에서는 바이칼과 처음 만나는 여행자는 자신의 안녕과 건강을 위해 자신이 입고 있는 혹은 가지고 있는 천의 일부를 나뭇가지에 매달아 놓는 의식을 거쳐야 한다.

시베리아 원주민의 민간신앙으로부터 많은 영향을 받은 시베리아의 러시아인들은 자연이 과학과 이성으로 모두 이해할 수 있는 대상이 아니라는 것을 오랜 시간에 걸쳐 체험해왔다.

천사가 전해준 말

2019년에는 바이칼호수를 다시 만나기 전에 이런 의식보다 더 잊지 못할 축복 같은 일이 있었다. 성스러운 바이칼호수를 만나기 전 나에게 가장 순수한 마음을 나누어준 소년 소녀들이 있었다. 울란우데를 출발, 보야르스키 마을과 접해 있는 바이칼호수를 코앞에 두고 '다치'라는 이름을 가진 아주 작은 마을에 잠시 멈추었다. 바이크의 엔진을 식혀주려고 잠시 쉬다가 발견한 숲속 오솔길을 따라가 보니 여섯 가구 정도가 살고 있었고 숲에 가려져 그냥 지나치기 쉬운 곳이었다. 그 집들은 아마도 다챠(여름별장) 같았다.

집 앞에는 작은 텃밭에 감자와 딸기와 채소가 자라고 있었고 예쁜 꽃들이 가득 차 있었다. 내 고향에 계신 풍성하고도 아름다운 텃밭을 가꾸는 형님이 생각났다. 작은 텃밭인데도 사계절 내내 가족과 주위의 이웃들이 기분 좋게 나눌 정도로 풍성하게 수확하는 모습을 보고 나는 자주 감탄했다.

한참 텃밭을 바라보고 있는데, 갑자기 두 명의 소녀와 다섯 살쯤 되는 꼬마 아이 한 명이 나를 향해 걸어왔다. 첫째 소녀는 수줍어하던 어린 시절의 내 모습과 닮았다. 둘째 소녀는 모기가 자꾸 슬리퍼를 신은 맨발을 물어대는지 계속 꼼지락거리는데 꼬질꼬질한 발가락이 귀여웠다. 이제 막 처음 본 이 아이들이 참 좋았다. 뭐라도 주고 싶은 마음에 짐을 뒤졌지만 줄 만한 것이 없었다. 구멍가게라도 근처에 있을까 싶어서 몇 번이나 물어봤는데 없는 것 같았다. 그래서 "예쁜 애기들아! 너희들을 사랑하고 보살피는 분이 계신단다"라고 진심으로 말해주었다.

셋째 꼬마는 내게 아주 맑고 아름다운 시냇물이 있다고 알려주고 싶어했다. 그래서 따라갔다. 아이는 먼저 맑은 물을 마시며 내게 마시라고 권했다. 바이칼호수로 흘러드는 시냇물이다. 잔뜩 낙서 같은 글씨를 써넣은 오렌지색 옷을 입은 아이는 자기 이름이 '까쨔'라고 했다. 나에게 보라색 조그마한 꽃을 하나 따다가 준다. 나는 그걸 받아서 까쨔의 머리에 꽂아주고 한 송이는 옆에 있는 '나스쨔'의 머리에 꽂아주었다. 그러자 작은 꽃송이가 모여서 된 큰 꽃을 다시

●
바이칼호수를 만나기 전에 감당해야 하는 의식, 여행자의 행운을 빌어주는 사람들

내게 가져다주었다. 한 송이씩 따서 시냇물에 같이 띄워 보냈다.

조금 어울리다가 돌아나오려고 하는데 아이들이 벌써 가냐는 듯 나를 바라본다. 눈을 똑바로 바라보는 그들의 순수함에 빨려 들어갈 듯했다. 소녀들은 내게 행복한 여행이 되고 다시 만날 수 있기를 바란다고 내 눈을 바라보며 말했다. 어쩌면 아이들이 그런 말을 할 수 있을까. 내게 필요한 가장 훌륭한 기도를 해준다. 이 천사 같은 아이들이 빌어준 축복의 말, 이 순수한 만남은 신성한 바이칼호수를 만나기 전 예식으로 충분했다. 나는 이 아이들에게 축복을 빌고 그 자리를 떠났다.

샤먼의 고향

오늘의 목적지가 바로 앞인데 바이크 주행 중에 잠이 온다. 심지어 울퉁불퉁한 비포장도로를 만나 일어서서 달려도 잠이 쏟아진다. 이러다가 큰일 나겠다 싶어서 길가에 모터바이크를 세우고서 헬멧을 쓴 채로 머리를 바이크 위에 기대었다. 잠깐 졸았던 듯한데 조금 뒤에 머리를 들어 주변을 살피니 벌써 바이칼호수다. 물안개가 물 위를 살짝 덮고 있어 신비한 느낌이 온몸에 전해지며 오늘따라 유난히 잔잔한 호수가 가슴으로 들어온다.

바이칼호수는 경상도 크기의 세계 최대 담수호로 북서쪽으로는 이르쿠츠크주, 남동쪽으로 부랴티야공화국 사이에 있다. 미주대륙의 5대 호수를 합한 물보다 더 많은 물이 담겨 있는 건 워낙 호수 깊이가 깊기 때문이다. 단일 호수에 1,500여 종이 넘는 생물 중에는 아주 깊은 바닷속에서만 산다는 희귀한 심해어도 있다.

또 바이칼호수는 세계 어느 호수보다 깨끗한 것으로 유명한데, 300여 개가 넘는 강물이 흘러드는 곳이지만 주변에 사람이 많이 사는 대도시가 없기 때문일 것이다. 지도상으로 보면 가까이 붙어 있는 듯 보이는 대도시 이르쿠츠크는 약 70km나 떨어져 있고 바이칼호수에서 유일하게 물이 빠져나가는 안가라강 유역에 있어서 직접적인 관계가 없다. 또 물을 정화하는 역할을 하는 생물이 있다. 에피스추라Epischura라는 새우를 닮은 작은 갑각류인데 호수 바닥에 살면서 오염물질을 정화하며 호수를 깨끗하게 유지하는 데 큰 도움이 된다.

내가 지나온 울란우데는 이 부랴티야공화국의 수도인데 과거 몽골 땅에 속한 민족이었기 때문에 몽골의 문화가 아주 많이 남아 있다. 몽골의 샤먼 문화와 티벳 불교, 그리고 러시아의 주류 종교인 러시아 정교회까지, 여러 종교문화가 혼합되어 있는 점이 인상적이다. 현재 부랴트 민족이 주로 믿고 있는 티벳 불교문화는 스투파(하얀 불탑)에서, 시베리아의 민간 신앙은 내가 바이칼호수에 처음 도착해 옷을 조금 찢어 나무에 묶으며 여행자의 무사를 기원했던 의식인 '하닥'에서 볼 수 있다.

'시베리아의 진주'라 불리는 바이칼호수. 부랴티야공화국과 이르쿠츠크주에 걸쳐 위치하고 있다.

　바이칼호수는 샤먼(무당)의 고향이라고 말한다. 무당이 많다는 것은 그만큼 대자연의 영역이 크다는 의미도 될 것이다. 시베리아 대자연에 대한 경외감과 두려움이 감당하기 어려울 때 사람들은 의지할 곳이 필요하다. 보이지 않는 존재에게 의지한다는 것은 신앙의 출발이며 이 지역이 민간 신앙이 발전한 이유는 거기서 시작된 것이라고 본다.

　예전에 한 출판사가 여행사와 손잡고 '우리 민족의 시원을 찾는 여행'이라는 콘셉트로 바이칼호수까지 가는 여행상품을 내놓은 적도 있었다. 샤먼의 고향이라 하여 한국의 무속인들도 많이 찾았다. 이런 경우 보통 바이칼호수 서쪽에서 바라보게 된다. 워낙 큰 호수 이다 보니 호수 주변으로 많은 길이 있고 이야기가 있는데, 바이칼 호수 북쪽으로는 사할린 섬과 인접해 있는 항구 소베트스카야 가반 과 부랴티야공화국의 세베로바이칼스크 사이를 오가는 '바이칼-아 무르 횡단철도BAM'를 이용하는 것도 색다른 여행을 즐기는 방법이 될 것이다.

바이칼스크의 검은 담비산에서 보이는 바이칼호수. 현지인들에게는 이곳이 바다 와 같은 곳이다.

탄 쪽으로 나가려 했으나 다시 영국에 막혔다. 러시아의 선택지는 태평양 쪽으로 나가는 길밖에 없었다. 러시아는 시베리아로 눈을 돌렸고 이반 4세 때는 70년 만에 베링해를 앞에 둔 유라시아 대륙의 끝까지 영토를 확장한다.

시베리아 진출은 16세기 이반 4세가 타타르에 결정적인 승리를 거두면서 계기가 되었다. 타타르족은 이전부터 러시아 도시들을 침략해서 러시아인을 납치해 노예로 파는 등 러시아 입장에서는 괴로운 존재였다. 이에 이반 4세는 1552년부터 강력한 군대를 이끌고 타타르족 근거지가 되는 곳을 하나씩 무력화해나갔다. 러시아는 볼가강 전 유역을 통치할 수 있게 되었고 시베리아로 향하는 길을 마련하게 됐다.

시베리아를 개척했으나 땅 자체는 쓸모가 없었다. 동물의 모피와 광물, 타이가 지대의 침엽수림 목재를 취했다. 시베리아 개척사의 시작이 담비 털과 같은 모피였던 것은 공식적으로 시베리아를 개척하러 간 사람들이 코사크Cossack인 사냥꾼이었다는 것과 무관하지는 않다. 코사크 민족은 농노제도로 높은 세금에 짓눌려 고통받던 사람들이었다. 그들은 세금을 내지 않겠다, 그 대신 황제의 보호도 받지 않겠다고 선언하고 자유롭게 살기 위해 우크라이나 변경지대에 모여 살던 자유농민이었다. 이들은 스스로를 지켜야 했기 때문에 거칠고 싸움도 잘하고 힘도 센 사람들이었다. 러시아는 이들을 공식적으로 시베리아 개척의 용병으로 쓰게 된다. 그후 많은 정치범들의 유형지가 되어 백인들도 시베리아 개척에 도구가 되었다.

귀족 장교들의 고난

이르쿠츠크가 '시베리아의 파리'라는 낭만적인 별명을 가지고 있는데, 이런 별칭이 생기게 된 것은 가슴 아프지만 감동적인 역사가 있기 때문이다. '혁명' '혁명가'라는 단어를 조금은 부정적으로 생각하는 우리와 달리, 러시아 사람들이 자랑스럽거나 존경할 대상으로 혁명가를 꼽는 이유를 알 수 있는 사건이기도 하다.

그것은 1825년 12월 14일에 일어난 '데카브리스트의 난'이다. 나폴레옹 군대를 물리치며 파리까지 진격한 러시아군대 안에 있던 진보적인 성향의 귀족 장교들이 자유주의 분위기가 가득한 파리에 반하면서 시작됐다. 이들은 선진화된 유럽의 문물과 프랑스 혁명의 열매로 갖게 된 자유의 물결을 온몸으로 느끼며 벅찬 가슴이 되어 고국으로 돌아온다.

하지만 고국의 현실은 이와는

데카브리스트의 난에 참여한 세르게이 볼콘스키 공작

세르게이 볼콘스키의 집

정반대였다. '차르'라고 부르는 강력한 군주 아래서 농노제와 전제정치가 이어지면서 국민들은 빈곤한 삶에 빠져 있었다. 그들은 차르에게 농노를 해방하고 공화정 대통령제로 바꿀 것을 요구한다. 이것이 '데카브리스트의 난'이라 부르는 12월 혁명이다. 12월을 의미하는, 러시아어 '제카브르декабрь'에서 온 영어식 표기 '데카브리스트Dekabrist'는 12월 혁명에 함께했던 청년 장교들을 아우르는 말이다.

그러나 12월 혁명은 실패했고 121명의 데카브리스트는 재판을 받았다. 그중 다섯 명이 처형되었고 나머지는 시베리아에서의 중노동형에 처해졌다. 차르는 그들이 죽음보다 더한 고통을 두고두고 받으며 죽는 벌을 내린 것이다. 데카브리스트는 쇠사슬에 묶여 시베리아로 끌려갔다. 이들은 이르쿠츠크나 치타보다 훨씬 동쪽에 있는 네르친스크, 혹은 북극 가까운 곳까지 추방되어 광산 등에서 중노동을 했다.

깨어나는 시베리아

데카브리스트 중에서도 가장 유명한 인물은 세르게이 볼콘스키Sergei Volkonsky 공작이다. '한 명의 차르가 신처럼 군림하는 러시아에는 미래가 없다'며 맞서 시베리아 중노동형에 처해졌다. 그는 프랑스의 침략을 물리친 전쟁 영웅이었으나 시베리아에서 농노들과 고락을 같이하며 존경을 받는다. 자신이 배운 것을 가지고 학교를 세우고 노예를 두지 않았다. 농민들의 삶 속으로 들어가 그들과 똑같이 생활한다.

데카브리스트 남편들이 시베리아로 끌려간 후 귀족의 특권, 귀족의 칭호, 재산 등을 모두 포기하고 따라간 아내들이 있었다. 톨스토이의 숙모이자 볼콘스키 공작의 부인인 마리아Maria도 그 가운데 하나였는데, 굶주림과 추위에 시달리며 남편들이 있는 곳에 도착했지만 일주일에 두 번 교도관 앞에서만 남편을 만날 수 있었다. 남편을 만날 수 있는 시간을 뺀 나머지 시간을 데카브리스트의 아내들은 지역사회를 위해 일했다. 정치범은 물론이고 글을 모르는 일반 죄수들의 편지를 대신 써주고 학교와 공연장을 만들어 문화 수준을 높이고 병원에서 일하면서 의료 수준을 향상시키기도 했다. 톨스토이의 소설 《전쟁과 평화》는 볼콘스키 공작과 그의 아내 마리아, 그리고 젊은 러시아 귀족, 즉 데카브리스트들이 실제 모델이 된다.

시베리아에서 모진 형벌의 삶이 끝난 시기는 30년 안팎이다. 니콜라이 1세가 죽고 새로운 황제로 등극한 알렉산드르 2세는 1856년에 시베리아 유형에서 살아남은 사람 모두에게 완전 사면령을 내렸다. 그때까지 살아 있던 데카브리스트는 서른 명도 되지 않았다. 그중 몇 명은 형기를 마치고도 페테르부르크로 돌아오지 않고 이르쿠츠크에 정착하여 지역사회를 발전시켰다. 농사 기술과 함께 우랄산

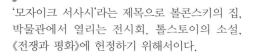

'모자이크 서사시'라는 제목으로 볼콘스키의 집, 박물관에서 열리는 전시회. 톨스토이의 소설, 《전쟁과 평화》에 헌정하기 위해서이다.

볼콘스키의 아내 마리아

맥 서쪽에서 가져온 작물을 심어 보급하였다.

특히 학교 교육을 통해서 원시 시베리아를 깨운 일은 이 지역의 발전에 결정적인 힘이 되었다. 여기서 확장해 지역신문도 창간되고 도서관도 생겼다. 페테르부르크나 모스크바에 있는 데카브리스트의 친지들이 이곳으로 많은 책이나 다른 읽을거리들을 보냈다. 이 지역의 원주민이었던 부랴트 족은 서쪽에서 온 러시아 사람

농민 공작, 세르게이 볼콘스키. 프랑스의 침입을 물리친 전쟁 영웅이면서도 농노들과 고락을 같이한 삶을 살았다.

들을 싫어했지만, 이르쿠츠크를 중심으로 시베리아가 이렇게 발전하고 깨어나면서 이들은 나중에는 데카브리스트를 존경하게 되었다. 그 덕분에 러시아가 극동까지 영토를 넓히는 데 큰 도움이 되었다.

혁명가의 이미지

가장 혹독하게 죄값을 치르라고 보낸 곳에서 교육과 문화, 예술을 꽃피우며 '시베리아의 파리'로 부르는 도시를 만들어간 데카브리스트의 감동은 이르쿠츠크에서는 빼놓을 수 없는 스토리다. 우리의 역

사도 중앙 무대에서 배제된 재능 있는 많은 사람들이 유배지로 오면서 그 지역의 문화예술을 꽃피웠던 것처럼, 기득권을 포기한 채 혹독한 유배지에서 원주민들에게 삶의 질을 높이는 기술과 정신을 선물하고 함께 발전시켜나간 사람들의 이야기가 이르쿠츠크에는 있다.

대부분의 나라에서 '불온하다', '위험하다', '반사회적이다', '선동한다'로 인식되는 혁명가의 이미지가 러시아에서만큼은 '존경의 대상'이 된 것은, 자기의 청춘과 명예, 권력과 돈을 조국의 앞날을 위해 내려놓은 데카브리스트에 대한 존경이 깔려 있기 때문이다. 만약 이들의 개혁적인 주장을 차르와 귀족들이 받아들였다면 러시아는 어떻게 되었을까. 공산주의 혁명은 역사에서 없었을지도 모른다.

이미 지나간 역사를 두고 '만약에'라고 가정하는 것처럼 허무한 말은 없지만, 자기 성이 이미 견고한 사람들이 보여준 완벽한 자기 헌신을 알고 나면 이 도시가 다시 보인다. 권력과 명예를 모두 가지고 있는 사람들이 망가뜨린 나라를, 대부분 민초들의 연대와 희생으로 살려왔던 우리 역사를 아프지만 자랑스럽게 생각하는데, 이르쿠츠크에 오면 귀족들이 만든 새로운 역사를 살펴며 잠시 부러워진다. 많이 배운 사람들과 많이 가진 사람들이 좋은 마음으로 사회를 향해 움직이려 할 때, 가진 것을 다 버릴 필요도 없고 그걸 요구하는 세상도 아니다. 이들이 움직이면 세상은 더 빠르게 더 많은 부분이 좋아질 수 있으리라 믿는다.

게 고마웠으며, 내가 이렇게 하면 그들은 또 내게 신뢰를 보내줄 것이라는 믿음이 있었다. 이렇게 하면 그들은 나의 어려움을 끝까지 책임져준다는 것을 알고 있었다.

뒤이어 달려오던 차들이 내 바이크 전조등 불빛을 보고 하나둘 안전하게 멈추고 나서야 길가로 바이크를 돌렸다. 침착함을 끝까지 잃지 않을 수 있었던 건 정말 다행이다. 그동안의 반복했던 경험들이 헛되지 않았다.

안톤은 헬멧을 쓰고 있어서 머리는 안 다쳤지만 한쪽 팔다리 쪽 옷들이 찢어져 여기저기 피가 흐르고 있었다. 바이크는 크게 망가져 움직일 수 없는 지경이 되어버렸다. 안톤은 내가 걱정스럽게 어떠냐 물어도 괜찮다고 아무렇지도 않게 말했다. 내가 남자이면서도 러시아 남자들에게 반할 때는 이런 모습일 때다. 이 지경인데도 아프다는 소리를 안 한다.

망가진 바이크를 타고 갈 수 없는데도 안톤은 끝까지 자신의 바이크를 끌고 가겠다고 한다. 동료 하나가 바이크를 내가 끌고 갈 테니 넌 차에 타라 했지만 듣지 않았다. 자기 바이크는 자기가 책임진다는 듯 절뚝절뚝 걸으면서 갔다. 저럴 땐 사람이 아니라 우직한 곰 같다. 니즈네우딘스크를 14km 앞두고 벌어진 사고였다.

술 취한 젊은이들을 대하는 자세

시골을 지나는 연방도로엔 이렇다 할 시설이 거의 없지만 구간별로 길가에 조그만 카페들이 있다. 이름이 카페지 매점이나 식당이라 할 수 있고 숙소와 정비소가 함께 있는 경우가 많다. 밤이면 이런 곳에는 젊은이들이 나와 어울린다. 도시로 나갔다가 돌아와 정착한 청년들이나 심심한데 무슨 재미있는 일 좀 없을까 눈을 반짝이는 사춘기 청소년이 술을 마시려고 이 카페로 나온다. 밤에는 술 취해 있는 젊은이들이 많은데 이들이 용감해지는 시간이다.

안톤 일행과 니즈네우딘스크 방향으로 4km쯤 걸었을 때 이런 카페를 만났다. 안톤에게 밤이니까 이 카페에 망가진 바이크를 맡기고 내일 찾으러 오자고 말했다. 술 마시고 잡담하던 젊은이들이 사고가 난 바이크를 끌고 나타난 우리 일행을 보자 재미있는 일이 생겼다는 표정으로 다가왔다. "와 무슨 일이야? 바이크 좋네. 좀 줘 봐. 나도 바이크 좋아한다구."

시베리아 남자들은 마을을 벗어나 숲에 들어가거나 통과해서 가야 할 때 야생동물을 만날 수 있기 때문에, 이를 대비해 칼을 하나씩 차고 있을 수 있다. 드문 일이 아니다. 야생에서 자신을 지키려고 가지고 있던 칼로 술 한잔 마시고 시비가 붙으면 다른 사람을 해할 수 있다는 것을 러시아인들도 안다. 시골에서 많은 사람들이 살해된 것을 아는 러시아인들도 이런 젊은이들을 보면 꽤 긴장한다.

그래서 그들이 질문할 때, 조금은 기분 나쁘게 질문을 해도 거기에 감정적으로 맞대응하면 안 된다. 대답을 안 하면 무시한다고 생각하니까 기분 나쁘지 않을 정도로만 아주 간단하게 대답한다. 안톤의 친구가 가볍게 대답했다.

"우린 니즈네우딘스크 바이크클럽 가는 길이야."

점잖게 조금은 남의 동네 왔으니까 그 동네 사람에게는 수그려주는 것처럼 행동하지만, 사실 바이커들도 힘이 좋고 기질이 센 사람들이 많다. 청년들도 가까운 도시의 바이크클럽 회원을 건드리는 일은 별로 좋은 건 아니라는 판단을 한 모양이다. 순간 조용해진다. 나는 이 장면을 어디서 또 본 적이 있다. 익숙하다.

대중교통수단이 들어오지 않는 시골 젊은이들은 도시로 나가기 위해 연방도로까지 걸어나온다. 그리고 지나가는 차를 향해 마냥 서 있는다. 같은 방향으로 가는 대부분의 차들은 이들을 태워준다. 하지만 남자만 두 명일 때는 길가에서 차를 잡지 못할 확률이 높은데, 이때에는 연방도로 변에 있는 카페까지 다시 걸어간다. 그리고 남자를 두려워하지 않는 정서를 가진 운전자를 만날 때까지 또 기다리게 된다.

그날은 막심과 그의 연인 나탈랴 이렇게 셋이 카페에 들렀을 때다. 손에 맥주 한 병씩이 들린 두 젊은이가 술 냄새도 풍기며 막심에게 다가와 질문을 쏟아내기 시작했다. 나는 러시아인, 특히 시골 젊은이들이 얼마나 모터바이크를 좋아하는지 이미 경험했다. 막심의 답변은 정말 간단했다. 질문자와의 거리감을 유지하기 위해서이다. 상대가 호감을 표현하는 것에 대해서는 예의를 갖추되 만만하게 보여서는 안 된다는 자세였다. 이런 일을 통해 러시아 사람들은 사고에 어떻게 대처하는지, 낯선 곳에서 혈기왕성한 젊은이들을 어떻게 대하는지 볼 수 있었다.

사고 난 바이크를 카페 창고에 맡기고 안톤은 차에 탔다. 니즈네우딘스크에 도착하니 밤 11시가 넘었다. 뭔가 얼이 빠진 기분으로 쉽게 잠들기 힘들 것 같은 밤이었다. 내가 여기서 사고가 났으면 어떻게 됐을까. 사람들은 내 탐험의 여정에서 늘 어떤 흥미로운 모험 이야기를 기대하지만 현실은 먼 이야기다. 쓰러지고 엎어져도 아무 일도 없었다는 듯이 툴툴 털고 일어나는 일은 없다.

러시아 바이커들 중엔 공장노동자와 트럭운전사 같은 직업을 가진 사람들이 많은데, 니즈네우딘스크에서는 공장노동자인 바이커가 그 공장의 기숙사를 잠자리로 제공했다. 잠자리에 들기 전에 맥주를 사다가 하나씩 마셨다. 안톤은 보드카를 한 병 사서 상처 부위에 뿌렸다. 30대 초반쯤 되어 보이는 남자가 이렇게 의연하고 묵직한 모습이라니, 나보다 더 형님같이 느껴졌다.

이런 사람
저런 도시

쓰러진 바이크

　나는 대륙을 반복적으로 횡단하면서 소리에 담긴 감정을 예민하게 느낄 수 있게 되었다. 짧고 조용하게 두 번의 노크 소리가 들렸다. 상대방은 단지 의무감으로 문을 두드렸을 뿐이다. 나는 그것만으로도 혹은 그 소리만으로도 이미 무슨 일이 일어났음을 알 수 있었다. 벌떡 일어났다. 노크 소리를 듣고 문 쪽으로 가지 않고 먼저 창문 쪽으로 갔다. 아니나 다를까 내가 세워둔 200kg이 넘는 모터바이크가 짐을 가득 실은 채 완전히 밀려 넘어가 쓰러져 있었다.

　충격에 머릿속이 하얘졌다. 분명 어디 한 곳이 부서져도 단단히 부서져 고장이 났을 것 같다. 전날 몸과 마음이 지쳐서 다른 짐들을 풀지 못한 상황에서도 바이크 덮개를 꺼내 잘 덮고 고무줄을 이용해 흐트러지지 않도록 잘 묶어 놓았었다. 물론 모터바이크를 CCTV 화면 안에 들어오도록 숙소 건물에 붙여 놓기까지 했다. 게다가 칸스크는 꽤 큰 도시이고 숙소 역시 적지 않은 비용을 지불했다.

넘어져 있는 모터바이크. 차마 보지 못하고, 가까이 다가가지도 못하고, 만지지 못했던 나. 7년 된 중고로 나와 인연을 맺고 5년 동안 3번의 유라시아 대륙횡단을 함께했던 나의 분신이다.

어떻게 해야 할지 앞이 캄캄한 가운데서도 타인부터 바라보지 않고 나에게 어떤 문제가 있었는지 먼저 찾아봤다. 이 장소는 내가 태어나서 처음 온 곳이라 누구와 원한 관계가 있는 것도 아닌데, 아침 일찍 가려고 필요한 최소의 짐만 꺼내고 덮개로 잘 덮어서 사람들 눈에 최대한 안 띄게 하고 그 앞을 오가는데 방해물처럼 느끼지 않도록 한쪽에 잘 두었는데, 여기서 뭘 더해야 했던 걸까. 내가 그렇게 조심하고 주의를 기울였는데 누가 이쯤은 간단한 일이라는 듯 확 밀어서 엎어버린 일을 보니 너무 마음이 아렸다.

그 전날 늦게 이 숙소에 들어오는 것부터 시작해서 잠들기 전까지 내 행동들을 빠르게 체크해 보았다. 식료품점을 한 번 다녀왔을 뿐이다. 하루 종일 한 끼의 식사도 제대로 하지 못한 상태였기 때문에 무엇인가를 좀 먹고 잠이 들었고 노크 소리에 비로소 번쩍 눈을 뜨고 일어난 것이다. 나는 문을 열고 나가 안내데스크로 다가갔다.

악역의 주인공

2014년 유라시아 횡단에서 악역을 맡은 도시는 모고차mogocha였다. 자바이칼 지방에 속해 있는 이 도시를 중심으로 인근의 시골 지역에서 몇 명의 모터바이크 여행자들이 살해당했다. 그중에는 러시아 사람도 있었다. 나도 모고차 도심에서부터 시비를 걸어온 술 취한 사람들의 추격을 피해 100km 이상을 달린 적이 있다. 러시아의 길을 달리다 보면 표지판 곳곳에 총알 자국이 나있다. 그때 가장 두려웠던 것은 뒤쫓아오던 그들이 총을 쏘지 않을까였다. 대낮에도 술 취한 사람들이 많았던 모고차라는 도시는 기차역 건물마저도 불에 타버린 상태였다.

2019년 횡단에서는 크라스노야르스크 지방의 칸스크라는 도시가 악역의 주인공이 되었다. '유그(남쪽)'라는 이름을 가진 숙소의 안내데스크에서 가장 무책임한 여성을 만났다. 그녀는 전날 내가 물을 때 이렇게 대답했다. 별도의 주차장은 없다, 다른 차들처럼 길가에

대륙에서는 더욱 철저해질 수밖에 없다. 제한된 체류시간으로 계속해서 이동해야 하는 여행자에게 조서를 쓰는 일이 생긴다면 자신의 신상정보만 털릴 뿐이다. 피해 복구가 이루어진다 한들 1,000km 거리를 다시 되돌아가겠는가. 제자리로 되돌아오기 위해서는 모두 2,000km를 달려야 한다.

일으켰다. 저 무게에 저렇게 밀려서 완전히 넘어갔다면 어디 한 군데 크게 파손됐으리라 예상하며 조마조마한 마음으로 살폈다. 넘어지면서 그 충격으로 핸들이 한쪽으로 밀리지나 않았을지 그게 가장 걱정이었다. 아, 그런데 아니었다. 이렇게 큰 바이크가 이런 무게의 짐을 싣고 넘어졌는데도 전조등 하나만 파손되었다. 그것도 불은 들어오고 겉덮개만 깨졌다. 안도의 한숨과 마음 깊은 곳에서 '감사합니다' 소리가 절로 나왔다.

이 바이크의 기계 메커니즘이 남다른 건 확실하다. 아니 최고다.

이 바이크 사용자들이 입 모아 하는 말이 있는데 '바이크가 나를 보호해준다는 느낌이 든다'는 것이다. 나도 느꼈다. 격투기 선수들이 부상을 최소화한 낙법 훈련을 받듯이 이 바이크는 넘어질 때조차도 탑승자를 보호한다는 느낌이 든다.

빨리 이 도시를 떠날 준비를 했다. 러시아 경찰이 사건을 빠르게 처리해주는 것보다 더 큰 고장이 안 난 것이 더 좋은 일이다. 도시는 오아시스다. 야생으로부터 보호받으며 휴식을 취할 수 있지만 여기엔 '사람'이라는 또 다른 위험요소가 있다.

네 번째 횡단인데도 이런 일을 당할 정도로 대륙의 환경이 만만하지 않다. 이것은 사람에 의해 발생한 두 번째 사고이다. 러시아에서도 사고는 무조건 피해야 한다. 무엇인가 부서지고 도난을 당해 범인이 잡혔더라도 피해자에게는 전혀 위로가 되지 않는 곳이다.

첫 번째는 도난사고였고 현장에서 범인이 잡혔다. 덕분에 경찰서에 가서 하루의 반나절을 조서 꾸미는 데 시간을 보내야 했다. 출발이 연기되는 데에 따른 모든 시간과 비용에 대해서는 온전히 피해자 자신이 감당해야 했다. 그때의 경험은 이후 어디에서든 모터바이크를 관리하는 데 긴장을 풀지 않는 계기가 되었다.

그런데도 그렇게 열심히 노력하고 주의를 기울이고 최선을 다해도 내 잘못도 없이 쉽게 일이 어그러질 수도 있었다. 철저했는데도 그럴 수 있다. 나만 그런 게 아니라 우리 삶이 그런 것 같다.

도심 외곽에 대규모 방공포 부대가 있는 군사도시 칸스크에서 나는 한 번도 보지 못한 어떤 사람에게 쓴맛을 보았다. 2019년 유라시아 횡단구간에서 가장 악역을 맡았던 도시였다. 다음 구간에서 우연히 만난 사람들과 이야기를 나눴는데, 그들도 칸스크에서 좋지 않은 기억이 있다고 했다. 한두 사람의 경험이 우연히 겹친 것으로 그 도시에 대한 편견을 갖는 건 안 되겠지만, 그 카운터 직원의 얼굴은 잘 잊히지 않는다.

비구름 속에
갇혔을 때

칸스크를 떠나 크라스노야르스크까지 누구를 미워하는 마음으로 달릴 수는 없었다. 마음을 진정하고 머리를 식히지 않으면 안 되겠다고 생각했다. 언덕을 올라 하늘을 바라보았다. 맑은 날씨라 하얀 구름이 뭉게뭉게 떠 있고 라이딩하기 좋은 날인데 그날은 구름이 그다지 위로가 되지 않았다.

그런데 저쪽에서 결혼한 사람들이 나에게 손을 흔들었다. 신랑과 신부가 눈에 띄었고, 친구들은 같은 색 옷을 모두 맞춰 입고 있었다. 진이 빠지고 지친 마음에 아주 기분 좋게 반응해주긴 어려웠지만 그래도 손을 흔들며 잠시 웃어주었다. 좋은 날씨와 함께 다들 즐거운 얼굴로 결혼식을 만끽하고 있었다.

결혼식을 마친 신혼부부가 가는 곳

나는 2019년 대륙횡단 때 각각 다른 도시에서 신혼부부와 그 친구들을 만났다. 체르니솁스크와 칸스크에서였는데, 이 신혼부부들이 결혼식을 마치면 간다는 곳이 예상 밖이었다. 러시아에서는 결혼식이 끝나면 '영혼의 불꽃' 기념비가 있는 곳으로 간다. 이 '영혼의 불꽃'은 전몰용사기념비라고 할 수 있다. 첼랴빈스크에서 만난 젊은이들은 전몰용사기념비에서 "우리는 나라를 위해 희생한 사람들을

체르니솁스크시 외곽에서 만난 신혼부부. 가족과 친구들이 모여 자신이 태어나고 자라난 도시를 바라보며 서로를 축하해준다.

바이칼호수와 접하고 있는 마을. 쿨툭에서 몽골 홉스굴과 국경을 접하고 있는 부랴티야공화국의 몬디까지는 A333번 도로 204km이다. 쿨툭과 몬디, 두 마을 사이에는 사랑봉(Peak)을 안고 있는 아르샨관광지가 있다. 나는 쿨툭에서 94km 거리에 있는 비쉬카 마을을 먼저 찾았다. 이곳은 자그마한 노천탕이 있는 작은 마을로 꽤 많은 외지인들이 이곳을 찾는다. 나는 시베리아라는 열악한 환경에 노출된 작은 마을에게서 스스로 자립할 수 있는 가능성을 보았다. 비쉬카 마을 2km 전이 젬축 마을이다. 이렇게 작은 마을에도 2차 대전에 참전한 희생자들을 위한 추모비가 변함없이 만들어져 있다.

절대 잊지 않는다"고 했다. 이것은 어릴 때부터 러시아 교육 안에 있다.

2차 세계대전 때 독일군은 600만 명이 전사했지만 러시아군은 자그만치 2,000만 명이나 전사했다. 말이 2,000만 명이지 현재 우리나라 인구 5분의 2에 해당하는 수다. 러시아 덕분에 연합군이 승리한 것이다. 스탈린이 잘한 것이 아니라 2,000만 명이나 되는 군인들의 희생이 있었기에 연합군이 승리하고 평화가 찾아온 것이다. 전쟁이 끝난 후 러시아는 남자가 심각하게 부족했고, 여자들은 남자들의 힘이 필요한 거칠고 강한 직업에서 일하게 되었다.

이렇게 나라를 위해 희생한 군인들을 위한 기념비에 어린 학생들 뿐만 아니라 결혼식을 마친 신혼부부들까지 꼭 먼저 들른다고 하니 처음엔 놀랐지만 이것이 러시아의 저력이라는 생각이 들었다. 이 나라를 지키기 위해 희생된 사람들을 언제까지나 기억하는 것도 중요하지만, 희생을 통해서 나라를 지키는 것이 아니라 강한 나라를 통해 희생을 막아야 한다는 다짐도 담겨 있을 것이다. 젊은 부부가 결혼식 후에 가는 첫 코스의 상징성을 가볍게 볼 수는 없었다.

이들은 '영혼의 불'을 방문하고 나면 도시나 마을이 내려다보이는

•
첼랴빈스크. 러시아에서 트롤리 버스 운전자는 버스와 공중에 떠있는 전선을 이어주는 긴 막대를 들어 올리는 행위를 자주 반복해야 한다. 이 일은 육체적인 힘을 필요로 한다. 러시아에는 이런 일을 하는 여성들이 많다.

시베리아 평원을 덮고 있는 야생 허브

다른 차들도 좋은 날씨를 즐기며 가는 듯 보인다. 흙먼지, 진흙탕, 비바람에 꼬질꼬질해진 바이크와 자동차들은 조금씩 속도를 내기 시작한다.

그런데 이런 차들이 갑자기 돌발행동을 할 때가 있다. 내 앞을 잘 달리던 바이크나 차들이 갑자기 도로 밖으로 이탈해서 막 풀밭 쪽으로 달려 들어가는 것이다. 처음엔 이게 무슨 일인가 했다. 쉬었다 가려고 하나? 캠핑하려고 하나? 한번은 궁금해서 따라 들어간 적이 있었다.

시골에 사는 러시아인들의 차 안에는 필수품이 하나 있는데 손잡이가 달린 작은 양동이를 가지고 다닌다. 내 고향 말로는 '수대'라고 하는데, 길을 이탈한 차에서 내린 사람들은 이것을 들고 숲으로 들어간다. 그때는 8월로 버섯 철이었다. 비가 한 번 쫙 오고 나면 햇빛이 잘 들지 않는 숲에서 왕성하게 자라는 버섯을 따러 사람들은 수대를 들고 숲으로 들어간다. 주인은 없다. 그냥 먼저 따는 사람이 임자이지만 그렇다고 서두르거나 욕심을 낼 필요는 없다. 아주 넓게 많이 자라기 때문에 웬만큼 따서는 표도 나지 않기 때문이다.

지구를 품은 '제믈랴니카'

분홍색 야생 허브가 시베리아 평원을 덮고 있다. 이반 차 좁은 잎Ivan Tea Narrow Leaved이라고 불리우는 이 식물은 평원이나 불타버린 지역 어디서나 자라는 약용 식물이다. 자생력이 좋아서 여름에 시베리아 초원을 달리면 분홍색 이반 차 소엽 군락지가 눈이 번쩍 뜨일 정도로 아름답게 장관을 이룬다. 이 꽃들 아래서, 혹은 풀 속에서 키가 작아 풀 밖으로 나오지도 못하고 자라는 작은 야생딸기도 있다. '제믈랴니카'라고 부르는 이 야생딸기는 땅바닥에 딱 달라붙어서 기어가듯이 생육한다. 가장 혹독하고 거친 환경에서, 풀에게도 져서 평

생 바닥을 기듯 살면서도 생육하고 사랑하고 열매를 맺어가는 모습이 감탄이 나올 정도로 기특하다.

햇볕을 온전히 받지 못해서 손가락 한 마디보다 작고 못생긴 이 녀석이 맛은 또 얼마나 달콤하고 향

시베리아 평원, 햇볕이 잘 드는 곳이면 어디서나 이 자그마한 딸기와 만날 수 있다.

기로운지 모른다. 혹독하게 단련된 과육 속에 꿀이 들어 있다. 편안한 환경 아래서 쑥쑥 큰 딸기보다 훨씬 향기롭고 풍미가 깊다. 1996년 이르쿠츠크에서 만난 하바롭스크 대학생 따냐가 식후에 이 제믈랴니카잼을 넣은 홍차를 대접해준 적이 있어서 이 향기로운 맛을 나는 오래 전부터 알고 있었다. 이른 아침 이르쿠츠크의 다챠, 자신의 밭에서 딴 딸기를 내게 내밀며 따냐가 이런 명언을 남겼다. "비가 살찌우고 햇볕이 달게 만든다."

'제믈랴'는 지구, 땅, 대지를 뜻한다. 이 손톱만한 딸기 안에 대지가 들어와 있다. '나 힘들어 죽겠어!'라고 소리치지 않고 지구를 품고 있었다. 나에게 이 시베리아는 천둥과 번개, 강풍과 폭우, 불, 추위와 벌레가 먼저 떠오른다. 지구에서 가장 혹독한 자연환경 속에 맺는 가장 연약한 존재는 거대한 지구를 생각하면 없는 존재와 같은데 향기롭고 달콤하게 잘 살아내고 있다. 잘 보이지도 않는 자리

에서 알차게 영글어가는 이 야생딸기는 나를 가르치고 나를 치유해
주고 있었다.

소년에게서 나를 본다

P255, 시베리아 연방고속도로에서 칸스크는 점점 멀어지고 크라
스노야르스크를 향해 가고 있었다. 한참 달리다 보니 저 앞 길가에
차가 몇 대 서 있고 사람들이 삼삼오오 모여 있는 게 보였다. 사람
들이 뭘 팔고 사고 있었다. 시골 사람들은 일자리가 없고 넉넉지 않
으니 숲에서 딴 버섯이나 다
챠에서 기른 토마토, 오이 같
은 것을 가지고 연방도로 가
에 나와서 판다. 길을 달리다
보면 드문드문 그런 노점상들
을 만날 수 있다. 나는 잠시
쉬어가자는 마음으로 바이크
를 세웠다.

몇몇 사람이 수대 여러 개
를 가득 채운 야생딸기를 팔
고 있었다. 좀 젊은 사람들이

시베리아의 야생딸기. 집으로 가면 달콤
하고 진한 향기를 가진 잼이 된다.

그래도 수완이 좋아서 손님을 잘 끌고 잘 판다. 하지만 조금 떨어진 자리에 앉아 있는 할머니는 가만히 손님이 다가오기만 기다리고 있었다. 거기서 조금 떨어진 자리에 앉아 있는 소년이 나를 붙잡았다. 열 살 정도 되었을 것 같은 소년의 팔다리엔 모기에 물린 자국이 있었고 학교에 다녀오는 길인 듯 책가방이 그 뒤에 쓰러진 채 놓여 있었다.

할머니를 돕고 싶은 마음으로 앉아 있는 이 아이에게서 내 어린 시절의 모습이 보인다. 엄마를 따라나선 초등학생의 내 얼굴이 거기 있었다. 옛일은 평상시에는 생각하지 않으면서 왜 어떤 상황에서는 그렇게 또렷이 소환되는지 모르겠다. 그 옛일이 따뜻하거나 애잔하거나 아름다운 빛깔로 남아 있을 때, 그리고 지금 일어난 일이나 만난 사람이 같은 빛깔일 때, 사람에게 받은 상처가 사람을 통해 치유되는 마법이 일어난다.

나는 소년에게 너를 좀 사진 찍어도 괜찮겠냐고 물었다. 수줍게 고개를 끄덕였다. 할머니 옆에서 두 팔을 무릎에 올려놓고 어색하게 바라보는 아이가 참 예뻤다. 나는 그 보답으로 딸기를 좀 사고 싶었지만 언제나 그렇듯 야생딸기는 나에게 그림의 떡이다. 흙이 묻어 있지만 씻어 먹을 수 없고 바구니에 든 걸 산다 해도 바이크를 타니까 가져갈 수가 없다. 나는 딸기를 샀다고 생각하고 소년에게 돈을 주었다. 소년은 이해할 수 없다는 듯이 나를 쳐다보았다. 나는 안다. 소년의 얼굴엔 '이 돈을 왜 주는 거냐? 내가 당신에게 뭘 해준 게

●
푸른 하늘을 담고 있는
소년의 눈

없는데…' 그런 물음이 들어 있다.

러시아에선 공짜의 개념이 없다. 뭐든 거저 얻는다는 생각은 없어서 이런 호의가 익숙하지 않다. 이 소년이 이 돈을 두고 혹여라도 '저 아저씨가 날 불쌍하게 생각해서 주는 것'이라고 받아들인다면 아이라도 과감히 거절할 수도 있다. 나는 흙이 덜 묻은 딸기를 골라서 몇 개 먹었다. 그리고 돈을 받으라는 눈짓을 했다.

길에서 만나는 사람에게서 가끔 과거의 내 모습을 보는 경우가

길가에서 딸기를 팔고 사는 사람들

반복하며 필요한 자료들을 수집했다. 길 위에 올라서면 하루에 50번 이상을 멈추고 달리는 일을 반복한다. 무엇인가를 반복하는 행위는 나의 내공을 만들기도 하지만 스트레스이기도 하다. 헬멧이 점점 돌처럼 무거워지면서 머리를 짓누르고 숨구멍을 막는 느낌이 극에 달하면 스트레스가 최고치로 올라간다.

도시 외곽의 주유소에서 기름을 넣고 쉬는 시간을 가졌다. 이미 열두 시가 넘었고 스마트폰의 배터리가 절반 이상이 소비되었다. 아침에 계획에 없던 예상치 못한 사건으로 삐끗하면 그날은 에너지 소모가 무척 크다.

비닐에 집착하는 남자

스마트폰 하나가 얼마나 많은 기능을 하는지 대륙을 횡단하면서 실감할 수 있다. 일상생활을 할 때는 쓰지 않았을 기능을 사용하면서 이 위대한 발명품이 때로 경이롭게 느껴진다. 그러나 모든 전자기기가 그렇듯이 물에 약하다는 단점을 가지고 있다. 그래서 틈이 날 때마다 비닐봉지를 구해놓는 것이 중요한 일이 되었다.

비를 만나게 되면 가장 먼저 하는 행동이 스마트폰을 비닐 안에 넣어두는 것이다. 2017년 연해주 지방과 하바롭스크 지방의 경계선에서 만난 폭우로 인해 주머니에 들어 있던 스마트폰이 수해를 입은 적이 있다. 사진 촬영을 하면서 조금만 조금만 하던 중에 순식간에 발생한 일이었다.

급하게 달려 200여 km의 하바롭스크시에 있는 서비스센터를 찾았다. 수리에 일주일이 필요하며 저장된 자료를 모두 복구할 수 있을지는 확답하기 어렵다고 했다. 스마트폰을 가지고 나와 우체국으로 달려갔다. 빠른 우편을 이

대륙횡단을 위해 내게 필요한 비닐봉투

용해 한국으로 보냈다. 하지만 며칠 뒤 자료 복원을 할 수 없다는 답을 받았다. 이 일로 500km를 달리며 축적한 자료가 통째로 사라져버렸다. 클라우드에도 백업과 동기화가 되지 않아 정말 뼈아픈 경험이었다.

나의 유라시아 대륙횡단은 비와 함께하는 여정이었다. 그 이후 비닐에 대한 집착이 생겼다. 배낭과 주머니, 무엇인가를 넣을 수 있는 공간엔 어디나 비닐이 들어 있다. 대륙 곳곳에서 챙긴 온갖 색깔과 모양과 크기의 비닐봉지만으로도 전시회를 해볼 수 있을 정도이다.

비상사태가 선포된 도시

시베리아는 이상기후가 아니라도 비가 많이 오는 지역인데, 어느 지역에 마음 먹은 듯 폭우가 내릴 때는 무시무시하다. 기본적으로 시베리아는 수많은 강과 호수로 물이 풍부한 지역이다. 여름엔 저지대 습지인 것이 사람이 살기에는 어려운 점이 많지만, 오염되지 않은 이 물은 스텝 지대의 풀과 타이가 지대의 숲을 풍성하게 이루는 중요한 자원이다.

그런데 연 강수량을 뛰어넘는 폭우로 피해를 입는 지역이 생겼다.

•
물에 잠긴 이르쿠츠크주의 툴룬시. 폭우로 인해 댐이 터지고 이야강의 수위가 14m까지 올라갔다. 이로 인해 툴룬시가 물에 잠겼다. 이르쿠츠크주의 도시들은 물과 관계가 깊다. 결국 툴룬시에 비상사태가 선포되었다.

이르쿠츠크주의 툴룬시는 2019년 6월 25일부터 3일간 내린 비로 이야강의 댐이 무너지며 도시가 그대로 물에 잠기는 일이 있었다. 6월 29일, 툴룬시는 폐쇄되고 비상사태가 선포되었다. 나는 그 당시 이 도시에서 1,000km 떨어진 곳에 있었는데 손톱만한 크기의 우박이 쏟아져 내리는 것을 경험했다. 이곳도 비가 와야 했는데 기온이 낮아 우박으로 변한 것인가 잠시 생각했었다.

'툴룬시의 수해 현장이 심각하고 안타깝다. 나는 6월 29일 울란우데라는 도시에서 TV를 통해 툴룬시가 물에 잠겨 있는 모습을 보았다. 울란우데도 손톱 크기만한 우박이 떨어졌었다. 현재 나는 모터바이크를 타고 유라시아 대륙을 횡단 중이다. 내가 대륙을 횡단하면서 경험하게 되는 것은 러시아의 아름다운 풍경과 따뜻한 마음의 사람들이다. 하지만 화재의 현장이나 불타버린 숲과도 자주 만났다. 나는 이 모든 현상이 기후변화라고 생각한다. 물에 잠기고 생활근거지가 사라져버린 이 현장이 너무나 안타깝다'. 러시아 NTV(엔떼베)방송과의 현장 인터뷰

물에 잠긴 툴룬시는 비상사태 선포 지역이 되었다. 러시아 비상사태부 직원들이 수해 복구 현장에 투입되었으며 군 의료시설이 이 도시에 세워졌다. 연방정부 차원에서 주거에 필요한 모든 지원이 이루어졌다.

　이날 러시아방송의 뉴스는 두 가지를 집중적으로 보도하고 있었다. 트럼프 미국 대통령이 트위터를 통해 DMZ에서 북·미 간 정상의 만남을 제안한 것과 이르쿠츠크주의 툴룬시에 비상사태가 선포된 것에 대해서였다. 물은 많아도 이런 재난적 현상은 많지 않았기 때문에 러시아인들은 걱정스럽게 툴룬시를 바라보고 있었다.

　내가 이르쿠츠크를 지나 툴룬에 도착한 건 그 뒤로 며칠 후였다. 하늘은 언제 그랬느냐는 듯 맑고 쨍쨍했지만 도시는 물 빠진 곳이 그렇듯 폐허처럼 변해 있었다. 진흙이 온통 엉겨 있고 무너진 둑, 쓰러진 나무들이 한두 그루가 아니었다. 그때 수해 현장을 취재하러 왔던 러시아 방송사와 인터뷰를 했다.

그런데 내가 이 도시를 떠난 뒤에도 7월 하순경 다시 한 번 내린 폭우로 툴룬이 또다시 물에 잠겼다는 소식을 들었다. 사망자도 많이 나왔고 정말 안타까웠다. 나는 비를 직접 만나지는 않았지만 뉴스로 접하기만 해도 툴룬시의 모습은 처참했다. 만약 내가 저런 비를 만났다면 바이크 운행을 포기하고 어쩔 수 없이 시간을 지체해야 했을지도 모른다.

불타는 시베리아

툴룬시가 물에 잠길 무렵 중앙 시베리아에 해당하는 크라스노야르스크 지방의 북쪽 타이가 지대에서는 불이 났다. 칸스크로부터 크라스노야르스크와 케메로보, 노보시비르스크까지 짙은 연기로 인해 햇볕이 힘을 잃어버렸다. 나는 아직 물난리가 난 툴룬에 도착하기도 전에 화재 소식을 들었는데, 툴룬을 지나 그 화재 구간을 달릴 때까지 불은 꺼지지 않고 계속 타고 있었다. 이미 나는 자바이칼 지방에서 일어난 산불을 눈앞에서 목격하고 온 후였는데, 또다시 엄청난 산불을 만나면서 이전과 달리 확실히 마음이 무거웠다.

사실 러시아, 특히 시베리아는 불이 끊이지 않았었다. 러시아를 횡단하다 보면 불탄 흔적이 곳곳에 남아 있는 걸 볼 수 있다. 시베리아의 불들은 대체로 '마른 폭풍'이라는 자연현상 때문에 생기는데, 이것은 천둥 번개가 치고 강한 바람이 불지만 비는 지면에 도달하기 전에 증발해버리고 번개만 젖지 않은 나무나 풀을 때리면서 불이 붙는 것이다. 1890년 안톤 체호프가 시베리아를 횡단하며 본 이틀간의 불타는 장면도 이런 자연발화일 것이다.

●
자바이칼 지방, 아마자르(Amazar)를 지나 산길을 오르는 중에 목격하게 된 화재 현장. P297, 아무르 연방고속도로가 지나는 이 구간은 스타노보이 산맥이다.

하늘을 바라보자. 사람이 만들어낸 길이 오히려 단조롭다. 대륙의 끝없는 길을 감
당하게 해주는 것은 변화무쌍한 구름이다.

탈할 정도의 두려움으로 다가온다. 하지만 정신을 바짝 차리고 '이
또한 지나가리'라고 생각하며 어느 정도 시간을 견뎌야 한다. 칭기
즈 칸처럼.

칭기즈 칸의 친구 자무카는 부족장의 아들로 가장 친했던 친구이
지만 나중에 적이 되었다. 칭기즈 칸이 엄청난 군사를 가진 자무카
를 이길 수 있었던 것은 자라온 환경 덕분이다. 그는 아버지가 독살
당하고 어린 시절부터 대륙의 혹독한 환경 속에서 살아오며 자연에
대한 수많은 정보를 가지고 있었다. 극도의 군사적 열세를 극복할
수 있었던 이유는 천둥과 번개였다. 몸피할 곳 없는 평원에서 살아

가는 몽골인들은 전통적으로 천둥과 번개를 굉장히 무서워하는데, 천둥 번개가 치자 자무카의 부하들은 흩어지기 시작했다. 칭기즈 칸은 시간을 견디기만 하면 됐다.

나는 시간을 견디는 길과 속도를 높이는 길을 선택했다. 우의를 입어도 어떤 때는 물이 신기하리만치 몸속 깊은 곳까지 들어온다. 비에 맞으면 짐과 몸이 젖게 되고 체온은 내려간다. 길은 미끄러워지고, 기어와의 마찰을 줄이기 위해 체인에 발라놓은 그리스유는 씻겨나간다. 헬멧의 쉴드를 쉼 없이 때리는 빗줄기를 뚫고 나는 액셀

● 천둥과 번개가 내린 뒤 시간이 멈추었다. 잠시 뒤 정적을 깨뜨리고 세상을 빨아드릴 듯 거센 바람이 지나간다. 그리고서 앞이 보이지 않을 정도의 거센 비가 쏟아진다. 아무르주 마그다가치를 지나는 길.

을 더 당긴다. 110에서 120km로 달려야 비로소 비구름지대가 뒤로 멀어져간다.

고개를 들고 멀리 하늘을 본다. 길은 단조롭지만 구름은 변화무쌍하다. 저 끝에서 하얀 구름이 산맥을 이루는 게 보인다. 동물처럼 보이거나 전함처럼 보이며 나에게 말을 걸어오는 것 같을 때는 마음이 서서히 진정된다. 시베리아의 날씨는 늘 그렇게 나쁜 것은 아니다. 비가 잦지만 또 언제 그랬냐는 듯이 이렇게 갠다. 파란 하늘과 하얀 구름 아래 자작나무 숲이 펼쳐지는 아름다운 광경은 머릿속에 각인되어 시베리아의 상징처럼 남아 있다.

● 푸른 하늘, 하얀 구름, 자작나무, 꽃

지도를 넘어서는
디테일

2019년 유라시아 횡단 때는 여러 나라의 여행자를 만났다. 독일, 프랑스, 러시아, 호주 청년 들이다. 큰 배낭을 짊어지고 고생을 사서 하는 여행을 긴 시간 동안 하는 걸 보고 도전정신에 찬사를 보냈는데 그들은 정작 그냥 일상의 일을 하듯 별 거 아니라는 듯 무덤덤하다.

기억에 남는 사람 중에 자전거를 타고 시베리아를 횡단하는 독일 청년이 있다. 초원에서 텐트를 치고 하룻밤을 함께 보낸 적이 있는데 모닥불을 켜놓고 이야기를 나눴다. 특별히 여행의 목적이 있는 것은 아니라고 했다. 그저 자기가 사는 환경과 좀 다른 환경을 가진 나라를 여행하면서 다양한 것을 보고 듣고 경험하고 싶었다고 한다. 러시아는 다민족 국가라서 그만큼 다양한 문화를 포용한다는 점에

●
자전거 타고 시베리아를 횡단하는 청년 톰

서 선택하게 됐고, 자연환경도 독일과는 많이 달라서 시베리아 횡단
을 시작했다고 한다.

　나는 생각해본다. 만약 그가 게임을 만드는 회사의 크리에이터라
면 어떤 게임을 만들까? 스토리텔링이 화려한 역사물에 기반을 둔
게임을 생각한다면? 역사책과 지도를 보고 게임을 만드는 사람과
어떤 차이가 있을까. 그날 걸었던 길, 파란 하늘과 하얀 구름, 반짝
이는 자작나무, 갑작스런 천둥 번개와 폭우, 다양한 민족의 사람들
의 생각, 거기서 만난 사람들이 들려준 자기들의 이야기, 민족의 정

체성이 살아 있는 음악을 들었던 경험, 이 모든 것들이 게임 안의 자양분이 되지 않을까. 조금 더 자기 경험에서 오는 디테일이 살아날 수 있을 것 같다는 생각이 든다.

나는 지도를 넘어서는, 지도에서는 볼 수 없는 디테일을 만들어가는 것이 목표이고 그 작업을 지금까지 하고 있지만 끝이라는 말은 없을 것 같다. 길은 변화하고 새로 만들어지기 때문에 꾸준한 업데이트를 통해 낡은 정보가 되지 않도록 해야 하기 때문이다.

러시아 땅을 벗어나지 않으려면

그렇기 때문에 철저해야 한다. 그저 아시안 하이웨이 6호선을 달리라고만 하면 안 된다. 예를 들면 이르티쉬 연방고속도로(P254)라고 하면, 노보시비르스크-옴스크-첼랴빈스크에 이르는 1,582km를 말한다. 여기에 아시안 하이웨이 6호선의 노선대로 가자면 카자흐스탄-페트로 파블롭스크를 경유해야 한다. 국경을 거치면 세관이나 동산 문제가 복잡해지면서 비용을 쓰고 시간을 지체하게 된다. 돌아가는 길에 대한 정보들이 필요하다. 나는 그걸 만들 뿐이다.

나는 러시아 땅을 벗어나지 않고 아시안 하이웨이 6호선을 달릴 방법을 찾았다. 러시아는 외곽도로를 만들었다. 옴스크에서 튜멘으로 가는 길 사이에 '이심Ishim'이라는 작은 도시가 있는데 이 길을 이용해 쿠르간을 거쳐 첼랴빈스크에 이를 수 있다. 두 개의 국경을 넘으며 두 번의 입국심사와 두 번의 출국 과정의 지루함을 경험하고 싶지 않은 사람들은 카자흐스탄 영토를 우회해서 옴스크-이심-쿠르간 루트를 이용하면 된다.

러시아는 무비자로 입국해서 체류할 수 있는 최대 기간이 2개월이다. 러시아에 입국해서 러시아를 한 번이라도 빠져나가면 다시 입국할 기회는 한 번뿐이다. 러시아에서 이 구간의 이름은 P254 도로다.

최초로 입국해서 한 달을 체류한 뒤 러시아를 빠져나갔다가 다시 입국하게 되면 두 달을 무비자로 더 체류할 수 있다. 나는 대륙횡단을 마치고 육로로 돌아올 계획이기 때문에 러시아 구간에서는 다른 나라로 벗어나지 않고 러시아 끝까지 달린 다음에 유럽으로 빠져나간다. 좀 빡빡하고 불안한 상황을 만들고 싶지 않다면 비자를 받아서 러시아에 입국하게 되면 좀 더 여유를 가질 수 있다.

국경으로 갔을 때의 경쟁력과 장애물들, 이렇게 돌아갔을 때 길의 변화를 함께 보아야 한다. 러시아 연방도로는 90% 이상의 포장률을 보이지만 당시 마쿠시노-이심 188km 구간은 포장은 되어 있지만 울퉁불퉁하고 구멍이 많은 열악한 길이었다. 동영상 촬영은 기본이다. 나중에 도로 사정이 좋아질 때 다시 업데이트를 하더라도 사고가 나기 쉬운 도로에 대한 정보를 일단 접수해서 정리한다. 그러면서 사람들을 만나서 이 동네와 지역에 대한 정보를 함께 얻는다. 이런 것 역시 지도상으로는 알 수 없는 것이다. 핵심은 디테일이다.

연방도로에서 만나는
새로운 풍경

아시안 하이웨이 6호선은 공식적으로 우랄산맥이 끝이다. 유럽의 도로는 E로 시작한다. 우랄산맥을 지나면 유럽으로 보는데 이미 옴스크부터 E30번 도로는 시작한다. 아시안 하이웨이 6호선 일부의 구간과 유럽의 도로가 겹치는 건데 이걸 통해서 유럽 끝까지 갈 수 있다.

지금 러시아 도로는 많은 변화를 겪고 있다. 모스크바를 중심으로 사방으로 뻗어나가는 M으로 시작하는 도로가 10개가 있었지만 두 개의 노선이 추가되었다. M11, 네바Neva 고속도로는 모스크바에서 상트페테르부르크 684km 구간을 말하는데, 같은 구간을 오가는 새로운 길이 하나 더 생기면서 그게 M11번 도로가 되었다. 이것은 유료도로다. M12는 모스크바에서 카잔까지 가는 도로인데 최대 속도 140km까지 달릴 수 있다. 이것 역시 유료화될 가능성이 높다.

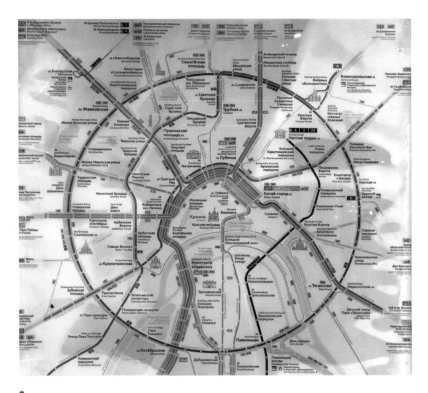

•
모든 길은 모스크바로 통한다. 기존에 있던 10개의 대로에 2개의 길이 더 추가 되었다. M1, 벨라루스 연방고속도로. M2, 크림 연방고속도로. M3, 우크라이나 연방고속도로. M4, 돈 연방고속도로. M5, 우랄 연방고속도로. M6, 카스피 연방 고속도로. M7, 볼가 연방고속도로. M8, 홀마고리 연방고속도로. M9, 발틱 연방 고속도로. M10, 로시야 연방고속도로. M11, 네바 연방고속도로. M12, 연방고속 도로(2024년 완공예정)

오케이 기뻬르 마켓. 모스크
바로부터 55km. M7, 볼가연
방고속도로 변에 있는 노긴스
크. 1,200만 모스크바 인구를
감당하기 위한 초대형마트들
이 10개의 대로를 따라 방사
선 형태로 원을 그리며 위치
하고 있다.

이런 정보들을 업데이트 하다 보면 앞으로 블라디보스토크에서
모스크바까지의 도로들도 유료화될 가능성이 있지 않을까 생각해본
다. 러시아가 점차 도로의 문제점을 확실히 해결하면서 길의 경쟁력
이 나날이 높아지게 되면 그냥 무료로 쓰게 두지 않을 수도 있을 것
이다. 우리는 그냥 달리다가 돈을 내라는 말을 들을지도 모른다.

숙소가 부족한 소도시

러시아를 횡단하는 연방고속도로가 완성되고 도로의 포장률이 높
아지면서 유라시아 횡단 중에 길 위에서 내가 만나는 대형 화물차
들이 하루에 1,000대가 넘는다. 이들의 이동거리는 1만 km로 확대
되었다. 불과 5년 전만 해도 3,000km 정도였다. 이들의 하루 이동
거리는 일반적으로 1,000km에서 1,200km 정도인데 12m 대형 컨

테이너 상자를 실은 화물차량이 끊임없이 달린다. 이것이 대륙횡단 도로에서 흔히 볼 수 있는 변화의 모습이다.

밤 11시 54분. 주유소에서 기름을 넣고 출발해서 120km를 달려 길가의 한 카페에 섰다. 이미 이곳에서만 수십 대의 화물차량들이 늘어서 있다. 대형 화물차 안에는 잠잘 수 있는 공간이 있는데, 운전자들이 잠을 자는 동안 한 사람이 그 근처에서 경비를 보고 있다.

맞은편 도로에서 카페로 들어오는 차량 운전자들에게, 내가 달려갈 방향에 가장 가까운 숙소는 몇 km 지점에 있는지 물었다. 벌써 밤 12시였지만 나는 바이크 운전자이기 때문에 숙소를 찾아서 다시

러시아 횡단도로의 완성으로 운전자들의 이동거리가 늘었다. 1만 km를 목표로 대륙의 길 위를 달리는 사람들. 끝이 없는 길을 따라 화물차량 운전자들을 위한 복합공간이 만들어지고 있다. 늦은 시간에는 빈방을 구하기가 쉽지 않다.

달릴 수밖에 없었다. 차를 만날 수 없는 길은 칠흑같이 어두웠다. 새벽 2시. 길 위에서 발견한 숙소는 모두 사람들로 가득 차 있었다. 다른 운전자들 역시 나처럼 묻고 물어서 인구 3만 명 되는 작은 도시로 찾아든 것이다. 대도시와 대도시 사이의 거리는 700~1,000km가 보통인데 연방고속도로의 이용자는 점점 많아지고 이런 소도시의 숙소는 점점 부족해지는 것 같다.

운전자를 위한 모든 것

구름은 무척 빠르다. 급격한 속도로 세력을 확장하며 하늘을 뒤덮어버린다. 비구름을 피하기 위해 내가 내는 바이크 속도는 시속 120km 정도이다. 천둥 번개가 치고 비가 쏟아지기 전에 강풍이 불면서 주위를 흙먼지로 덮어버린다. 비바람 냄새를 맡은 새떼들이 피신하기 시작한다. 나는 운 좋게도 엄청나게 쏟아붓는 비를 느긋하게 감상할 수 있는 곳을 만날 때도 있다.

주유소와 카페, 식당과 숙소, 사우나와 정비소 같은 복합시설이 있는 쾌적한 공간이다. 어둑해지고 오늘은 여기서 자야겠다. 대륙의 길을 따라 이런 새로운 공간이 속속 들어오면서 물건을 가득 싣고 달리는 대형 화물차들도 속속 들어와 주차를 하고 있다. 탱크로리, 유조차들도 심심찮게 보인다. 시스템이 잘 갖춰진 대형 물류회사의 차

들도 보인다. 회사 로고가 잘 보이는 화물차 운전자의 표정이 밝다.

나는 폭풍 전야와 같은 날씨 속에서 바이크를 한쪽에 안전하게 세워두고 주차장을 바라보았다. 달릴 때는 바람을 쌩쌩 일으키며 표범처럼 달리는 화물차들이, 모두 같이 잠들기 위해 얌전하게 줄을 맞춰 배를 바닥에 깔고 앉아 있는 것 같다. 내일은 저들이 또 어느 도시를 향해 달릴까. 무엇을 전해주려고 가는 길일까.

내가 달리고 있는 러시아의 도로는 1만 km다. 만리장성은 불과 4,000km일 뿐이다. 성은 지키려고만 하는 방어적 역할뿐 나아가는 길로서 역할은 없다. 러시아의 길은 소통의 수단이며 이것이 만들어낼 변화는 어마어마하다. 나는 이것을 러시아의 뉴딜 정책이라고 말했다. 나와 대화하던 시베리아인들은 이렇게 결론을 맺는다.

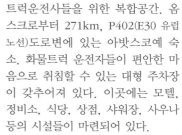

트럭운전사들을 위한 복합공간. 옴스크로부터 271km, P402(E30 유럽노선)도로변에 있는 아밧스코예 숙소. 화물트럭 운전자들이 편안한 마음으로 취침할 수 있는 대형 주차장이 갖추어져 있다. 이곳에는 모텔, 정비소, 식당, 상점, 샤워장, 사우나 등의 시설들이 마련되어 있다.

길 위의 기차 로드트레인. 40피트짜리 대형 콘테이너 두 개를 연결하고서 24시간 두 명의 운전자가 교대로 대륙의 길 위를 달린다.

"맞아. 근데 연방정부가 길은 만들었지만 시베리아에 일은 없어."

현재 대한민국은 45억의 인구가 있는 유라시아 대륙의 어떤 것을 바라보고 있는가. 1990년대에도 2020년대인 지금도 여전히 시베리아 횡단철도만 이야기하고 있다. 이렇게 세상이 변했는데, 길이 이토록 달라지고 있는데, 여전히 옛것에 대한 짝사랑에서 벗어날 줄 모른다. 열차의 역할은 딱 철도로 갈 수 있는 데까지 사람과 물건의 이동뿐이다. 유라시아 대륙을 횡단하는 자동차도로를 따라 만들어지는 변화는 많은 분야의 가능성과 기회를 낳고 시장의 흐름까지 바꿔놓는다. 시베리아에 일이 없다는 말은 '이제 시작'이라는 말로도 러시아인의 평균 월급은 원화로 환산하면 70만 원에서 120만 원 사이이다. 이들은 1리터당 800원 정도 하는 휘발유 가격도 비싸다고 말한다. 제조업이 거의 없어서 많은 생필품이 수입되지만 그들이 받는 월급으로 생활비를 감당할 수 없다고 했다. 이런 러시아의 서민들이 선택할 수 있는 방법은 두 가지이다. 하나는 퇴근 후 일자리를 하나 더 구해 투잡Two Job을 하거나, 다른 하나는 알렉세이처럼 더 많은 수당을 받기 위해 집을 떠나 보다 높은 수당을 받을 수 있는 오지 근무를 자처하는 것이다.

알렉세이는 사람이 드문 타이가 지대의 적막한 시간을 감당하기 위해 가져가는 러시아 시인의 시집을 내게 선물로 주었다. 나는 뭔가 가슴이 뭉클했다. 오지 근무를 위해 가족과 떨어져 살아야 하는 집안의 가장이 챙긴 물품 중에 시집이 있다니, 생각지도 못한 품목이었다. 러시아가 세계 문학사에 길이 남는 걸출한 대작가를 보유한 나라라는 점이 새삼 떠올랐다.

이스마일은 전역을 몇 개월 앞둔 현역 군인이었다. 본래 우즈베키스탄 사람이지만 1991년 12월에 소비에트 연방이 해체될 때 그는 러시아 국적을 선택했다. 자신의 국적을 포기하고 러시아에서 군인이 된 것도 더 나은 벌이를 위해서였다.

러시아인은 대체로 무뚝뚝하다. 그들은 이유 없이 혹은 모르는 사람 앞에서 미소를 지으면 실없는 사람이라고 생각한다. 그러나 러시아가 변하고 있다. 2019년 동계 유니버시아드 대회가 열렸던 도시

스톨비 자연공원. 크라스노야르스크의 텔레그램 호스텔에서 만난 사람들. 유라시아 대륙을 횡단하는 것은 마라톤과 같은 일이다. 완주하기 위해서는 힘 조절이 필요하다.

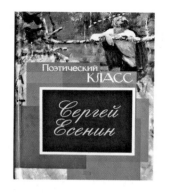

알렉세이는 적막한 타이가 지대로 들어가면서 세르게이 예세닌의 시집을 동반자로 선택했다. 세르게이 예세닌은 최후의 농민시인이라고 불릴 만큼 러시아의 자연과 농촌 풍경을 사랑했지만 삶은 열정 그 자체였다. 때로 열정은 뼈를 썩게 한다.

크라스노야르스크의 변화는 더 두드러진다. 크라스노야르스크에서 만난 숙소의 스태프들은 아주 친절했다. 이런 태도가 여행자의 피로를 풀어주고 잠시지만 진정으로 쉬어가게 한다. 나는 원기를 조금이나마 회복했다.

5분 전 사고

나는 그래도 횡단을 포기할 만큼 심각하게 신체적으로 아팠던 적은 없었던 것에 감사한다. 내가 목표로 한 임무를 마칠 때까지 큰 사고와 질병이 없었던 것은 거의 기적에 가깝다. 그건 5분만 빨리 갔어도 죽을 수 있었던 사고를 목격하면서 든 생각이다.

첼랴빈스크를 187km 가량 앞두고 쿠르간을 지나 유르가미쉬Yurga-

mysh라는 마을 근처를 지날 때였다. 세 대의 대형 화물차와 두 대의
SUV 차량이 충돌해서 도로가 아수라장이었다. 아직 경찰도 보이지
않았고 사고가 난 지 얼마 되지 않은 듯했다. 이 고래처럼 큰 차 사
이에서 새우 같은 나와 내 바이크가 함께 달리다가 사고가 났다면
어땠을까 생각만 해도 아찔하다.

이런 사고도 간발의 차로 어쨌든 피했다. 칸스크에서 누군가의 손

●
P254, 이르티쉬 연방고속도로.
오고 가는 차선의 경계는 없다.
언제나 넘어서 추월할 수 있는
실선 하나뿐인 도로이다. 경찰
과 비상사태부 소속 '엠취에스'
대원들이 출동해서 사태를 수
습할 때까지 기도하는 마음으
로 지켜보았다.

●
앞서가던 트럭을 추월하려던
SUV 차량이 마주달려오는 차
량을 피하려다 추월하려던 차
량의 뒷부분을 받고 비틀거렸
다. 시속 90km의 속도로 뒤
에서 달려오던 화물트럭이 받
았다. SUV 차량은 화물트럭
안으로 들어가버렸다.

에 바이크가 넘어지는 사고도 있었지만 그것 역시 전조등만 깨지는 정도로 끝났다.

2014년엔 나와 함께 달려주었던 러시아 바이커 안톤이 다치긴 했지만 나, 그리고 그의 일행까지도 모두 한꺼번에 사고가 날 수 있었던 백야의 공사길 위기도 그만하면 최악을 피했다. 적절한 만남과 환경들을 통해 필요를 채워주시는 보이지 않는 힘이 나와 함께 해주셨기 때문이라고 믿고 있다.

햇빛이 가득한 곳에서

2019년 8월 4일 오후 2시. 우랄산맥을 넘기 전 만나는 마지막 도시 첼랴빈스크가 가까워졌음을 알리는 작은 표지판이 보인다. 도시의 규모를 짐작해볼 수 있는 거대한 굴뚝이 눈에 들어온다. 화력발전소이다. 이곳에서 데워진 물이 도시 전체로 공급된다. 첼랴빈스크는 작은 소도시에서 시작했으나 지금은 100만 명이 넘는 러시아 7대 도시 중 하나가 됐다.

도시로 들어서자 소나기가 내린 후라 거대한 비구름과 하얀 구름이 하늘을 절반씩 차지하고 있었다. 여기서부터는 비구름과 맑은 하늘 사이의 경계를 바라보며 비를 맞지 않고 달릴 수 있었다. 내비게이션이 가리키는 목적지를 지나쳐버렸다. 숲속에 건물이 있었는데

4개의 침대가 한방에 들어 있는 1만
원짜리 가격부터 가족과 함께 머무를
수 있는 2개짜리 방까지 선택의 폭이
넓다. 물론 시설도 청결하다. 건물은
도심 한가운데 숲속에 위치해 있다.

달리는 모터바이크에서는 잘 볼 수 없었다. 다른 곳에서도 몇 번 그
런 경험이 있어서 내비게이션이 멈추었던 그 자리로 다시 되돌아왔
더니, 나무들 사이로 좁은 입구가 보여 길을 따라 들어가니 거기가
내가 찾던 숙소였다.

첼랴빈스크의 숙소는 '솔레치니Solnechnaya'라는 청소년복합시설 내
에 있었다. '햇빛이 가득한'이란 뜻을 가진 이 숙소는 시베리아 횡단
중 가장 편안하게 머물렀던 곳이다.

청소년들이 주로 이용하는 시설이지만 일반인들도 이용할 수 있
다. 도심이 가까운 시설이라 이곳에 며칠 머무르고 싶은 생각이 들
었다. 카운터에서 입실을 위한 수속을 밟고 방에 들어가 보니 세 개

의 철제 침대가 있고 두 명의 청소년이 엎드려서 스마트폰을 보고 있었다. 'RUSSIA'라고 새겨진 운동복 티셔츠를 입고 있었는데 펜싱 유소년 선수들이라고 했다.

아직 해가 지지 않은 이른 저녁, 숲으로 둘러싸인 카페에서 하는 식사는 몸도 마음도 지칠 대로 지쳐버린 내게 오랜만에 여유와 호사를 누리게 해주었다. 맛도 볼 겸 3인분 정도의 다양한 음식들을 주문해보았다. 러시아인들이 갈증 해소를 위해 여름에 가장 많이 먹는 수프인 '아크로쉬카Okroshka'를 한 모금 마셨다. 무거웠던 머리가 한순간에 시원해지는 기분이다.

달걀 프라이 2개, 오믈렛, 튀긴 감자와 느끼하지 않은 생선, 가르부샤, 샐러드를 먹었다. 흑빵이 너무 맛있어서 네 조각이나 먹었다. 엄청난 양의 음식을 먹고 있는 내가 좀 이해되지 않았지만, 이 모든 것을 합친 가격이 326루블, 원화로 6천 원 정도에 불과했다. 커피와 음료 같은 몇 가지 후식도 75루블 정도였다. 2019년도 환율은 루블에 2를 곱해주고 0을 하나를 붙여주면 대강 맞았다. 가격과 맛 모두가 만족스러웠다.

맛있는 음식을 배불리 먹고 나니 한결 힘이 났다. 숙소 주변환경도 마음에 들고 음식도 맛있고 부족한 것이 별로 없어 나는 사흘간 여기서 머물며 이곳을 우랄산맥 구간을 담당하는 베이스캠프로 삼기로 했다.

상공에서도 운석이 떨어지는 것이 보였다고 하고, 수많은 시민들은 운석이 불덩어리 같은 모습으로 긴 불꼬리를 만들며 떨어지는 순간을 포착한 영상을 공유했다. 불행 중 다행으로 폭발한 고도가 높아 대규모 인명피해와 파괴는 면할 수 있었고, 비교적 한적한 시골에 있는 얼음이 언 호수 위에 지름 20m의 엄청난 구멍을 내고 멈추었다. 주변 반경 26km에 이르기까지 열 먼지 구름과 가스가 퍼졌다고 하는데, 만약 이 운석이 더 고도가 낮은 상태에서 도심 가까이 터졌다면 2019년에 만난 첼랴빈스크는 예전과 같은 모습이 아니었을지도 모른다.

나는 운석이 떨어진 다음 해인 2014년 횡단 때 첼랴빈스크보다 조금 북쪽에 있는 도시 예카테린부르크를 경유했기 때문에 2019년에 만난 첼랴빈스크는 운석 사건을 다시 한 번 떠오르게 했다. 원자폭탄 이상의 위력으로 재해를 맞을 뻔한 도시에서 '무사해서 다행이다'는 말을 해야 할 것 같은 기분이 든다. 운석의 위험을 피한 땅, 뭔가 강한 기운이 느껴진다.

도시 이동을 위한 어플

이 도시에서도 역시 기차역과 버스터미널을 가서 지역 연결노선들을 자료화하는 것이 우선 해야 할 일이다. 첼랴빈스크에는 세 군

●
'우랄의 신화'라는 조형물을 세워놓은 첼랴빈스크역 앞 광장과 인근의 버스터미널
에 붙어 있는 여름휴가 상품. '흑해로의 휴가에 초대합니다.' 첼랴빈스크에서 세바
스토폴까지는 2,895km이다.

데에 버스터미널이 있다. 북쪽과 남쪽, 그리고 도시 중앙에 있는데,
첼랴빈스크역 가까이엔 남부터미널이 있다. 첼랴빈스크에서 흑해까
지 가는 버스가 여름철에 한시적으로 운행되고 있었다.

도시를 돌아다닐 때는 트램(전차), 트롤리(버스), 마르쉬트카(미니버
스)와 택시를 그때그때 다양하게 이용한다. 대중교통수단을 이용할
때에는 '2기스(2GIS)'라는 어플을 사용한다.

'2기스'는 목적지를 정하게 되면 타야 할 버스 정거장의 위치와
차량번호들을 구체적으로 보여준다. 러시아 알파벳 정도만 알아도
쉽게 활용할 수 있다.

택시를 이용할 때는 '얀덱스Yandex'를 사용한다. 얀덱스 어플에 목

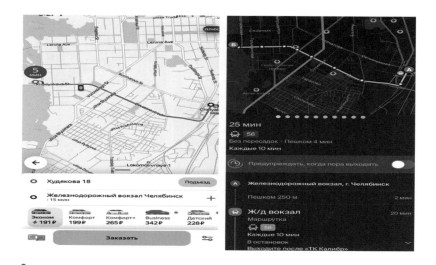

Yandex는 택시와 날씨, 네비게이션, 모바일 애플리케이션 및 온라인 광고를 포함한 70개의 인터넷 관련 제품 및 서비스를 제공하는 러시아 다국적기업이다. 대중교통 관련 어플을 제공하는 '2GIS'는 도시의 디지털 지도 및 가이드를 개발하는 러시아 지역 검색 회사이다. 자신이 타고 있는 버스가 현재 어디를 지나고 있는지 실시간으로 확인할 수 있다.

적지를 써넣으면 체크한 차량의 번호판과 연락처 등이 고객의 스마트폰에 나타난다. 우리나라 택시 어플과 흡사하다. 차가 어느 정도 거리에서 달려오는지 시간과 함께 그림으로 나타난다. 고객은 택시를 타기 전에 미리 요금에 대해 알고 있다. 이러한 시스템은 러시아가 우리보다 몇 년 더 빨리 적용했다.

몇 년 전만 해도 길거리에 나와 달려가는 불특정 다수의 차들을 향해 손을 들고 있어야만 했다. 먼저 가고자 하는 목적지를 말하고 가격흥정에 들어갔었다. 이 과정에서 러시아어를 모르면 서로가 불편했다. 소통이 안 되니 많은 돈을 내거나 다른 장소에서 내려야 하는 일도 생겼다.

길을 물을 때 러시아인에게 영어를 할 줄 아느냐고 물어보면 통명스럽게 반문하는 사람들이 있다. "왜 나한테 영어를 할 줄 아느냐고 묻는 거지? 여긴 러시아야." 나는 이렇게 반응하는 러시아인이 옳다고 생각한다. 적어도 외국에 나왔으면 그 나라 말 몇 마디 정도는 공부하고 왔어야 한다. 다민족 국가인 러시아에서의 내 모습은 반드시 외국인처럼 보이지도 않는다. 너무 많은 배려를 바라지 않는다면 저런 대답에 기분이 상하지 않을 수 있다.

그런데 대도시, 특히 모스크바나 상트페테르부르크에 가면 젊은이들 가운데는 영어를 잘하는 사람들이 많기 때문에 영어로 길을 묻고 싶다면 젊은 사람에게 물으면 된다. 이제는 지도 어플이 너무 좋아져서 굳이 길을 물을 일이 점점 없긴 하지만 그래도 외국인들은 러시아인의 도움이 필요할 때가 있다.

원자폭탄의 아버지

나는 젊은이들을 볼 수 있는 남우랄 주립대학교 정문 광장 쪽으로 걸어갔다. 남우랄 대학은 우랄산맥의 풍부한 광물자원을 개발하

●
러시아 젊은이들의 최신 유행. '우랄 사운드'라는 스티커가 각각의 차량에 붙어 있다. 운전자와 조수석 이외의 모든 공간이 스피커로 채워졌다. 차 자체가 스피커가 되어 있다.

고 관리하기 위한 인프라가 잘 갖추어져 있는 대학이다. 우랄산맥 중앙부 쪽에 있는 예카테린부르크에는 우랄 공과대학이 있다.

정문에 가까워지자 광장으로부터 엄청난 소리의 음악이 터져 나왔다. 초록색 자동차의 모든 문과 뒤 트렁크가 활짝 열려 있고 거긴 고용량의 스피커로 채워져 있었다. 젊은이들은 뭔가 매만지거나 신이 나거나 둘 중 하나였다. 음악을 즐긴다기보다 스피커라는 기계를 튜닝해서 고용량으로 만드는 과정을 즐기고 있는 듯했다. 공과대학 학생일까 생각했다.

남우랄 대학에서 600m 거리에 중앙공원이 있다. 입구에는 첼랴빈스크 출신의 핵물리학자이자 '원자폭탄의 아버지'라고 불리는 이고르 바실리예비치 쿠르차토프Игорь Васильевич Курчатов와 관계된 조형물이 있다. 소련시절 세 번의 노동 영웅이었고, 현재 러시아 원자력 연구소는 그의 이름을 딴 '쿠르차토프 연구소'이다.

그는 1941년 2차 세계대전을 계기로 원자폭탄에 관한 연구를 진행했다. 1945년 일본에 떨어졌던 미국의 원자폭탄에 자극을 받은 스탈린의 명령에 따라 1949년 현재의 카자흐스탄 '쿠르차토프' 마을 외곽에서 핵폭탄 실험을 했는데 성공했다. 빠르게 핵실험을 끝내기 위해 주민들을 이주시키지 않은 결과 주민 모두가 히로시마 원폭의 100배에 달하는 방사능에 피폭되었다.

현재에도 핵폭탄 실험이 이루어졌던 세미 팔라틴스크주는 체르노빌 참사 직후보다 더 많은 방사능을 발산하고 있는 죽음의 땅이 되어 있다. 인근에 2만 명이었던 주민은 8,000명으로 줄어들었다. 1950년대부터는 원자력 기술의 평화적 사용에 대한 연구에 참여하면서 핵실험에 반대하는 입장을 표명했지만 단 한 번의 비극을 끝내 돌이킬 순 없었다.

러시아에는 '자토'라 불리는 폐쇄도시가 존재한다. 1940년 후반, 소련시절에 만들어졌으며 무기 공장이나 원자력연구소와 같은 기밀 군사, 산업, 과학단지가 있는 작은 도시이다. 이곳에는 외국인은 물론 자국민도 진입할 수 없었다. 원자폭탄의 아버지, 쿠르차토프의 이름이 붙여진 카자흐스탄의 쿠르차토프 마을 역시 소련시절에 만들어진 폐쇄도시이다. 내가 지나온 길에서 만난 폐쇄도시는 치올콥스키이다. 러시아 우주 계획의 선구자인 치올콥스키의 이름이 붙여

●
현재 과학자를 꿈꾸는 러시아의 젊은이들과 소련시절 원자폭탄의 아버지로 불렸던 쿠르차토프 동상

한 모금 마실 때마다 우랄의 풍요로움이 넘친다! 러시아인에게 우랄이라는 이름은 자원의 보고를 의미한다.

어넘는 것을 의미한다는 걸 그때 알았다. 지리적 경계를 실제로 넘어보는 것은 머릿속에만 있는 선입견과 고정관념을 깨며 사고의 전환을 가져온다. 400km 경계 밖으로 발걸음을 떼면 우리가 가진 좁은 심리적 영토를 벗어난 사고가 가능해질 것이다. 쉽게 생각한 게 생각보다 어려울 수도 있지만, 어렵게 생각한 게 생각보다 쉬울 수도 있다. 경계를 넘어야 한계선이 확장되고 두려움은 한발 물러난다.

나는 1996년 경험 이후 모스크바 사람들이 시베리아를 가기 위해 아무렇지 않게 우랄산맥을 넘는 것처럼, 어떤 마음의 저항이나 두려움 없이 우랄산맥을 넘어 유럽으로 향한다.

따뜻한 음식 더 따뜻한 관심

준평원 지형에 가까운 남부 우랄 구간을 선택했음에도 역시 추웠

다. 오후 4시 5분. 휴게소가 보여서 따뜻한 음식으로 몸을 풀어주어
야겠다 싶어 바이크를 멈췄다.

잠깐 걷기 위해 도로 쪽으로 걸어나갔더니 날개 달린 말, '천마'
이미지가 붙어 있는 조형물이 눈에 들어온다. 여긴 즐라토우스트
Златоуст다. 러시아 최초로 철, 구리 공장을 이 도시에 세웠다. 강철의
고향으로 알려져 있으며 황제의 군대의 검을 만들었던 곳으로 유명
하다.

감자와 물고기 튀긴 것과 샐러드를 접시 위에 담았다. 러시아의
일반 식당은 대개가 뷔페식이다. 주문자의 선택에 맞추어 식당 직원
이 접시에 담아준다. 러시아에서 내가 원하는 것을 말할 땐 항상 상

강철의 고향 즐라토우스트. 첼랴빈스크에서 145km 거리에 커다란 주차장을 가진
휴게소가 있다. 모터바이크 사진을 찍던 분이 모스크바에 있는 신문사 기자라며
인터뷰를 요청해왔다.

대방의 눈을 똑바로 바라보고 표현해야 한다. 졸음을 덜기 위해 커피를 뽑고 바이크가 잘 보이는 창가에 자리를 잡고 식사를 했다.

식사를 마치고 밖으로 나오자 나이 지긋한 어떤 사람이 말을 걸어왔다. 내 바이크 몸체에는 내가 어디서 왔고 어디를 가는지 누구든지 알 수 있게 적어놓았는데 그 사람이 그걸 본 모양이었다. 자신은 모스크바에서 왔고 직업이 기자라며 내게 인터뷰를 좀 해도 되겠느냐고 물었다.

나는 아시안 하이웨이 6호선에 대해 설명하고 부산에서 시베리아를 거쳐 암스테르담에 이르는 대륙의 길을 반복적으로 횡단하는 이유를 말했다. 2010년에 완공된 러시아 연방도로의 완성이 프로젝트의 배경이 된다고 러시아와 관련이 있는 부분에 대해서도 언급했다. 그의 일행들과 함께 사진을 찍고 서로 연락처를 나누는 것으로 마무리했다.

길 위나 마을이나 도시에서 만나는 많은 러시아인들은 나의 대륙 횡단 여정에 대해 깊은 관심을 보여준다. 그들의 따뜻한 심성은 나를 바라보는 그들의 눈빛과 표정을 보면 알 수 있다. 모터바이크를 타고 유라시아 대륙을 횡단한다는 것은 흙먼지투성이가 된다는 것을 의미한다. 벌레떼들로 인해 온전할 날이 없는 피부와 매일 맞게 되는 비와 시베리아의 강렬한 햇빛에서 나온 자외선으로 인해 시커멓게 그을린 얼굴은 노숙자의 모습과 별반 다르지 않다.

이런 내 모습도 러시아의 많은 사람들에게는 꿈이 된다. 바이크는 물론이고 자전거나 자동차와 기차, 심지어는 두 발로 걸어서라도 자신의 나라가 얼마나 큰지 체험하는 여행을 하는 것이 꿈이다. 실제로 그들은 여행을 많이 한다. 겨울이 긴 러시아에서 여름은 휴가철을 의미하며, 곳곳에 여행하는 사람들을 정말 많이 만날 수 있다. 이런 것을 진정한 멋으로 느끼는 러시아 사람들을 나는 좋아한다.

● 쉼 없이 우랄산맥을 넘나드는 화물트럭들. 모스크바가 가까워질수록 정체구간이 많아진다. 우랄산맥을 넘어 모스크바로 가는 길은 대략 네 개 정도이다. 하나는 페름에서 E22번 도로를 타고 카잔을 거쳐 모스크바로 가는 것, 다른 하나는 우파에서 사마라를 거쳐 모스크바에 도착하는 M5노선, 세 번째는 우파에서 카잔을 거쳐 모스크바에 도착하는 M7노선, 마지막으로는 페름에서 키로프와 야로슬라블을 거쳐 모스크바에 도착하는 방법이다. 페름에서 키로프를 거쳐 야로슬라블까지의 구간은 도로 상태가 좋지 않다. 그만큼 그 길은 한가롭다. 정체로 인해 대형 화물 차량이 뿜어내는 배기가스 냄새가 싫다면 또 다른 육체의 고통을 선택하면 된다.

그리고 시야가 넓고 품도 넓다. 지구가 가지고 있는 대부분의 기후를 체험해볼 수 있을 정도로 땅이 넓고 다양한 민족이 한곳에 모여 살기 때문에 편견이 적고 사람을 겉모습만 보고 판단하지 않는다. 나 같은 차림의 여행자마저도 경계하지 않고 자신들의 가슴을 열어서 안아주고 축복해주는 열린 마음이 고맙고 인상적이다. 이들은 항상 내게 "우다치!" 하면서 행운을 빌어준다. 내가 끝없는 길을 잘 달릴 수 있도록 그들은 어느 순간 신기할 만큼 알아서 힘을 충전해준다.

자신의 차선을 끝까지 지켜라

초대형 화물차량의 행렬은 우랄산맥을 넘는 길 위에서도 이어졌다. 비 냄새가 났다. 오리털 파카를 입고 그 위에 비옷을 껴입었다. 두 개의 스마트폰을 각각의 비닐 안에 넣고 네비게이션도 비닐 캡을 씌웠다. 앞으로 나아갈수록 비가 거세지면서 앞이 보이지 않을 정도로 마구 쏟아진다. 정오에 나베레즈니예 첼니를 지나던 비구름이 370km를 달려 벌써 우랄산맥까지 이동했다.

비구름이 움직이는 방향과 내가 가는 방향이 같을 땐 시속 100km 이상으로 달리면 비를 맞지 않을 수 있지만, 마주 달려오는 비구름은 어찌해볼 수가 없다. 기상예보로 확인하지 않는 한 어느 정도의

푸른 하늘이 순식간에 비구름으로 덮여버렸다. 즐라토우스트 휴게소에서 머물렀던 시간이 길어지면서 우랄산맥을 넘어 오던 비구름과 만나게 되었다. 우랄산맥은 나에게 항상 추운 이미지이다. 첼랴빈스크에서 부지런히 걸으면서 칼로리가 높은 음식을 섭취했지만, 결국 앞이 보이지 않을 정도로 쏟아지는 빗속에서 진이 빠져버렸다. 2014년 예카테린부르크에서 페름으로 넘어갈 때에는 7월 마지막 날에 내리는 눈을 맞아야 했다.

크기인지는 경험과 느낌으로만 예측할 수 있다. 비를 맞기 전에 길에서 적당한 숙소를 만나서 자료들을 정리해야 했다. 속도를 올려보지만 이런 빗속에서 모터바이크는 속도를 제대로 낼 수가 없다. 이미 화물차에게도 따라 잡히고 있었다.

마주 달려오는 초대형 화물차로부터 튀기는 강한 물세례를 피하기 위해 모터바이크를 도로 가장자리로 붙여서 달리기 시작했다. 이때를 놓치지 않고 자동차 한 대가 내 자리로 달려 들어왔다. 앞에서 달리는 대형 화물차의 뒤를 따라 자동차와 모터바이크가 하나의 차선에서 나란히 달리게 되었다. 이것은 치명적인 실수가 되었다.

갑자기 눈 앞에 커다란 포트홀이 나타났다. 자동차와 나란히 달리고 있어서 내가 도로 위에서 구멍을 피할 수 있는 방향은 오른쪽뿐이었다. 깜짝 놀라 핸들을 틀자 바이크는 도로 밖으로 벗어났고 곧바로 자갈밭으로 들어섰다. 그리고 거기서 다시 물웅덩이를 만났다. 울퉁불퉁한 자갈 길 위에서 모터바이크가 넘어질 거 같았다.

앞이 캄캄했다. 핸들을 움켜쥐고 있는 손이 이미 내 통제를 벗어났다. 겨우 핸들을 붙잡고 있을 뿐이었다. '이렇게 끝나면 안 되는데…', 여러 가지 생각들이 머리를 스쳐 지나갔다. 모터바이크는 단 한 번의 사고로도 큰 부상과 상처를 가져온다. 기도하면서도 어떻게 넘어져야 할지 자갈 바닥을 내려다보았다.

그런데 모든 것이 이렇게 끝이구나 생각하는 순간, 물웅덩이에 빠져 있던 모터바이크의 앞바퀴가 울퉁불퉁한 돌들을 타고 오르기 시작하는 것이 아닌가. 액셀에 힘이 들어가는 순간 뒤에 실린 짐 때문에 모터바이크가 그대로 뒤집히기 때문에 내가 할 수 있는 것은 그냥 핸들 위에 손을 올린 채 그 상태를 유지하는 것뿐이었다.

그리고 물웅덩이를 빠져나왔다. 내 경험과 판단으로는 이건 기적 같은 일이었다. 모터바이크가 나를 살린 것이다. 비가 쏟아지는 자갈밭 위의 물웅덩이에 빠져나오는 과정은 불과 몇 초의 시간이 흘렀을 뿐 모든 것이 순식간에 일어난 일이다. 사고가 일어나지 않았

어디서 본 얼굴

숙소는 나베레즈니예 첼니로부터 118km, 카잔까지는 122km 거리의 M7, 볼가 연방도로 변에 있는 곳이다. 2014년에는 '유실'이었는데 2019년에는 '마리나'라는 이름으로 바뀌어 있었다. 주변에 주유소, 가스충전소, 정비소와 상점, 식당, 사우나와 샤워실, 그리고 세탁서비스가 있는 복합시설이 있어서 불편함은 전혀 없었다.

그런데 나는 주유소에서 낯익은 얼굴을 발견했다. 금방 알아볼 수 있었다. 2014년 이 복합시설 인근에 있는 바스칸 마을에서 만난 자전거 타는 소년이 틀림없었다. 하밀. 12세 소년이었던 그는 당시 몹시 부끄럼을 타며 내가 묻는 말에 겨우 대답을 했었다. 나도 어릴

바스칸 마을의 하밀. 청년이 되어가고 있는 이들에게 유일한 밤 문화가 연방도로 변에 접해 있는 차량 운전자들을 위한 복합공간에 놀러 오는 것이다.

때 도시에서 누군가 오면 쑥스러워서 말을 잘하지 못했던 시골 소년이었는데, 그랬던 그가 17세 청소년이 되어 친구들과 낡은 차 '쥐글리'를 끌고 놀러 나왔다가 내 눈에 포착되었다.

"너… 하밀… 맞지?"

많은 러시아 친구들과 메신저나 SNS를 통해서 서로의 근황을 알게 되는데 어린 하밀은 2014년 사진을 볼 때마다 좀 궁금했었다. 그런데 약속도 하지 않고 이렇게 만나다니 정말 신기하고 반가웠다. 그런데 하밀이 나를 금방 기억하지 못해서 열두 살 때 내가 찍었던 자기 사진을 보여줬더니 그제야 알겠다고 환하게 웃었다.

벌써 밤 문화를 즐기는 청소년이 되었다. 아니 5년 전 자전거 타던 소년에서 아버지의 자동차를 몰래 타고 나온 남자가 되는 중이었다. 생필품을 파는 작은 가게밖에 없는 작은 마을에서 청소년이나 청년들이 갈 곳이 없으니 2km 떨어진 연방도로변 복합상가 쪽으로 나와서 노는 모양이었다. 하밀은 술을 마시기에도 아직 나이가 어렸다. 그는 내 바이크를 보더니 눈을 반짝이며 타보고 싶어했다. 이 시기 러시아 청소년들이 얼마나 바이크를 타고 싶어 하는지 알지만 허락하기는 어려웠다.

하밀과 짧은 재회를 하고 나는 필요한 물건만 꺼내고 바이크 덮개를 꺼내 야무지게 바이크 아랫부분까지 모두 싸서 동여맸다. 바이크는 나와 잠시라도 떨어져 있을 때는 반드시 덮개를 덮어야 한다.

그럼에도 시골로 들어간 나

다음 날은 조금 늦잠을 잔 후 숙소 청소를 해주는 할머니를 통해 세탁물을 맡길 수 있다는 걸 알았다. 흙먼지와 길고 강한 햇빛과 수시로 내리던 비에 더러워진 옷들을 모두 꺼내서 맡겼다. 여행자에게는 부족함이 없는 곳이다.

숙소 바깥으로 나와 식당에서 가볍게 식사를 하고 좀 걷기로 했다. M7, 볼가 연방고속도로에 있는 이 복합상가에서 2km 떨어진 곳에 바스칸 마을이 있다. 거의 큰길에 가까이 있다고 보면 된다. 다리에 힘도 기르고 오랜 바이크 탑승으로 더해진 피로감도 풀 겸 그 마을로 걸어 들어갔다.

밭 가운데 길이 나고 밭 양쪽에 서로 다른 밀이 자라고 있었다. 익어가는 노란 밀밭과 한창 자라는 초록 밀밭이 한 곳에 있으니 여름과 가을이 공존하는 것 같다. 바이크를 타면 넓게는 보지만 섬세한 부분은 볼 수 없는데 걸으면 사람들의 흔적, 생활이 보인다. 연방도로만 포장이 되어 있고 지선도로는 아직 거의 비포장이기 때문에 비가 와서 땅이 질퍽질퍽했지만 이런 길은 익숙해졌다.

밀밭을 지나니 초원에서 풀을 뜯고 있는 소들이 보인다. 넓은 구릉에는 온갖 풀과 야생화가 풍성하게 자라고 있다. 길은 하늘과 구름밖에 없으니 외롭고 사람이 그립다. 도시는 복잡하고 사람들에 치여 하늘과 구름이 보이지 않는다. 하지만 시골 마을은 자연과 사람

아직도 진짜 러시아는 시골에 있다. 다만 술을 마시지 않아야 한다. 따뜻한 정과 소박한 웃음이 있는 바스칸 마을

이 함께 있는 곳으로 가장 편안하다.

그런데 러시아 친구들 말이 귓가에서 울렸다. '진정한 러시아는 시골에 있다'는 말도 옛말이라고 시골에 혼자서는 절대 바이크 타고 들어가지 말아라, 시골에 들어가게 되면 무조건 경찰서부터 찾아가라, 네가 이 동네 왔다는 걸 알리고 그 건물과 가까운 곳에 텐트를 쳐라. 그리고 경찰에 돈을 쥐어줘라, 모스크바 근교라도 시골은 들어가지 마라, 그만큼 위험하다. 귀에 굳은살이 박히도록 자주 들은 말들이다.

내가 걸어 들어가는 바스칸은 타타르스탄공화국 내의 무슬림 마을로, 술을 마시지 않는 이슬람교 신자들이 모여 사는 작은 마을이다. 다민족 국가 러시아의 통치기술은 '관대함'이고 종교의 포용은 중요하다. 소련 이후 러시아에는 다시 러시아 정교라는 국교가 등장

했지만 여러 민족의 종교가 지역마다 다시 등장했다. 카잔은 러시아에서 이슬람의 성지와 같은 곳이다. 바스칸 마을이 속한 타타르스탄 지역은 이슬람 종교의 영향을 많이 받는다.

이슬람교 신자가 술을 마시지 않는다고 해서 무조건 훌륭한 신자는 아니지만, 사실 어떤 종교를 가졌든 러시아 사람들은 술에 취하지만 않으면 사람들이 정말 좋다. 때는 대낮이었고 나는 술 취하지 않은 사람들 사이에서 사람의 정을 느끼고 싶었다. 농사를 짓고 가축을 기르는 농부들. 평생 그 일을 하며 자연에 순응한 사람들의 순박한 눈빛이 좋다. 짧은 인사라도 나눌 수 있으면 행운이라 생각하며 나는 이 마을을 다시 찾았다.

바스칸 통신의 새 소식

바스칸은 철도건설에 동원된 사람들이 정착하여 만들어진 마을이다. 마을 입구에는 문화의 집이 있다. 이곳에서 주민들은 타타르인의 정체성과 러시아 연방의 일원으로서 알맞은 문화를 배우게 된다. 마을로 들어가면 광장이라고 부르기에 좀 작은 공간이지만 중심부에 해당하는 곳에는 작은 이슬람 교회가 있다. 그 옆으로는 전몰용사를 위한 '영원의 불' 조형물과 초등학교가 있다. 이렇게 작은 마을에도 전몰용사위령탑이 있다.

난방공급용 파이프라인이 다 드러나서 거미줄처럼 연결된 주택의 외관이 인상적이다. 러시아는 가구별 개별 난방은 많지 않다. 어느 도시든 난방을 책임지는 커다란 화력발전소가 있고 이런 파이프를 통해서 전달된다. 그런데 중앙에서 관리하며 여러 사람들의 필요를 채워주는 일은 받는 사람 입장에선 항상 갈증이 따른다. 날씨는 여전히 추운데도 봄이라는 이유로 온수가 빨리 끊기고, 이미 추워졌는데도 아직 가을이라는 이유로 늦게 공급된다. 그래서 전 세계 난방 관련 기업들이 러시아로 몰려든다.

학교 앞에는 자그마한 가게가 있는데 마을 주민에겐 생필품 상점, 학생들에겐 문구점 역할을 한다. 본래 세 군데였는데 한 군데만 열

●
바스칸 마을이 끝났음을 알려주는 표지판 뒤에서 바라보면 마을의 입구가 된다. 180개 이상의 민족으로 이루어진 러시아. 각각의 정체성을 잃지 않도록 어느 마을, 어느 도시나 문화의 집이 있다.

바스칸 마을의 유일한 구멍가게. 2014년의 졸피아, 2019년의 라밀. 가게를 보는
사람이 바뀌면서 계산기가 주판으로 바뀌었다.

고 있었다. 노인과 아이들만 남은 시골에 충분한 소비가 일어나기
힘들다. 한 군데만 문구를 팔았던 상점이 생필품을 더해 팔면서 마
을에서 매일 문을 여는 유일한 곳이 되었다.

2014년 당시는 카잔 연방대학교를 다니던 졸피아라는 학생이 방
학에 와서 부모님의 가게를 도왔는데, 졸피아가 졸업 후 카잔에서
취직을 하면서 그의 부모도 딸이 있는 도시로 생활 터전을 옮겼다
고 한다. 이 가게의 문을 열고 있는 사람은 졸피아의 친척 라밀 씨
였다. 나는 많은 이야기를 동네 사랑방 같은 가게에서 '바스칸 통신'
이라고 해도 좋을 라밀 씨에게 들었다.

이 마을로부터 카잔까지는 120km 정도 된다. 사람들은 일자리와

7 》 모스크바
라트비아
리투아니아
폴란드
베를린
로테르담

- M9, 발틱 연방고속도로 (모스크바 - 벨리키예루키 - 라트비아 국경까지 E22, 유럽도로)

- E262 유럽도로 (라트비아, 레제크네 - 리투아니아, 카우나스)
- E67 유럽도로 (카우나스 - 폴란드, 바르샤바)
- E30 유럽도로 (바르샤바 - 독일, 베를린 - 네델란드, 로테르담)

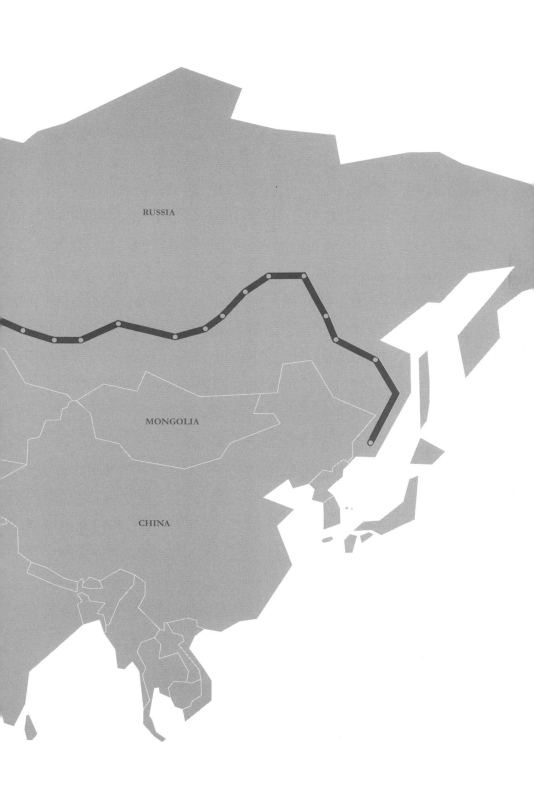

RUSSIA

MONGOLIA

CHINA

모든 길은
모스크바로 통한다

　모스크바는 인구 1,000만 명이 훨씬 넘는 도시로 세계에서는 네 번째, 유럽에서 가장 큰 도시이다. 모스크바는 모스크바 연방시와 그곳을 도넛처럼 둘러싸고 있는 모스크바 주를 포함하는데 2012년 7월 행정구역 확장으로 일부 다른 주를 합병하면서 기존보다 두 배 넓은 신 모스크바로 넓혀가고 있다. 워낙 교통체증이 심각한 도시로 악명이 높아서 장기적으로 모스크바의 도시구조를 변화시켜서 인구 집중으로 인한 교통문제의 심각성을 덜어보려 하고 있다.

　그 첫 발자국으로 신 모스크바 확장을 시작한 2011년 소뱌닌 모스크바 시장이 첫 해외 방문지로 서울을 선택했다. 현재 모스크바는 서울교통정보센터 '토피스'시스템을 적용한 모스크바 교통정보센터

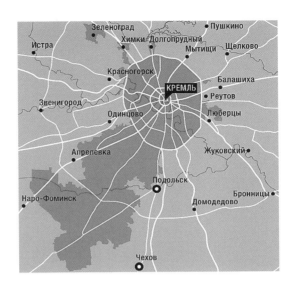

러시아 모스크바 지도

를 운영하고 있는데 교통사고와 체증이 줄었고 차들의 주행속도는 빨라졌다고 한다. 모든 행정, 경제 인프라가 모여 있는 모스크바는 지금도 꾸준히 인구가 늘어나고 있다.

나는 꽤 젊은 날부터 길에 집착했다. 대학을 졸업하고 20대에 나의 첫 계획은 모터바이크를 타고 블라디보스토크-시베리아-모스크바-우크라이나-흑해-터키(실크로드)-중앙아시아-중국-한국으로 돌아오는 것이었다. 문이 열린 러시아를 보고 실크로드를 꼭 지나오고 싶었다. 이 여정은 지금도 혼자 하려고 한다면 쉽지 않은 일이다.

러시아와 소련에서 독립한 주변국 중에는 그때까지도 사회주의가 남긴 이동 제한조치가 살아 있어서 비자 안에 갈 곳을 모두 표기해야 했다. 그런데 그보다 더 어려운 일은 동산인 바이크를 가지고 국경을 넘는 일이었다. 이것은 수많은 서류와의 싸움을 의미하는 것으로 사실 가장 큰 장벽이었다. 만만치 않은 비용문제도 풀기 어려웠다. 그래서 시베리아를 건너 모스크바까지, 아시아에서 유럽에 걸쳐 있는 가장 큰 땅을 가진 국가 러시아만 횡단하게 된 것이다.

유라시아의 동맥

소련과 미국. 냉전으로 양분된 세계 질서의 한쪽 시스템의 주인공이었던 러시아의 힘은 무엇일까. 그 힘의 원천을 나는 길이라고 생각했다. '모든 길은 로마로 통한다'는 말이 있지만 모스크바에 오니 '모든 길은 모스크바로 통한다.'

모스크바는 시베리아 횡단열차를 비롯해 러시아 철도의 수많은 노선들이 모이는 중심지이다. 재미있는 점은 모스크바에는 모스크바역이 없고 상트페테르부르크에는 상트페테르부르크역이 없다. 모스크바 안에만 철도 종착역이 10개가 있기 때문에 노선의 목적지 이름을 따서 역 이름이 붙여졌다. 야로슬라블, 레닌그라드, 카잔, 벨라루스, 키예프, 리가, 쿠르스크, 사볼로프, 파벨레츠역, 그리고 2021년 완공된 열 번째 모스크바의 기차역 보스톡역까지 있다.

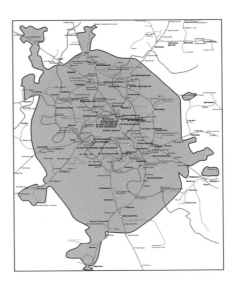

9개의 모스크바의 기차역— 사도보예(Garden) 깔조와 뜨레찌에 깔쬬 사이에 위치하고 있다. 깔쬬(Ring)는 방사선 형태의 도시를 한바퀴 도는 순환도로를 의미한다. 9개의 기차역은 가고자 하는 목적지가 있는 방향에 깔쬬를 따라 모여 있거나 떨어져 있다. (사진 출처: 위키피디아)

쿠르스크역. 모스크바에서 남쪽으로 524km 거리에 쿠르스크시가 있다. 제2차 세계대전 당시 동부전선의 주도권이 독일에서 소련으로 넘어가게 된 전투가 있었던 곳이다.

그 중에는 4개의 국제선 기차역이 있다. 핀란드의 헬싱키로 가는 기차를 탈 수 있는 레닌그라드역, 우크라이나 키예프 방면으로 가는 키예프역, 벨라루스공화국의 브레스트로 갈 수 있는 벨라루스역 등은 대부분 국제노선을 가지고 있다.

여기에 모스크바는 유럽의 큰 도시들이 그러하듯 가운데 광장을 중심으로 사방으로 길게 뻗어나가는 알파벳 M자로 시작하는 10개 주 대로가 있다. 지금은 두 개 더 늘었다. 내가 횡단을 마치고 돌아온 직후인 2019년 11월에 개통된 M11 도로는 모스크바의 북서쪽에 있는 제2의 도시 상트페테르부르크를 잇는 새 고속도로로, 기존 도로를 이용하면 약 10시간이 걸리던 것이 절반인 5시간 정도로 줄었다. 상트페테르부르크 시내를 가로지르는 강 이름을 따서 '네바'라는 별칭을 갖게 된 M11 고속도로는 모스크바 외곽 순환도로와 상트페테르부르크 외곽 순환도로를 연결하는 670km의 유료 고속도로다.

M12 고속도로는 모스크바를 출발해 니즈니노보고라드를 지나 카잔까지 유료 도로를 목표로 진행 중이다. 2024년 개통을 앞두고 있다. 러시아에서 산업적으로 발전한 타타르스탄에 외국 시장의 유입이 편리하게 되었다. 카잔은 경제특구가 있는 곳이라 이 M12는 러시아의 전반적인 경제발전을 지원하려는 노력으로 보인다. 더불어 모스크바는 러시아의 주요 지역과 인접 카자흐스탄, 중국까지 연결하는 오랜 노력을 기울여왔다. 이 길은 본격적으로 유라시아 수송의

● 모스크바 아르바트 거리. 매일 다양한 공연이 열린다. 자발적으로 자신의 재능을 보여주고 감동을 받은 사람들은 자발적으로 관람료를 지불한다.

● 모스크바 아르바트 거리

스럽게 초강대국 미국의 브랜드를 입게 되는 것이다.

소치의 제주 감귤

느린 것이 좋을 때가 있다. 차를 탈 때보다 걸으면서 살필 때 잘 보이고 알 수 있는 일들이 많았던 것 같다. 그래서 걷는 것을 좋아 했는지 모르지만 나는 작지도 않은 도시 모스크바를 걸어서 탐색하는 일이 재미있었다. 궁금한 건 물어보고 모르는 건 공부도 좀 하면서 이들은 무엇을 먹고 무엇을 입으며 어떤 생각을 하며 사는지 알아가는 일이 좋았다. 그런 탐색이 이어지는 가운데 두 번째 아이템으로 생각한 것이 '감귤'이었다.

모스크바엔 스페인에서 온 밀감이 팔리고 있었는데, 이곳은 모스크바, 상트페테르부르크, 그리고 북유럽까지 4,000만~5,000만 명 소비자가 있는 시장이었다. 오렌지 시장은 전통적으로 스페인이 최강자였는데 보관기간을 늘리고 저장성을 높이기 위한 방부 처리를 하고 들어온다. 나는 이 시장에 제주 감귤을 판다면 어떨까 생각했다.

1990년대 후반에서 2000년 초반 제주도 감귤 농사 상황은 우수한 품종을 개발하고 재배기술을 가지고 있던 농민들이 점차 고령화하면서 감귤재배 가구가 줄어들고 있었다. 감귤나무는 농부들이 농사지어 자식들 대학 보낸다고 해서 '대학나무'라고도 했는데, 농부들은 서서히 한라봉, 천혜향 같은 프리미엄 감귤재배를 하기 시작했다.

나는 제주도 젊은 농민들과 함께 소치sochi에서 감귤 농사를 하려고 했다. 소치는 모스크바에서 남쪽으로 1,600km 정도 거리에 있는 도시로 동계올림픽이 열리면서 우리에게 유명해졌다. 흑해를 접하고 있는 해양성 기후이고 기온도 제주와 비슷해서, 소치에서 감귤을 키워 차로 실어 나르면 훨씬 가격경쟁력이 있을 거라 생각했다. 모스크바는 이틀 안팎이면 도착한다. 하지만 이 계획은 국내로 돌아와 디지털과 실크로드를 결합한 'N실크로드 대장정'을 기획하게 되면서 실행에 옮기진 못했다.

뉴욕타임스 표지

나는 그 무렵 뉴욕타임스 표지에서 칭기즈 칸을 보게 되면서 삶의 방향을 달리 잡았다. 일상의 터전을 옮겨 다녔던 유목민족과 그들을 이끌던 지도자에 대해 알면 알수록, 도대체 인간의 '이동'은 인류의 삶에 어떤 영향을 끼쳤을까, 길은 동과 서의 문명을 어떻게 발달시켰나, 모스크바로부터 시작되는 열 개의 대로는 어떤 역할을 했고 어떤 의미가 있을까, 이런 질문들이 새록새록 피어올랐다.

'이동'이란 행위는 한 명의 개인으로부터 시작해서 수많은 개체들이 함께 길을 넓혀갈 때 의미있는 변화를 만들어가는데, 바로 여기에 우리의 비전이 있다고 생각했다. 처음부터 내 탐험 주제가 러시아나 시베리아였던 것은 아니다. 길에 대한 탐구가 본격적으로 시작되면서 나는 이후 전업 탐험가의 길을 걷게 되었다.

비싼 땅 저렴한 숙소

모스크바 야로슬라블역 주변에는 많은 호스텔이 모여 있다. 러시아에서 열차가 지나가는 기차역이 있는 도시라면 어느 곳이나 주변으로는 많은 호스텔이 있다. 보통은 지방에서 도시로 상경한 사람들이 많이 이용했는데, 이제는 많은 배낭여행자들이 묵는 숙소로도 이용된다.

모스크바에서 내 모습은 러시아 화가 바실리 페로프Perov V.G의 그림에 나오는 '여행자'의 모습과 비슷하다. 모스크바 헌책방에서 발견한 그림엽서에 있던 이 그림 속 여행자는 머리카락과 수염이 길고 낡은 헝겊으로 이리저리 매듭을 지어 만든 배낭을 메고 금속제 컵을 허리춤에 차고 지팡이를 들었다. 이 화가의 작품은 가장 러시아다운 미술관이라고 하는 모스크바 트레차콥스키 미술관에 있다. 소련시절에 만들어진 이 엽서를 구입하고 싶었지만 배낭에 넣으면 구겨지고 비에 젖을 것 같아서 내려놓았다.

2019년 횡단 때 나는 키타이고로드 부근에 있는 작은 호스텔에 숙소를 잡았다. 시내 중심가에 위치하고 있는 키타이고로드는 '러시아의 셰익스피어'라고 불리는 극작가 알렉산드르 오스트롭스키Alexander Nikolayevich Ostrovsky가 인연을 맺고 거주했던 곳이다. 안톤 체호프 이전 러시아 연극계를 평정하였는데 그가 남긴 50여 편의 희곡은 주로 상인 계급의 생활을 통해 시대를 풍자하고 날카롭게 비판하는 내용을 담아서 검열에 걸리는 경우도 있었다. 그를 소개하는 안내판에는 '위대한 극작가'라고 표현되어 있고, '여행자'를 그린 화가 바실리 페로프가 그린 그의 초상화가 마침 걸려 있어서 반가웠다.

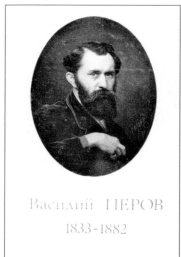

화가 바실리 페로프

알렉산드르 오스트롭스키. 페로프가 그린 그림이 소련시절 엽서로 만들어졌다.

안내판에 적혀 있는 그의 약력을 가볍게 읽어보고 인접해 있는 숙소로 들어갔다. 내가 머무를 호스텔은 유대인이 소유하고 있었다. 모스크바에서도 굉장히 토지가격이 비싼 지역이라고 알고 있는데 역시 호스텔 주변은 고급 상점들이 많은 번화가였다. 그런데 호스텔 이용요금은 아주 저렴했다. 아주 비싼 땅에 지은 아주 저렴한 숙소. 예사롭지 않겠다 생각했다.

기도. 처해 있는 상황에 대해 불평하지 않고 더 나아가 감사하도록 만드는 힘. 내가 유라시아 대륙의 끝없는 길과 서로 다름에서 오는 어려움을 감당할 수 있도록 해주었다.

내게 주어진 침대에 누울 때면 알렉산드르 솔제니친이 그의 책에서 묘사한 수용소가 생각났다. 아주 작은 공간에 네 명이 누울 수 있는 이층 침대가 두 개 있다. 키가 큰 사람들은 커튼 안쪽에서 어떤 자세로 누워 있을지 궁금할 정도이다. '아니 어떻게 이런 데서 자라고…' 하는 생각보다, 그저 '야! 기발하다!'라는 생각이 들었다. 인간의 심리를 분석하고 만든 것처럼 이렇게 방을 작게 나누어놓고 가격은 저렴하게 책정했다. 어쨌든 이런 아이디어도 고도의 능력이라고 생각했다. 내 키가 크지 않아서 좋았던 유일한 곳이다.

같은 처지 다른 태도

내가 있는 방에는 예카테린부르크에서 와서 레스토랑 종업원으로 일하는 청년 사샤가 있었다. 예카테린부르크는 모스크바에서 시베리아로 갈 때 우랄산맥의 중앙 부분을 넘자마자 만나는 첫 도시다. 인구 100만 안팎의 대도시지만 일자리를 찾기 어려웠는지 모스크바로 온 것이다. 피곤에 젖은 얼굴에서 오갈 데 없는 고달픈 삶을 엿보게 되는데, 한번은 아침 일찍 숙소를 나오려고 할 때 깨어 있는 그와 마주쳤다.

그가 나설 채비를 하고 있는 나를 물끄러미 바라보았다. 사실 그나 나나 별로 처지가 다를 바 없었다. 이 거대한 도시의 이방인으로 고달프고 지쳐 있기는 매한가지였다. 그런데도 그 눈빛 안에는 '너도 힘들지? 그 마음 내가 알아' 하는 듯한 메시지가 들어 있는 듯했다.

"현국, 잘 다녀와. 빵이라도 하나 먹고 갈래?"

도시빈민에 가까운 삶을 이어가는 사람이 그 마음을 나에게 나누어준다. 따뜻하게 위로가 된다. 여행자들과 도시빈민들이 섞여 있는 우리의 고시원 같은 곳에서 저마다의 꿈을 가지고 도시로 일자리를 찾아온 사람들의 면면을 본다.

그리고 상가의 상점에 가면 또 다른 모습을 볼 수 있다. 이런 상점엔 '러시안 드림'을 꿈꾸고 오는 구소련에 속했던 중앙아시아 사람들을 많이 볼 수 있다. 도저히 자신의 나라에서 버는 돈으로는 살

●
라트비아 레제크네의 선교사, 알렉세이와 크세니아. 아버지는 러시아인, 어머니는
벨라루스인으로 레제크네에서 600km 거리에 있는 우크라이나와 폴란드 국경부
근의 시골 교회를 섬기고 있다고 말한다. 모두가 선교사 가족이다. 알렉세이만 다
섯 개 나라와 어떤 식으로든 관계를 맺고 있다.

를 할 수 있도록 여행자를 배려해줬다. 대대로 오순절 교회와 이웃

을 섬겨오던 전통이 집안에 남아 있다더니 이 한적한 도시의 교회

를 지키던 이 부부가 내 은인으로 큰 도움이 되었다. 일요일 아침

알렉세이가 교회 건물을 수리하는 것을 도우며 그곳 교회 신자들과

예배를 드렸다. 대체로 연세가 많은 어른들이었다.

레제크네를 유럽 구간의 베이스캠프로 삼을 수 있었던 건 몸의

피로를 회복하고 마음을 다잡으며 편안한 마음으로 여행을 준비할

수 있었기 때문이다. 그건 이 젊은 부부의 도움이 컸다. 알렉세이는

유럽 전역에서 인터넷 사용이 가능한 적절한 유심칩을 살 수 있도록 도와주었다. 철저한 준비는 필요하지만 여행자는 역시 현지인에게 물어서 좋은 정보를 얻는 경우가 더 많다.

대륙을 횡단하는 일은 마라톤과 같다. 나는 각각의 지점에 열 두 개의 베이스캠프를 세우고 구간마다 힘을 조절해왔다. 모터바이크를 타며 대륙의 길과 관련된 현장을 샅샅이 조사하려면 꾸준히 체력을 비축하지 않으면 안 된다. 아무리 모든 조건이 갖추어져 있어도 자료를 만들면서 이렇게 장기간 달려나가기가 쉽지 않다. 나는 아직도 내게 주어진 하루라는 시간을 감당하는 것과 네 번의 경험

The Explorers Club, 홍콩 지부 멤버들과 함께

과 철저한 준비 속에서도 순식간에 일어나는 사고를 만나면 당황하고 때로 감당할 수 없다.

체력과 함께 정신력도 다잡아야 한다. 그래서 틈만 나면 걷거나 몸을 움직여 누군가를 도우며 부정적인 어제의 감정을 정리하고 내일을 감당할 수 있는 힘을 만들어간다. 기도하고 기록하면서 나를 돌아보고 생각의 정리를 통해 감정을 조절하는 것도 빼놓을 수 없는 중요한 일과 가운데 하나다. 끝날 때까지는 긴장을 놓아서는 안 되고 평정심을 유지하며 달려야 한다.

레제크네에 머물면서 세계 탐험가 클럽The Explorers Club의 정회원으로 확정되었다는 메일을 확인하고 나서 벅차올랐던 감정도 말끔히 가라앉혔다. 나는 다시 모터바이크에 앉았다.

살아 있는 교황

모터바이크를 탄 채로 아무런 절차 없이 리투아니아 국경을 넘어서 폴란드로 들어왔다. 바르샤바로부터 53km 떨어져 있는 작은 도시, 투슈쯔에서 이틀을 머물렀다. 대도시에 들어오기 전에 그곳에 대한 정보를 미처 갖지 못하면 대도시 수십 km 전에 있는 작은 도시에 들어가 그곳에서 숙소를 잡는다. 평온하고 아름다운 시골 마을이라 천천히 길을 거닐기만 해도 충분히 휴식이 되고 좋았다.

412

2019년의 유라시아 여정에서 다시 만난 폴란드는 나라 곳곳이 역동적이다. 이 시골에는 폴란드 출신의 교황 요한 바오로 2세가 아직 살아 있다. 마을 입구에 십자가와 교황 관련 조형물들이 세워져 있는 것을 보면서 폴란드인에게 크나큰 자부심을 주었던 교황은 여전히 이들의 가슴 속에 살아 숨쉬고 있는 것 같았다.

60세도 되지 않아 교황에 선출된 최초의 비이탈리아계, 최초의 비서구권 출신의 교황이었던 요한 바오로 2세는 교황에 오른 뒤 타 종교와의 화합을 위해 노력한 점이 매우 높이 평가받는다. 그리고 2000년 새해에는 가톨릭교회가 지난 2000년 동안 조장하거나 방조해온 많은 범죄나 사건들을 시인하고 반성하여 전 세계에 신선한 충격을 주었다.

전 세계에 걸쳐 있는 가장 역사가 오래된 거대 종교의 수장이 그 종교가 저지른 범죄와 여러 가지 사건을 합리화하거나 숨기지 않고, 잘못을 시인하고 반성한다는 건 대단한 용기가 필요한 일이다. 이후 교황의 영향력은 상상을 초월했는데 공산 국가들조차도 교황의 방문으로 민중들이 동요하

● 마을 입구마다 십자가를 세워놓은 조형물이 있다.

시골 마을 어느 곳이나 세워져 있는 십자가. 폴란드에서 직접 예배에 참석하게 되는 이유이다.

지 않을까 두려움을 가질 정도였다고 한다. 1979년 6월 조국인 폴란드를 방문한 것을 동유럽 공산주의 붕괴의 서곡으로 보는 시선도 있다. 그는 공산독재에 신음하는 동포에게 "당신들은 인간이다. 존엄성을 갖고 있다. 땅에 배를 깔고 기어다니지 말라"는 유명한 메시지를 낭독했다고 한다. 교황이 세상을 떠나기 전에 사람들에게 남겼다는 유언도 인상적이다.

"나는 지금 행복합니다. 여러분도 행복하세요."

식탁 위의 꽃이 예쁘게 반기는 작은 식당에서 아침 겸 점심식사를 하며 폴란드인들은 지금 행복할까 생각했다. 그리고 나는 지금 행복한가 가만히 반문해본다. 교황처럼 내가 행복해야 당신도 행복하라고 빌어줄 진심과 여유가 생기는 것일 텐데, 그러면 나는 어떻게 행복해질 수 있을까. 폴란드 땅을 달리는 동안 생각해봐야겠다.

하지만 폴란드 대평원의 강한 바람은 생각할 겨를을 주지 않았다. 바람의 저항이 워낙 강해서 빨리 달릴 수도 없었지만 놀라운 일은 곧 벌어졌다. 엄청난 바람은 내가 탄 바이크 270kg을 반대편 차선으로까지 밀어버렸다. 그런 경험은 처음이었는데 무엇보다 다른 차들이 많지 않은 것이 다행이었다.

바르샤바에서 베를린까지는 590km인데 제한속도 140km의 비교적 최근에 만들어진 유료 도로다. 유라시아 대륙을 횡단하는 전 구간 중에서 가장 좋은 길이었다. 독일은 성숙한 성인 느낌의 나라

●
바르샤바에서는 E30번 도로를 달린다. 아일앤드 코크에서 출발하는 이 길은 영국, 네델란드, 독일, 폴란드, 벨라루스를 거쳐 러시아 옴스크에서 끝난다. 아시안 하이웨이 6호선과는 벨라루스에서 러시아 옴스크까지의 구간을 공유한다.

유라시아 대륙횡단도로에서 가장 좋은 노면 상태를 가지고 있다. 유료 도로로 톨게이트 마다 돈을 내면 모터바이크도 자동차와 함께 달릴 수 있다.

라면 폴란드는 청년 느낌의 나라였다. 폴란드는 경제성장률이 꾸준히 높아지는 나라로 유럽연합에서 여섯 번째로 큰 시장을 가지고 있으니, 독일은 청년의 피가 필요하고 폴란드는 독일의 기술과 노하우가 필요한 상황의 전략적 제휴 아래 놓인 새로운 도로라고 할 수 있다. 1996년 가장 열악했던 길이 2010년 러시아를 횡단하는 연방도로가 완성되면서 시베리아가 재발견되는 것처럼 길은 이렇게 변화시킨다.

베를린에서 받은 환대

2019년 8월 28일 오후 6시 30분. 베를린 브란덴부르크 문Branden-burg Gate에 도착했다. 나는 아무런 특별한 행동을 한 것도 없는데 여러

주유하고 오느라 늦었다
며 트럭정류장까지 찾아
와 먹을 것을 주고 가던
독일 남성

몰도바출신의 화물트럭
운전사 안드레이. 유럽
전역을 달리면서 그가
받는 월급은 2,500유로.
그가 몰도바에서 받을 수
있는 월급은 300달러.
10배에 가까운 돈이 그
를 가족과 조국으로부터
떨어져나오게 했다.

바닥으로부터 습기를 막
으려고 비닐 한 장을 깔
았지만 바닥이 너무 차
다. 무릎 덮개를 바닥에
깔고 다시 누워봤다.

424

만, 석 달을 유럽의 길 위에서 보내고 한 달을 몰도바에서 가족과 함께 보낸다고 했다. 가족과 함께 살고 싶지만 몰도바에서의 벌이로는 턱없이 부족하기 때문에 가족을 부양하기 위해 길 위로 나섰다고 한다. 그는 자기 트럭에 충분한 공간이 있으니 이야기하다가 이곳에서 자도 좋다고 했다.

대륙의 길 위에서 만나는 사람들과의 대화를 하다가 내 여정의 최종 목적지가 네덜란드라고 하면 거의 동성애와 대마초와 관련된 이야기로 이어진다. 하지만 안드레이와는 작은 나라지만 네덜란드가 가진 저력에 대해 이야기를 나눌 수 있어서 좋았다. 국토가 작은 나라의 국민으로서 주변 강대국의 영향을 받는 우리의 현실을 이야기하다가, 네덜란드가 콤플렉스를 극복해나간 이야기를 내게서 듣고서 그는 이렇게 말을 이어갔다.

러시아가 강대국으로 가는 기틀을 놓았던 표트르 대제도 작은 나라 네덜란드에서 선진 기술을 배우기 위해 체류했었다고 한다. 표트르 대제는 러시아 해군 창설을 위해 당시 조선 분야에서 가장 경험이 많았던 네덜란드의 자안담Zaandam에서 선박 건조 기술을 배웠다는 것이다. 새삼 지금 우리나라의 선박 건조 기술이 세계 최고 수준인데 뭔가 운명적인 연결고리를 느꼈다.

안드레이는 처음에는 요리를 못했는데 자꾸 하다 보니 시간이 맛을 만들어내더라며 몰도바식 보르시를 준다. 보르시는 채소와 고기를 넣은 스튜인데 유럽의 많은 나라에서 다양하게 응용해서 먹는다.

●
독일 하노버시 외곽
E30번 도로변에 있
는 트럭정류장

안드레이가 만들어온 몰도바식은 약간 시큼한 맛에 돼지고기의
부드러움이 가득한 요리였다. 내가 먹고 싶었던 묵은지에 오리탕 한
그릇이 주는 만족감을 대신해주었다.

안드레이의 차는 사랑방이 되었다. 나에게 먹고 싶은 음식을 말해
보라는 폴란드인부터 이 공간까지 찾아와 먹을 것이 가득한 봉투를
건네준 독일인, 배터리 충전 때문에 뭔가 물어보려고 왔던 다른 국
적의 사람까지 모두 예전부터 알던 사람들처럼 즐겁게 이야기를 나
눴다. 스치고 지나가는 길 위에서 이렇게 틈틈이 서로 인사하고 알
아봐주고 따뜻함을 나누는 사람들 속에서 나야말로 마음 깊은 곳부
터 다시 에너지가 충전되는 기분이었다.

● 안드레이가 만든 보르시. 물가가 높은 유럽에서 동유럽이나 구소련 출신의 운전
자들은 자신의 차 안에서 자고 음식을 만들어 먹는다. 폴란드인 운전사가 국기를
들고 찾아왔다.

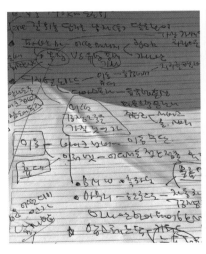

● 독일, Bissendorf. E30 도로 가에서

1만 2,000km
대장정의 끝에서

독일 국경을 지나 15km 지점, 네덜란드 엔스헤데 부근에서 체크한 날씨는 거대한 비구름이 앞을 가로막고 있다. 최종 목적지인 로테르담에 다다랐을 무렵 내 눈앞에서 천둥과 번개의 불빛 쇼가 하늘 전체를 뒤덮어버렸다. 비구름대를 어떻게든 달려서 벗어나 보려고 하다가 휴게소가 있어 급히 피했다. 이미 폭우에 흠뻑 젖어버렸다. 유라시아 대륙을 횡단하면서 두 번째로 무서운 비였다. 먹구름이 가득한 하늘은 지독하게 캄캄하고 천둥과 번개는 무서웠다.

번개는 먼저 내 온몸을 환히 밝혀놓고, 이어지는 천둥소리는 나를 향한 모진 매질 같았다. 아프지 않은데 아픈 것 같은 얼얼한 느낌이 정말 무서웠다. 툴룬에서는 천둥 번개가 보여주는 오케스트라와 같

밤 12시 40분. E30번 도로

왔던 아름다움이 여기서는 왜 그렇게 무서웠을까. 최종 목적지가 다가왔으나 끝까지 긴장을 풀지 말라는 엄중한 경고 같이 느껴지기도했다. 2019년 8월 31일 밤 9시 25분, 암스테르담을 120km쯤 앞두고 있었다.

로테르담의 밤과 아침

　2019년 9월 1일 일요일 새벽 1시 30분. 네덜란드 로테르담에 도착했다. 호스텔 이름이 절묘하게 '로테르담의 방'이다. 유럽에 오면 주차에 대한 부담이 적어서 좋다. 러시아의 열악하고 어려웠던 사정에 비하면 유럽은 그래도 긴장할 요소가 적다. 소매치기나 도둑들은 더 많아서 실질적으로 러시아가 더 안전했지만, 늘 내게 이상한 압박감이 있어서 그렇게 느꼈던 것 같다. 이제야 조금 긴장이 풀린다.

　나는 아침 7시에 눈을 떴다. 늦잠을 자고 싶었지만 긴장을 풀면 안 될 것 같아서 교회를 찾았다. 유라시아 대륙횡단의 목적지가 있는 도시에 도착한 것에 대한 감사와 다시 한국으로 출발하는 여정을 위한 기도를 드리기 위해 현지의 교회를 찾아갔다.

　대륙의 길은 나 혼자 감당하기 어려웠다. 변화무쌍한 대자연의 날씨, 달려도 달려도 끝이 없는 유라시아 대륙의 길, 시베리아라는 대자연에서 홀로 맞는 밤은 언제나 최고조의 긴장과 두려움을 가지고 어떻게 새벽을 맞았는지 모른다. 사람들과 함께하고 싶지만 결국 나 혼

●
로테르담 도착

430

'스타펠'이라는 사람을 소개해주었다. 나는 그에게서 화물이 한국까지 도착하는 기간과 비용, 그리고 바이크 포장 공정에 대한 많은 부분을 듣고 정리할 수 있었다. 바이크를 고정할 수 있는 나무상자를 만드는 가격을 최종적으로 확인해서 메일로 보내주겠다는 말로 우리의 대화는 끝났다. 나중에 받은 메일을 보면 유럽의 핵심은 인건비다. 선박 운송의 문제는 운송비보다 바이크 포장비가 더 비싼 데 있다. 사람 손이 가는 일은 무엇이든 비쌌기 때문에 바이크를 나무로 포장하는 비용은 거의 운송비에 육박했다.

대화를 마친 후, 내가 바이크를 타고 한국에서 시베리아를 건너 유럽에 왔다는 것을 아는 스타펠 씨는 자신과 사진을 찍자고 했다.

2014년 횡단의 최종 종착지였던 레스토랑 겸 카페 '포인트'. 북해로 연결되는 마스강을 따라 물류회사들이 밀집되어 있다. 모터바이크 한 대를 로테르담에서 한국까지 이송하는 과정을 알아보기 위해 물류업자 스타펠 씨와 이곳에서 만났다.

나는 이곳이 횡단의 최종 목적지였기 때문에 '아시안 하이웨이 6호선' 도로 표지판을 그대로 옮긴 대형 깃발을 꺼내들었다.

암스테르담의 자신감

유라시아 대륙을 횡단하는 길 위에서 나는 많은 사람들을 만났다. 이 사람들로부터 가장 많이 받은 질문은 목적지가 어딘가였다. 나는 로테르담이라고 하지 않고 그냥 암스테르담이라고 답했는데 그 말이 내 입에서 나오는 순간 그들의 표정은 장난스러워졌다. 무엇 때문에 가는지 알 것 같다는 표정으로 웃는데, 나는 그것 때문에 가는 것이 아닌데도 그게 무엇을 말하는지는 알았다.

세계인에게 알려진 암스테르담의 키워드는 '세계 최초로 합법화한 대마초와 동성혼'이었다. 정말 만난 사람들 대부분이 암스테르담을 그렇게 인식하고 있었다. 모터바이크 축제에서 만난 러시아 바이커 세료가는 내게 이렇게 말했다.

"이곳에도 대마초가 많은데 왜 그 먼 곳까지 가려는 거지? 그러지 말고 우리랑 이곳에서 여름을 함께 보내자."

시베리아 오지에서도 암스테르담에 대해서는 모두가 알고 있었다. 하도 그런 이야기를 많이 들어서 오죽했으면 나는 이 도시에 들어가기도 전에 길거리마다 대마초 연기가 가득하고 동성 커플이 드러내놓고 자유롭게 어울리는 그런 모습을 상상했을 정도다.

내가 암스테르담에서 본 것은 남녀노소 자전거를 타는 모습이었다. 방향을 바꾸려고 할 때는 가고자 하는 방향 왼쪽이나 오른쪽 팔과 다리를 들어 올려 다른 사람에게 알려주는 의사표현이 재미있다. 대부분 기어가 없는 자전거로 온전히 자기 다리의 힘으로만 달린다. 물론 밖으로 드러난 모습만 보고 모든 것을 판단할 수는 없다. 어떤 사회도 양지와 음지가 있지만 그렇다고 사회의 음지를 보겠다고 뒷골목을 배회하고 싶지는 않았다.

●
자전거 타는 네덜란드인

그들은 동성애와 대마초를 범죄라거나 미풍양속을 해치는 일이라고 인식하지 않는다. 그만큼 합법화를 한다고 해도 문제가 없고, 설령 문제가 생긴다고 해도 그것을 감당할 수 있다는 자신감이 엿보인다. 개개인이 건강하고 사회구조가 갈등의 요소들을 적극적으로 제거해나갈 수 있는 시스템이 뒷받침되는 사회라 가능한 게 아닐까 한다.

인간은 유라시아 대륙횡단 내내 내가 그랬듯 거칠고 험난한 환경에서는 염려와 걱정을 놓지 못하는 존재이다. 반면 안락하고 편안한 환경에서는 쾌락과 유흥의 유혹을 뿌리치기도 힘들다. 암스테르담은 인간의 이 두 본성을 향해 도전하면서 '최초로 대마초와 동성혼이 합법화된 도시'라는 전 지구적인 브랜드를 갖게 되었다. 현실의 암스테르담은 내가 경험해온 어떤 도시들보다 더 쾌적하고 몸과 마음이 건강한 곳이었다.

바이크 정비

이제 집으로 돌아가기 위한 준비를 해야 할 때가 왔다. 가장 중요한 것은 바이크에 문제가 생기지 않도록 미리 정비하는 일이었다. 내가 간 정비소 모터포르트Moto Port는 2014년에 바이크의 핸들베어링을 교체하는 큰 수술을 했던 곳이다. 1,000평 정도 되는 매장에 바이크와 관련한 제품들을 파는 상점도 있는 대규모 복합공간이다.

　나는 네덜란드인을 높게 신뢰하는 편이다. 2019년에는 나의 모터 바이크에 설치되어 있던 중국산 체인이 현재 상태가 매우 안 좋으니 교체하자는 그들의 말에 두말없이 동의했다. 1만 4,000km를 달려준 체인은 2017년 세 번째 시베리아 횡단 때 이르쿠츠크에서 교체했던 것이다. 기본 정비를 마치고 체인과 기어가 오기를 기다렸다. 비가 내리지 않는 쪽으로 이동해야 하니 되도록 오늘 중으로 가능하게 해달라고 부탁했다. 그리고 천천히 매장을 둘러봤다.

　2014년 이 매장의 주인은 나와 헤어진 후 몇 년 전에 큰일을 겪었다. 이 부근에 있던 그의 큰 바이크 매장이 불이 나 전소된 것이

●
모터포르트 로테르담. 육로로 되돌아가기 위해 점검을 받고 있다. 5년 만에 다시 만난 정비사가 무척 반긴다.

다. 나는 한국에서도 페이스북을 통해 그 사실을 알고 있었는데 다시 찾으니 옛 매장 근처에서 다시 큰 규모로 문을 열어서 다행이다 싶었다.

8일 이상 비가 내린다고 하는데 베를린까지 700km 이상을 벗어나야 이틀 정도 햇볕을 볼 수 있다. 어느 쪽을 통해 네덜란드를 빠져나가야 하나 생각이 깊어졌다.

끝까지 가는 힘은 많은 정보가 아니다

유라시아 대륙횡단을 하는 데 날씨 정보는 매우 중요하다. 2014년과 2017년의 여정에서 나는 야후 날씨 어플에 의존해왔다. 2019년의 대륙횡단에서는 러시아 어플 얀덱스를 사용하고 있다. 얀덱스에서 제공하는 날씨 어플의 특징은 자신이 있는 지역에 대한 기상을 실시간으로 알 수 있다. 결론적으로 두 개의 어플을 통해 실시간, 하루, 일주일에 대한 기상 정보를 손 안에 쥐게 되었다.

하지만 삶에 절대적인 것은 없다. 정보가 많다고 꼭 효율적인 것은 아니다. 완벽에 가까워진 정보로 인해 하루의 이동거리가 오히려 줄었다. 꼭 필요한 것 외에는 아날로그 방식을 선택했던 2014년의 대륙횡단이 가장 먼 거리를 이동하는 여정이 되었다. 아는 만큼 익숙해지기도 하지만 조심스러워지기도 한다. 실시간으로 알 수 있는 기상도를 손에 쥐면 오히려 정보에 붙잡혀 오도 가도 못하게 되는 경우가 많았다.

어플에 내가 이동해야 할 지역에 거대한 비구름대가 형성되기 시작하면, 2시간 혹은 4시간 거리의 다음 지역으로 이동하지 않게 된다. 2시간 비를 맞으며 달리고 하루를 버리고 싶지 않기 때문이다. 이렇게 날씨를 자세히 알게 되면 움직임이 조심스러워져 결과적으로 이야기가 풍요로워질 수 없다.

야후 어플 하나로 접할 수 있는 정보는 대략적인 하루 날씨였다. 그 모호함은 다음 구간의 날씨 정보에 대해 절실하게 만든다. 다음 구간의 날씨 상황을 알 수 없다는 것은 그만큼의 두려움이다. 하지만 정보가 부족해도 본능을 거스르는 두려움을 이기고 도전하는 만큼 낯선 길은 많은 이야기로 채워질 것이다.

나는 철저한 준비가 없으면 한 발자국도 앞으로 나가지 않았지만 2019년의 여정을 마친 후엔 준비보다 더 중요한 것이 있었다. 경험과 철저한 준비보다 더 중요한 것은, 3% 정도밖에 준비가 안 됐지만 그 가치를 보고 미지의 세계에 뛰어들었던 절실한 그 처음 마음을 잊지 않는 것이다. 대륙에 대한 정보는 부족해도 된다. 외국어를 잘하지 못해도 된다. 정비능력이 없어도 된다. 가장 중요한 것은 절실함이다.

스마트폰에 있는 많은 정보가 길을 떠나게 할 수는 있어도 끝까지 가게 하는 진짜 힘은 아니다. 현재 누구나 유라시아 대륙을 횡단

모스크바의 불야성. 2014년부터 서방으로부터 경제제재를 받고 있는 러시아. 모스크바는 개의치 않는다. 모든 것이 자원의 힘이다.

이 내리기 시작한다. 이런 시기에 바이크를 타고 건너는 건 준비가 안 되어 있어서 위험하고 목표도 아니기 때문에 열차에 싣고 돌아가는 것이다. 육로로 돌아오면 블라디보스토크에서 배에 싣고 들어와 우리 땅에서 바로 바이크를 탈 수 있는 장점이 있다. 그 과정을 수월하게 할 수 있도록 내 경험을 살려 세팅된 플랫폼을 준비하고 있다.

집으로 돌아가는 길은 디지털 어플들을 적극적으로 활용한다. 한국으로 돌아오는 데 주어진 시간 1개월은 결코 넉넉한 시간이 아니기 때문이다. 화물 열차는 매일 출발하지 않고 적재할 화물이 모두 모아질 때까지 기다린다. 그리고 운반하는 데만 10일 안팎이 걸린다. 그러기 전에 먼저 바이크를 포장해줄 사람을 찾아 포장을 해야 하는데 그 시간이 상당히 소요될 수 있다. 블라디보스토크에 도착해서 바이크를 찾아 한국행 배에 실어서 러시아 땅을 떠날 때까지 다시 시간이 걸린다. 타이밍이 어긋나면 보통 1, 2주는 금방 가고 자

첫 잘못하면 불법체류자가 될 수 있기 때문에 마음이 조급해진다.

모터바이크를 들어 올리거나 내리기 위해서는 나무포장을 해야 하는데 그런 작업을 개인이 하기는 어렵다. 2019년 시베리아 횡단 열차에 모터바이크를 싣는 작업은 친구 니키타가 함께 해주었다. 토요일을 쉬지도 못하고 나에게 시간을 내준 니키타는 철학자 임마누엘 칸트의 고향이기도 한 칼리닌그라드 사람으로 모터바이크를 좋아하는 바이커다.

야로슬라블역 화물담당자를 만나 대략적인 절차와 비용 등에 대해 알아보았다. 그때까지도 물류업이 체계적으로 정착되어 있지 않아 사업권을 딴 물류업체에 따라 화물을 취급하는 장소가 달라졌다. 니키타도 모터바이크를 열차에 싣는 과정이 낯설어 약간 난감한 표정을 짓더니 일요일인 다음 날 모터바이크를 사랑하는 그의 외삼촌을 만나러

1,400만 명이 사는 도심의 한복판에 이렇게 넓은 빈 공간이 있다. 빈 공간은 사색 혹은 여유를 의미한다. 모토바이크를 숙소에 세워두고 붉은 광장으로 나왔다.

가자고 제안했다.

러시아에서 '모든 바이커는 형제다'라는 구호가 모터바이크를 타는 니키타의 외삼촌에게도 적용되고 있었다. 나를 초대해서 바이커들과 만나 함께 시간을 보내고 싶다는 삼촌의 마음을 니키타가 재차 내게 전달했다.

나는 좋다고 말했지만 내 모든 신경은 모터바이크를 화물열차에 싣는 일에 쏠려 있었다. 몸과 마음이 지쳐 있어서 오직 집으로 가까워지고 싶다는 절실한 생각만 남아 있었다. 하루를 그렇게 함께 보내고 잠자리에 들었는데 모터바이크를 화물열차에 싣는 과정을 머릿속에 그려보지만 아무리 해도 혼자 힘으론 벅차겠다는 생각이 늦은 밤까지 마음을 무겁게 했다. 그때 문자메시지 하나가 들어왔다. 주소가 하나 있고 그곳을 찾아가 보라는 내용이었다. 거기서 물류업 종사자 일두스를 만났다.

●
물류업자 일두스. 뒤로 러시아
우체국 화물차량이 서 있다.

눈을 떼지 않겠다

2014년, 시베리아 횡단열차를 통해 귀환할 때는 모터바이크를 타고 역 화물창고에 도착 후 관계자에게 바이크를 넘겼다. 포장과정에서 바이크가 손상되지 않도록 잘 해달라는 의미로 적지 않은 금액을 현장 작업자에게 예의를 갖추어 따로 지불했다. 6박 7일 이상, 대륙횡단을 함께하면서 가장 오랜 시간 떨어져 있어야 하는 내 바이크에 대한 애정 표현이었다.

많은 사람들이 뇌물 없는 러시아는 생각할 수 없다고 말하지만, 뇌물을 받는 사람은 러시아에는 결코 뇌물이 존재하지 않는다고 말한다. 다만 친구가 준 선물을 받았을 뿐이라고 말한다. 그런데 어이없었던 일은 내가 포장을 잘해달라고 부탁하며 건넨 돈을 받은 사람이 정작 직접 포장을 하지 않는 중간관리자였다는 점이다.

결국 다른 사람 손에 내 모터바이크는 야로슬라블역에서 카잔역과 연결되어 있는 모스크바 우체국 화물창고의 또다른 공간으로 다시 옮겨졌고, 이곳에서 또 다른 사람 손으로 나무포장 작업이 이루어진 것이다. 현장에서 이런 작업을 하는 사람들은 지방에서 모스크바로 온 사람이거나 구 소련시절 연방의 일원이었던 국가에서 온 사람들이 대부분이다. 내 바이크를 잘 포장해달라고 준비한 적지 않은 돈은 이 사람들이 받았어야 했는데, 뭔가 모를 억울함과 안타까움이 교차했다.

하슨. 타지키스탄 출신이다. 구 소련의 일원이었던 중앙아시아 사람들에게 모스크바는 러시안 드림이 있는 곳이다. 그들 꿈의 현실은 3D업종이다. 하슨은 카 잔역과 결합되어 있는 우체국 화물창고에서 무거운 짐을 나 르는 잡일을 하고 있다.

    2019년은 달랐다. 모터바이크의 포장부터 화물열차에 싣는 과정 까지 자료화하기 위해 전 과정에 참여했다. 모터바이크의 나무포장 작업은 모스크바 우체국 화물창고 쓰레기장 같은 곳에서 이루어졌 다. 타지키스탄에서 더 나은 벌이를 위해 러시아에 들어온 하슨은 우체국 화물창고에서 더 이상 쓸모없어진 물건들을 분해하고 분리 하는 작업을 한다. 여기서 분해되는 목재들이 모터바이크를 포장하 는 데 다시 쓰인다.

    작업환경은 매우 열악했다. 톱, 망치, 못, 이 세 가지를 가지고 한 사람이 힘겹게 작업했다. 그만큼 화물열차에 실릴 때까지 거칠게 다루어질 수 있다는 느낌도 받았다. 실제 하슨이 커다란 망치를 들고 투박한 손으로 대충대충 하는 듯한 작업을 지켜보면서 아슬아슬해 보일 때가 한두 번이 아니었다. 그래도 결국 어찌어찌 포장은 되겠지만 그냥 그에게 맡겨두고 마음을 놓아버릴 수는 없었다. 만약 못을 박기 위해 내리치는 큰 망치 한 방이 빗나간다면 모터바이크는 심각한 상처를 입게 된다.

'러시아에서는 안 되는 일도 없고 되는 일도 없다'라는 말이 있지만, 내 경우는 안 되는 일은 없었다. 혼자서 모터바이크를 포장하는 일은 쉽지 않고 이러한 환경에서 일을 하는 타지키스탄인에게 주어지는 비용은 매우 적을 것이다. 나는 이 노동자에게 바이크 포장을 좀 더 조심스럽게 해줄 것을 부탁하며, 본래 약속한 포장비 외에도 돈을 조금 더 주었다.

내가 가장 힘들었던 시절에 만난 이 7년 된 중고 바이크는 5년 동안 세 번의 대륙횡단을 잘 견뎌주었다. 칸스크에서 누군가에 의해 모터바이크가 크게 넘어졌을 때 나는 차마 바이크를 바라보지도 못했다. 마음이 아려 다가가지도 만지지도 못했다. 모터바이크를 일으켜 세우고 다시 시동을 걸고 한참을 달리면서도 마음이 너무 아팠다. 사랑하는 사람과 이별 후 찾아왔던 깊은 우울감과 같았다. 대륙횡단이 이루어졌던 140일 동안 매일 나와 호흡을 함께한 바이크를 거칠게 다루는 것을 그냥 지켜볼 수는 없었다. 나는 바이크가 무사

야로슬라블역. 카잔역과 레닌그라드역과 인접해 있다. 역 입구에 건축가 표도르 셰크텔(Fyodor Shekhtel)의 두상 조각품이 세워져 있다. 블라디보스토크역과 비슷한 외관을 가지고 있다.

모스크바에서 멀어질수록 대도시에서 떨어질수록 1890년대의 풍경과 가까워지는
듯하다.

9월 17일 밤 11시 41분 페름역 도착
(모스크바 시간 밤 21시 41분)

시차가 벌써 두 시간 차이로 벌어졌다. 우랄산맥 중앙부를 통과해 예카테린부르크 방향으로 간다.

열차 안에 러시아식 온수기 사모바르Самовар에서 혀가 델 정도의 뜨거운 물이 나온다. 컵라면 냄새로 밀폐된 공간을 오염시키는 것은 민폐라고 생각한다. 사모바르의 용도는 기차 안의 승객들이 따뜻한 차를 마실 수 있도록 만들어졌다. 특별히 냄새가 나는 음식을 먹고 싶다면 독립된 차량에 있는 레스토랑을 이용하면 된다.

페름은 우랄산맥이 시작되는 곳이다.

시베리아는 저지대 습지의 환경이다. 어떤 이유로 흘러들어온 물이 빠져나가지 않게 되면 그 자리에 있던 나무들은 죽는다. 그만큼의 습지가 만들어진다.

9월 20일 오후 1시 크라스노야르스크역 도착

　크라스노야르스크는 시베리아의 중앙에 있는 인구 100만 명의 도시이다. 이 도시에서 함께 사진 작업을 한 작가 보그단 바실리에게 연락하기 위해 SNS를 열었다. 이르쿠츠크의 레나 소식이 먼저 보였다. 다차에 러시아식 사우나와 샤슬릭을 구울 수 있는 야외공간이 완성되었다고 한다. 바실리에게서도 안부 답변이 바로 왔다. 이런 도시들이 1,000km 단위로 역참의 역할을 한다. 대도시를 출발한 후 한 시간 정도 인터넷 연결이 가능하다.

크라스노야르스크역

9월 21일 오전 7시 40분 이르쿠츠크역 도착

  역 밖으로 나갔다 왔다. 맑고 차가운 공기를 크게 들이마시며 잠시 밝게 퍼지는 아침 햇살을 즐겼다. 지구의 배꼽 바이칼호수로 오고 가려는 국내외 관광객들로 붐비고 있다. 유배된 12월당 데카브리스트에 의해 꽃피운 문화는 이 도시를 '시베리아의 파리'라는 닉네임을 갖게 했다. 지난 여름, 역 부근의 숙소와 시내 사이를 부지런히 오고 가던 내 모습이 보이는 것 같다. 블라디보스토크까지 4,000km가 남았다. 한국과의 시차는 한 시간으로 좁혀졌다.

열차 안에서 바이칼호수를 바라보는 사람들. 시베리아 횡단열차를 타기 위해 독일에서 왔다.

9월 21일 오후 8시 53분 힐록역 도착

열차 맨 앞칸 기관사실 앞 유리를 닦기 위해 열차에 오르는 남자가 있었다. 무엇을 하려는지 나는 금방 알아봤다. 수많은 벌레들이 달리는 차량으로 날아들면서 폭탄처럼 자신의 몸을 터트리고 산화한다. 헬멧 쉴드에 붙은 수많은 벌레 흔적을 지우기 위해서 나도 달리는 모터바이크 위에서 의무처럼 했던 일이다. 처음에는 바이크를

●
기차 안에서 6박 7일이라는 시간을 감당하는 방법. 바느질을 하거나 책을 읽는다. 시베리아 횡단열차 안에서 보드카로 우정을 나누는 사람들은 거의 사라져간다.

세우고 닦았는데 나중엔 머리를 쓰
게 됐다. 왼손에 휴지나 젖은 헝겊을
집어 들고 달리다가 바이크 위에서
바로바로 닦으면서 달린다. 기관사는
열차의 창을 오염시키는 벌레들의
사체를 보면서도 역에 도착할 때까
지 손을 댈 수 없다.

9월 22일 오전 1시 14분 치타역 도착

가까이 앉았던 나타샤와 제냐 부부가 내린다. 모스크바에서 부모
님을 만나고 돌아오는 길이라는데 부부가 들기에 너무 무거운 선물
을 받은 것 같다. 역 곳곳이 공사 중이어서 먼 길까지 배웅해주고
왔다. 어둑한 플랫폼에서 승객이 모두 탔는지 점검하는 승무원의 뒷
모습이 어딘가 익숙하다.

저녁식사를 처음으로 아래층에서 했다. 곰팡이가 난 빵 세 봉지를
버렸다. 이유가 어떻든 햄버거용 빵만 곰팡이로부터 살아남아 있다.
살코기로만 만들어진 햄 봉투 안에도 물기가 조금 고여 있다. 짭짤
한 맛이어서 며칠 더 버틸 수 있을거라는 생각이 들어 개봉했다. 함
께 먹을 양파도 한 개 꺼냈다. 홍차 티백 대신 열매 효소 음료인 스

치타역에서 내리는 제냐와 나타샤 부부. 치타는 자바이칼 지방의 주도이다. 자바이칼이라는 말은 모스크바를 기준으로 바이칼호수의 뒤편에 인접해 있다는 의미이다.

모로쥐나smородина를 마시기로 했다. 빵에 무척 잘 어울리는 살코기 햄과 고기와 잘 어울리는 달콤한 적색 양파를 아주 맛있게 먹었다.

대륙횡단을 위해 내가 사용하고 있는 모터바이크의 무게는 178kg이다. 모터바이크가 넘어졌을 때 나 혼자 일으켜 세울 수 있는 무게이다. 2019년은 무게를 줄인 짐까지 합해서 200kg쯤 됐다. 대륙횡단 때는 활동량이 많아서 근육의 힘이 어느 정도 필요하기 때문에 식사량도 늘어나게 된다. 하지만 열차 탑승 후부터 식사량을 줄이면서 늘려놓은 위장을 계속해서 줄여간다. 곧 아무르주가 시작된다.

9월 23일 오후 5시 10분 비로비잔역 도착

유대인 자치주의 주도이다. 이곳부터 모스크바와 7시간의 시차를

여행과 탐험을
권하는 사회

그들은 왜 자녀를 해외로 보낼까

우리는 선거가 다가오거나 인사청문회 같은 것을 통해서 고위 공직자나 사회지도층, 부유층의 삶이 드러날 때, 지도층이나 부유층의 자녀들이 대체로 유학 중이거나 해외에서 일정 기간 체류한다는 것을 알 수 있다. 이렇게 경제력이 있는 부유한 이들이 외국으로 자녀를 보내는 일은 다른 나라에서도 볼 수 있다. 과거 러시아 황실도 그랬다.

러시아의 근대화와 부흥기를 가져왔다고 평가받는 표트르 1세는 부강한 나라를 꿈꾸며 네덜란드에서 유학했다. 당시 유럽의 해양 강국이었던 네덜란드의 조선술과 해양술을 배우기 위해서 자신의 신분을 숨기고 비밀리에 작은 도시 자안담에서 공부했다. 그 이후 러시아 황실의 황태자 교육에는 '여행'이 의무화 되었다.

1890년 10월 23일. 훗날 러시아의 황제가 되는 니콜라이 2세 황태자는 22세의 나이로 세계여행을 시작한다. 그의 여정은 유럽에서 인도양을 건너 아시아로 향했다. 일본을 거쳐 1891년 5월 11일 블라디보스토크에 도착했다. 5월 19일 그는 시베리아 횡단철도 공사 개통식에 참가한 후 시베리아를 횡단해서 상트페테르부르크로 돌아갔다. 이후 황태자는 차르에 올라 《동쪽으로의 여행》이란 책을 펴냈다.

니콜라이 2세 황태자. 세계여행 중 블라디보스토크 도착.
시베리아 횡단철도 개통식 참가. 건설 중인 철도 트랙 안에 첫 삽을 떠 흙을 부어 넣음. 또한 블라디보스토크역의 기초에 첫 번째 돌을 놓음.

17세기 중반에 영국의 상류층은 자기 자녀들을 유럽 본토로 보내 견문을 넓히도록 했다. 이것을 '그랜드 투어grand tour'라고 했는데 짧게는 2, 3년, 길게는 10년까지도 여행했다고 한다. 여행지는 모두 동일하지 않았지만 문화 선진국이었던 나라의 도시를 여행하게 했기 때문에 프랑스 파리나 이탈리아 로마를 선호하는 분위기였다.

경제적으로는 부강했지만 변방에 위치해 문화적으로 뒤떨어졌다고 생각한 영국 귀족층들의 선택은 주효했다. 흥청망청 그 나라 사교계에서 노는 데만 정신이 팔린 사람들도 많았지만 본국으로 돌아가 선진문화를 전파하며 사회적 성공을 누렸다. 놀면서도 보는 것이 있고 경험한 것이 있었으며, 자기도 모르게 깨우치고 성장했던 것이다.

17세기나 21세기나 자녀를 해외로 보내는 사람들은 경계 밖으로 나가서 견문을 넓힐 때의 힘을 알고 있다. 더 직접적으로 말하면 그 견문이 사회나 국가를 지도하는 힘이 되어, 결과적으로 자신들이 가진 것을 지켜주고 그들을 더 강하게 만든다는 것을 알고 있다.

우리 집에서 자고 갈래?

나는 유리시아를 횡단하면서, '이것은 서구 유럽인들이 가진 개방성의 최고 순간'이라고 생각하는 때가 있다. 그건 처음 만난 나에게 자기 집을 내어주는 사람들을 만났을 때다. 러시아의 바이커들이 바이크클럽에서 나를 묵어갈 수 있도록 배려하는 것과는 다른 문제다. 억수 같은 비를 맞으며 러시아 국경을 넘어 라트비아 레제크네에 도착해서, 밤 9시 넘어 숙소의 위치를 찾으며 주소를 내미는 내게 자기 집에서 자라고 나를 이끌었던 젊은 부부를 잊지 못한다.

그리고 최종 종착지인 로테르담을 갔다가 모스크바 쪽으로 다시 돌아올 때도 이런 일이 있었다. 베를린을 100km 정도 앞둔 독일의 지방도로에 있는 작은 마을에서 있었던 일이다. 마을 끝까지 들어갔으나 상가는 모두 문을 닫았고 날은 저물고 있었다. 숙소를 찾던 내게 모두 문을 닫았다고 대답해주던 노부부가 바이크 머리를 돌리는 내게 말했다.

"아침식사는 줄 수 없지만 커피는 줄 수 있다. 괜찮으면 우리 집에서 자고 갈래?"

언어도 잘 안 통하는 내게 맥주를 한잔 건네주며 2층 손녀 방을 내주고, 샤워할 수 있는 곳까지 친절하게 알려주고 아래층으로 그분들은 돌아갔다.

갑작스러운 이런 제안을 받으면 나로선 정말 고맙지만 사실 매번 속으로는 놀란다. 어떻게 이 사람들은 이럴 수 있지? 무슨 자신감으로 처음 본 나의 말을 신뢰하고 이렇게 낯선 사람을 집에 들일 수 있는 것일까? 우리에게서는 좀체 없는 모습이기 때문이다. 우리에게 이런 모습이 없는 건 어쩌면 더 자연스러운 일일지 모른다. 숙박업을 하는 사람도 아닌데, 오늘 본 모르는 낯선 사람에게 이렇게 말하기는 누구라도 쉽지 않다.

그래서 내가 운이 좋았다고도 생각한다. 우리나라보다 훨씬 여행자나 타인에게 열려 있는 사람들이 확률적으로 많은 곳이긴 하지만, 나를 해칠 의도 없이 도움을 주려는 사람들을 정말 필요할 때 만났다는 것은 운이 좋았던 일이다.

그리고 그들의 처음 질문은 놀라울 정도로 비슷하다. 당신은 어디에서 왔는가? 어디를 가는가? 왜 그곳을 가는가? 어떤 경로로 여기까지 왔는가? 당신은 무엇을 보았는가? 이런 질문에 대한 내 답변을 들은 사람들은 놀라워하며 더 큰 호감을 표시한다. 흙먼지와 비바람을 맞고 후줄근해진 모습, 햇볕에 까매진 얼굴, 어떨 때는 거의 노숙자와 같은 모습이 그들 눈엔 진짜 여행자로 인증되며 신뢰감이 생기는 모양이다. 그리고 내 이야기에 '그래. 그게 인생이지!' 이런 느낌으로 받아들이는 듯한 눈빛을 보며, 그들이 길을 떠나서 여행하는 사람에 대해, 혹은 여행에 대해 얼마나 호의적인지 알 수 있다.

서구 유럽인들의 사고에는 '이동'과 '섞임'은 자연스러운 인간의 삶이라는 기본 인식이 있는 것 같다. '영국에서 태어나 이탈리아에서 자란 내 어머니가 독일로 건너와 독일 남자인 우리 아버지와 만나서 나를 낳았다' 류의 탄생 스토리는 이들에게는 너무나 흔하다. 수많은 민족과 인종의 이동과 섞임으로 역사를 만들어온 사람들답게 이들은 사람은 원래 그렇게 사는 것인 줄 안다. 아마도 영국에서 시작된 그 어머니의 여정이 그들에겐 하나의 여행이자 동시에 일상인 것처럼.

목적이 없어도 좋은 8,500km

2014년 블라디보스토크 호스텔에서 알게 된 젊은 러시아 여성 '안나'가 생각난다. 러시아 우랄지역의 첼랴빈스크 남쪽에 있는 전주시 정도 크기의 마그니토고르스크 출신이다. 그녀는 우선 자기 나라 땅부터 돌아보겠다고 히치하이크로만 고향 마그니토고로스트에서 8,500km를 이동해서 홀로 블라디보스토크까지 왔다.

러시아 사람들에게 큰 자랑거리 중 하나가 "나 히치하이크로 1만 km 갔다 왔다"라고 한다. 러시아가 히치하이크로 여행하려는 사람들을 되도록 태워주는 문화인 것은 알고 있었지만, 8,500km나 되는 엄청난 여정을 통해 그대로 증명하고 있는 건 놀랍다.

안나는 이 여행을 통해 무엇을 해야겠다는 생각을 한 건 아니라고 했다. 목표는 없고 목적지만 그때그때 생긴다고 했다. 그냥 넓은 세계를 주유하고 싶었다고 한다. 러시아 사람들은 대자연을 가까이 둔 환경에 살다 보니 자연주의자가 많은데, 특히 지식인 중에 자연주의자들이 많다. 이들이 어울려 사는 공동체에서 지낸 것이 기억에 남았는지 내게 이야기해주었다.

안나는 무릎을 꿇고 호스텔 바닥을 걸레로 닦고 있었다. 알고 보니 호스텔 청소로 자기 방값을 아끼는 중이었다. 나는 러시아에서 많은 사람의 도움을 받았기 때문에 이 젊은이에게 뭐라도 해주고 싶은 마음이 들었는데, 마침 낡은 신발이 눈에 띄어서 한 켤레 사주었다. 그리고 구둣방에 그 신발을 가지고 가서 터진 부분을 좀 꿰매 달라고 했다. 그녀에게 '이 신발은 8,500km의 여정을 함께한 너의 역사다'라고 말해주었다. 그는 지금 블라디보스토크에서 몽골을 거쳐 동남아시아로 가서 그곳 어린이집에서 일하고 있다.

젊을 땐 누구나 가난하다. 그리고 젊은이의 여행은 목적이 없어도 된다. 다양한 사람을 만나고 선택의 범위와 활동의 범위를 늘려가는 일에 어려움이 없을 수 없지만, 젊은이들이 지구를 캠퍼스 삼아 보고 듣고 느끼는 것이 많아진다면 각자의 자리로 돌아갔을 때 그게 내공이 되고 실력이 될 것이다.

우리 사회가 살면서 가장 중요한 것이라고 생각하는 것이 점점 돈이라고 착각하는 경우가 많다. 돈이 없으면 힘도 없다고 생각하지만 사실 우리가 돈을 버는 이유는 시간을 사기 위해서다. 외식을 하거나 배달 음식을 주문해 먹는 것은 타인이 요리해주는 시간을 사는 것이다. 내가 요리하고 싶지 않아서, 혹은 바빠서 러시아 전역을 활기차게 만들어갈 것이다. 그런데도 우리는 러시아를 가로지르는 아시안 하이웨이 6호선의 출발점을 알리는 초라한 표지판마저 뽑혀서 사라졌다. 부산에서 출발해서 시베리아를 거쳐 암스테르담으로 가는 길에 대한 자료는 아무것도 없다.

러시아는 중국과는 오래된 국경 분쟁이 현재진행형이다. 일본과는 역사적으로 러일전쟁 패배감에 따른 굴욕과 쿠릴열도에 대한 반감이 들어 있다. 한국에 러브콜을 보낸다. 2014년부터 한·러 양국의 무비자 협정이 발효된 이후, 시장의 상황은 대륙으로 나가는 데 아무런 문제가 없다. 또한 디지털 기반의 세계화 시대에는 이미 통일이 됐다고 본다. 우리 위에는 북한이 있지만 이미 한국인들은 러시아 시베리아 땅을 가는 데 북한이 장애라고 생각하는 것 같지 않다. 시장의 상황에선 통일이 됐다는 전제 아래 우리 개개인이 유라시아 시대의 주역이 될 수도 있다.

정부의 역할은 시장이 활성화될 수 있도록 길을 펼쳐 보여주고 지원하는 역할을 해주면 된다. 정부나 기관, 정치인이 유라시아 대륙으로 나아가는 주역인 것처럼 나서서 주변 강대국의 화살을 자초할 필요는 없다. 개인을 비롯한 민간이 나아갈 수 있도록 돕는 것이 최선이다.

한국인들은 세계 방방곡곡 가지 않는 곳이 드물다. 차마고도, 아이슬란드, 남극까지 지구 이 끝에서 저 끝까지 북방 민족 유전자의 본능이 살아 있다. 지리적 환경 탓에 대한민국이 '남한'이라는 섬 같은 곳에서 갇혀 지낸 세월이 길었을 뿐이다. 3천만 여행자 시대를 맞고 있는데 시베리아를 건너 유럽으로 가는 길은 여전히 낯설어서 가지 않는 곳으로 남아 있다. 우리는 자원의 보고인 시베리아를 품은 인구 45억 이상이 있는 유라시아 대륙과 국경을 맞대고 있는데 하나의 철도가 아니라 수많은 길에서 가능성을 제시하는 비전이 필요하다.

탐험가는 어떻게 먹고살아요?

나는 국내에서 어린이와 청소년 들을 만날 수 있는 자리에 초대된 적이 있었다. 그런데 그 자리에서 이런 질문을 받아서 당황한 적이 있다.

"탐험가는 어떻게 먹고살아요?"

좀 가슴이 아팠다. 우리나라의 미래를 짊어질 어린이와 청소년 들의 현주소를 한 마디의 질문에서 적나라하게 보았다. 어디를 탐험하셨어요? 어디가 제일 좋으셨어요? 왜 그런 일을 하세요? 이런 질문이 아니라 10대 아이들부터 먹고사는 현실적인 문제에 발목이 잡혀 있었다. 이것은 꿈을 심어주지 못한 부모와 어른 들의 잘못이 너무나 크다. 학원 다니며 좋은 성적 받아야 좋은 대학 가고 그래야 좋은 직업 갖고 잘 살 수 있다는 단 하나의 논리를 주입시킨 결과다.

다양성이 경쟁력인 시대에 우리는 부모님에게 이런 소리를 듣고 자랐다. 기술을 배워라, 기술은 배신하지 않는다, 공무원이 되어라, 정년이 보장되는 안정된 직장이 최고다. 현재의 기성세대도 윗세대에게 늘 들어왔던 말들이기 때문에 거기서 크게 못 벗어나고 있는 것이 현실이다. "야, 그거 안 돼. 내가 해봤는데 안 돼. 해보나마나야." 이렇게 젊은이들의 기를 꺾으니 그렇지 않아도 경험이 부족하고 두려움이 많을 때인데 도전에 대한 엄두가 나지 않는다.

청년들의 꿈이 공무원이 된 탓을 기성세대는 무겁게 받아들여야 한다. 중국 청년들은 창업이 꿈인 사람이 많고, 북한 청년들도 과학자가 되려는 청년들이 많다는데, 우리 청년들처럼 먹고살 걱정에 불안해서 안정적인 직업을 갈구하며 성을 쌓는 일에 골몰한다면 이것으로 성장하는 대한민국을 기대하기는 점점 어려워진다.

이것의 선례를 보여주는 나라가 일본이다. 일본은 점점 자기들만의 성을 쌓아 스스로 가두는 나라가 되어가고 있다. 190개국을 사전 비자 없이 입국할 수 있는 세계 제1위 여권 파워를 가지고 있지만 국민의 23퍼센트 정도만 여권을 소지하고 있다(출처: 조선일보 2019년 12월 18일자 기사). 또 일본의 경제규모나 인구 수에 비해 일본 젊은이들이 해외로 유학하는 비율도 지난 20년간 큰 폭으로 줄어 해외 유학생을 늘리기 위한 일본 정부의 고민이 커지고 있다고 한다(출처: 닛케이 아시아 Nikkei Asia 2021년 8월 6일자 기사). 미국 유학의 경우 등록금 인상이 큰 이유라고는 하지만, 점점 일본 청년들이 해외로 나가는 것을 기피하는 성향이 커지는 것도 큰 이유라고 할 수 있다.

서구 유럽으로 달려가 많은 문물과 제도를 들여오고 배우고 발전시키며 부강해진 일본은 어디로 간 것일까. 아직도 팩시밀리가 없으면 기업이나 기관의 일처리가 안 될 정도이며, 선거를 앞두고 기표소에서 쓸 10만 자루의 연필을 깎는 공무원이 있고, 대부분의 민원서류를 직접 기관에 가서 발급받아야 하는 불편함을 감수하는 이런 삶이 일본에서 일어나고 있다는 것이 믿을 수 없지만 사실이다. 개방과 혁신과 변화에서 점점 멀어진 채 그들이 쌓는 성이 얼마나 오래도록 견고할지 궁금하다.

완벽하지 않아도 괜찮다

젊은이의 특권은 저지르는 것이다. 젊은 시절에 먼저 저지른 사람이 앞서 나아간다. 1996년 마을과 숲 사이 경계에 서 있는 나는 너무 초라했다. 사람과 어울리고 함께하는 것을 좋아하면서도 시골 사람들이 무서워 마을로 들어가지도 못하고, 자연을 그렇게 좋아해서 지리산에서 살다시피 했어도 시베리아 야생은 곰이나 호랑이 같은 맹수들과 만나게 될까봐 무서워 숲으로 들어가지도 못했다.

그러나 경계인에게 장점이 있다. 마을과 숲을 모두 잘 아는 사람이란 의미도 된다. 그래서 눈치가 있고 상황 파악이 빠르다. 한국인들은 열강들 사이에서 아슬아슬하게 외교를 하며 경계인으로 살아

온 역사가 길다. '눈치'로 대변되는 고도의 감각과 빠른 판단력이 더욱 단련될 수밖에 없었다. 거기다 정보 소통도 빠르고 변화에 기민하게 반응하며 혁신지수가 높은 나라일 정도로 불편한 걸 못 참는다. 이제 제법 많은 사회적 시스템을 갖춘 나라가 되었고, 매뉴얼에 매몰되지 않고 매뉴얼이 없는 문제를 해결하는 데도 탁월한 능력을 가지고 있다. 원조를 넘어서서 원조보다 더 훌륭하게 만들어내는 능력이 있다.

아쉬운 것은 형식과 스펙에 신경을 많이 쓰며 완벽하려다 보니 실패에 대한 두려움도 커져 시작하기를 주저하는 경우가 많다. 처음부터 완벽함을 추구하면 실행이 어려워진다. 여행계획서가 완벽하다고 그 여행이 좋은 여행이 되는 것은 아닌 것처럼, 여행은 계획대로 되지 않는 의외성 속에서 배움이 생기고 추억도 늘어난다. 실패에 대한 두려움을 느끼지 않도록, 어른들이 젊은이들에게 실패해도 괜찮다고 말해주고 실패해도 일어설 시간을 기다려주고 일어설 수 있도록 도와주는 사회적 분위기가 정말 필요하다.

메스너는 등정에 대한 철학을 이렇게 말했다. "산에 다가가는 것은 정복하기 위한 것이 아니고 우리의 가능성을 시험하고 자신을 탐험하며, 내면을 탐험하는 것"이라고 했다. 그리고 자신의 믿기지 않는 등정은 자기 안의 약함을 움직이고 태산을 움직여 해낼 수 있었다고 고백했다. 뭘 하겠다는 구체적인 목표는 아직 없지만 많은 것을 경험하고 싶어서 자전거 타고 유라시아를 건너온 독일 청년처럼 그냥 꾸준히 뭔가를 하는 것이 그것이리라.

그 사회의 건강한 미래는 청년들을 통해 예측할 수 있다. 한두 명의 스타가 아니라 각계각층에서 배우고 익히고 도전하고 경험하는 수많은 평범한 청년들이 그 사회의 진정한 힘을 만들어가는 것이 아닐까 한다. 평범한 한국인 청년들이 만들고 보여주는 건강하고 창의적이며 도전적인 모습이 대한민국의 국가 이미지가 되었으면 좋겠다.

도전하는 청년을 돕는 어른

롤렉스시계가 제정한 롤렉스 어워즈Rolex Awards는 전 세계의 유능한 인재들을 후원함으로써 기업의 자선활동이 지닌 한계점을 보완하도록 기획되었다. 이 상이 특별한 것은 진행 중인 프로젝트에도 시상한다는 점이다. 독창적이고 혁신적인 프로젝트이고 인류에게 필요한 도전과제이지만 재정을 지원받는 데 어려움을 겪고 있는 사람이나 팀에게 주어진다.

젊은이들에게 후원하는 문화가 우리 사회엔 정말 부족하다. 가치 있는 일에 도전하는 청년들에게 지나치게 까다롭지 않게 후원하고, 더불어 아무런 목적이 없고 성과가 없어도 독려해야 하는 것이 젊은이들의 여행이다.

나는 그런 일이 하고 싶다. 여행하고 도전하고 개척하고 탐험하는 청년들을 격려하고 그들이 돌아와서 이야기할 자리를 만들어주고 그들의 이야기에 귀 기울이는 사회로 만들어가는 데 징검다리가 되고 싶다. 가치 있는 목적을 가진 이에겐 후원도 하고 응원도 하며 함께 힘을 실어주는 사회가 되는 데 필요한 디딤돌이 되고 싶다.

유라시아 콤플렉스의 꿈

국토의 한계, 높은 인구 밀도, 성장이 멈춘 내수시장. 이것이 우리의 현실이라는 점을 생각하면 우리 미래의 대안은 경계 너머의 도전에 있다. 누구도 하지 않은 가치 있는 일에 도전하는 사람들, 길을 개척하는 사람들을 도와야 한다. 우리는 국민이 꿈을 가지고 경계 밖으로 나아가 분투하는 과정에서, 혼자 감당하기 힘든 길을 함께해줄 인프라가 있는 사회인가. 선배와 어른 들의 설교가 아닌 살아 있는 경험을 전달하고 통찰로 이끄는 교육을 하는 인프라가 되어 있어야 한다.

국경을 넘는다는 건 다름과의 만남이다. 여행자는 반드시 다름과 만난다. 우리 사회에서 하던 대로 좀 다르다는 이유로 몸을 돌리면 더 이상 여행을 할 수 없게 된다. 그 다름을 인정하고 받아들이는

첫 번째 러브레터를 뜯기 전에

　　이 책은 제가 띄운 러브레터입니다. 그것도 수십 번 쓰고 지우기를 반복해 편지지에 썼다면 틀림없이 구멍이 뚫렸을, 그런 편지 23통이 들어 있습니다.

　　"…그래서, 사실주의가 먼저예요, 낭만주의가 먼저예요?"
　　"인상주의와 신인상주의는 무엇이 다른가요?"
　　"클로드 모네와 빈센트 반 고흐는 많이 보고 들었는데, 도대체 왜 유명한 건가요?"

　　저는 10년째 미술에 관한 글을 쓰고 있고, 그동안 이와 비슷한 질문들을 계속해서 받아왔습니다. 미술사를 다룬 책이 유익하다는 걸 알지만, 막상 집어 들기에는 겁이 난다는 말과 예술가를 다룬 책들은 무척 흥미롭지만, 막상 읽어보면 전부 비슷하다는 말 또한 자주 들었습니다. 어떻게 하면 이런 사람들을 위한 글을 쓸 수 있을까? 이 책의 뼈대가 된 〈헤럴드경제〉의 연재물 '후암동 미술관'은 이런 고민에서 탄생했습니다. 'ㅇㅇ주의의 아버지'라 불릴 만한 화가들을 시간의 흐름대로 정리하면 각 사조의 특징과 이를 이끈 위대한 예술가의 삶 모두를 효과적으로 전달할 수 있지 않을까? 하는 생각이 그 출발이었습니다.

"그걸 어떻게 쓰려고 해? 쓰는 것도, 읽히는 것도 어렵지 않을까."

"러브레터 쓰듯 쓰려고 해요."

첫 기사의 첫 문장을 쓴 날, 회사 동료의 물음에 건넨 말이었습니다. 연인에게 쓰듯, 단어 하나 허투루 하지 않고 마지막 문장까지 꾹꾹 눌러쓰겠다는 각오였습니다.

"그렇게 해도 사람들이 읽지 않는다면?"

"그건 그때 가서 생각해 볼게요. 일단 써야지요. 모든 러브레터가 그렇듯."

이렇게 호기롭게 말했지만, 이제 와 고백하자면 처음 몇 주는 기사가 올라오기 전날 밤을 뜬눈으로 지새웠습니다. 혹시나 뜻이 잘못 전달되지는 않을까 조바심이 났습니다. 그렇게 많은 글을 읽고, 셀 수 없이 고쳐 썼음에도 마음 놓기가 어려웠습니다. 겨우 잠들면 카라바조의 작업실에 갇혀 있다거나, 잭슨 폴록이 양동이를 든 채 쫓아오는 악몽에 시달렸습니다.

특히 첫 기사를 올린 날이 아직도 생생합니다. 질끈 감은 눈을 뜨고 용기를 내 기사에 달린 댓글을 읽었습니다. "재미와 가치를 다 잡았다.", "관심도 없던 명화가 갑자기 알고 싶어진다."라는 과분한 반응을 확인했습니다. 제 러브레터 속 진심이 닿았다는 생각에 마음이 놓였습니다. "책의 한 구절을 읽는 듯했다."라는 댓글도 있었습니다. 이런 반응 덕에 출간을 비롯해 더 큰 꿈에 대한 자신감도 얻을 수 있었습니다.

어느덧 '후암동 미술관'은 누적 조회 수(네이버 뉴스 기준) 700만 회 이상의 탄탄한 연재물로 자리 잡았습니다. 하루짜리 파일럿에 머물 뻔도 했던 기획이 한 달, 반년, 나아가 1년 넘게 이어지고 있는 건 모두 독자분들 덕입니다. 이 연재물의 소중한 기사들이 책《사적이고 지적인 미술관》으로 재탄생하는 행운을 얻은 일 또한 오롯이 독자분들 덕입니다.

출간 덕분에 지금껏 쓴 글을 처음부터 다시 읽을 기회가 생겼습니다. 사랑에 너무 눈이 멀었던 탓인지, 그때는 미처 보이지 않았던 아쉬운 지점들을 덜어내고, 고쳐 쓰고, 새로 썼습니다. 작게는 조사 하나부터, 크게는 한 문단을 넘게 지우고는 처음부터 손보았습니다. 그렇게 마지막으로 손을 본 러브레터를 다시 부칩니다. 이번에도 누구보다 쉽게, 누구보다 흥미롭게 쓰겠다는 진심이 가닿기를 바랍니다.

- 입문 단계 : 에두아르 마네의 그림인가요? 깜짝 놀랄 만큼 파격적인 누드화네요.

- 애호 A 단계(해석 중심): 이 그림, 〈올랭피아〉네요. 마네는 이걸 그린 뒤에 그림이 야하다는 이유로 엄청난 비난을 받았어요. 당시 프랑스 파리에선 '올랭피아'란 단어가 몸을 파는 여인을 뜻했어요. 그림 속 여성은 벌거벗은 채 당당하게 사람들을 보고 있고, 머리 위 난초는 사치와 성욕, 고양이는 매춘을 의미해요. 마네가 대놓고 야한 그림을 그린 셈이지요.

- 애호 B 단계(인물 중심): 그림 속 여인의 이름은 빅토린 뫼랑이에요. 마네가 가장 좋아한 모델이었지요. 마네는 종종 낯선 여인에게 대뜸 모델을 부탁하곤 했는데, 거절당할 때는 늘 이렇게 말했다고 해요. "싫으면 관둬. 내게는 뫼랑이 있거든!"

- 마니아 단계: 이 그림은 단순한 누드화가 아니에요. 미술사의 흐름을 바꾼 작품으로 평가받지요. 마네는 신화와 역사 속 장면을 주로 담은 신고전주의·낭만주의 화풍이 인기일 때 이 그림을 그렸어요. 당시 여러 누드화 중 유독 이 그림만 야하다고 비난받은 이유가 바로 여기에 있어요. 그림의 주인공이 신도,

에두아르 마네, 올랭피아Olympia, 캔버스에 유채, 130×190cm, 1863, 오르세 미술관

요정도, 영웅도 아닌 동시대 평범한 여성이었기 때문에 충격이었죠. 이 그림은 인상주의 화풍의 도래를 부추겼어요. ▷평범한 사람과 일상의 풍경을 그린다. ▷예술가가 원하는 방식으로 그린다. 이 2가지 인상주의 정신을 세우는 데 마네가 큰 역할을 했지요.

아, 화가 마네와 모델 뫼랑의 사이가 끝까지 좋았던 건 아니에요. 사실 뫼랑은 모델이자 화가였는데, 마네가 그토록 싫어한

옛 화풍에 계속해서 관심을 가졌지요. 둘은 가치관의 차이를 극복하지 못했고, 그들의 사이는 차츰 소원해졌지요.

이 책의 목표는 모든 독자를 마니아 단계로 이끄는 것입니다. 이를 위해 유명한 그림에 대한 단편적인 해석, 이를 창조한 인기 있는 예술가의 파편적인 사연 소개에서 멈추지 않았습니다. 역사를 바꾼 가장 파격적인 그림에 관한 유기적인 해석, 시대를 뒤흔든 가장 혁신적인 예술가를 끈질기게 추적해 찾은 내용을 담았습니다. 이를 통해 미술사의 흐름과 각 사조의 아름다움이 손에 잡히게끔 만만하게 엮었습니다. 한 작품을 보고 한 시대를 조망할 수 있도록. 미술 공부에 첫걸음을 뗀 분에게는 '완전한 생애 첫 미술사 수업', 적당한 수준을 넘어 미술을 본격적으로 알고 싶어진 분들에게는 '제대로 된 생애 첫 미술사 수업'으로 이 책이 제 역할을 다하기를 바랍니다.

이 책은 대중 회화의 시작으로 여겨지는 르네상스 화풍부터 현대에 들어 개념화된 팝아트까지 총 23개의 미술 사조를 다뤘습니다. 각 사조의 '아버지'라 칭해지는 선구적 예술가 23명과 그들의 선구적 작품 23점을 함께 소개합니다. 목차는 역사 순으로 짜였습니다. 각 화풍의 흐름, 위대한 예술가의 등장 순서와 사조끼리 어떤 영향을 주고받았는지 등을 자연스럽게 알 수 있게끔 했습니다. 또한 스토리텔링 방식을 적극적으로 활용했습니다. 몰입도를 높이고, 진입장벽을 낮추기 위한 방안을 고심한 후 생각해 낸 장치입니다. 모든 이야기의 첫

르네상스 선구자:
조토 디 본도네

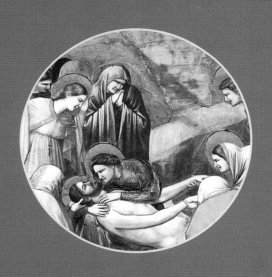

1

'인간처럼 우는 천사가 있네?'
인간의 눈을 가진 최초의 화가

Giotto di Bondone 1267~1337

1306년 이탈리아 북부 도시 파도바. 그 화가는 돈을 받고서 곧장 떠났다. 짧은 작별 인사가 끝이었다. 두 해가량에 걸친 긴 벽화 작업이었지만, 지친 기색은 없어 보였다.

나는 새로 짓는 예배당이 구색을 갖춰갈 1304년 무렵에 이 사내에게 작업을 의뢰했다. 그가 이 시대 최고의 화가이자, 그 명성이 영원히 이어질 만한 예술가라고 생각했기 때문이다. 그때의 내게는 위엄 있게 세워질 예배당에 불멸의 그림을 남길 천재가 필요했다. "우리 가족을 위한 예배당을 거의 다 지었소. 당신은 그 안에 벽화를 그려주시오. 다만…." 더는 불안감을 억누를 수 없어 목소리까지 떨리기 시작했다. 사내는 내 말을 잠자코 듣고 있었다. 나는 목을 가다듬은 후 다시 입을 열었다.

"다만… 마냥 잘 그린 것으로는 부족하오. 하늘이 탄복할 수 있

르네상스 선구자: 조토 디 본도네

는, 악마가 넋을 잃고 도망칠 수 있는 그런 벽화여야 하오. 나는….”

나는 정말 미칠 듯이 두렵소…. 차마 이 말은 내뱉지 못하고 삼켰다. 그러나 당시 공포에 휩싸인 내 마음까지 꿰뚫어 보는 듯한 그의 눈빛 앞에서 나는 벌거벗겨진 기분이었다.

내가 돈을 쏟아부어 예배당을 짓기로 마음먹은 이유는, 1303년 어느 밤에 꾼 꿈 때문이었다. 정신을 차려보니 지옥이었고, 새까만 하늘에서 불덩이가 쏟아져 내렸다. 꼬리가 긴 악마가 시시덕거리며 사람들을 뒤쫓았다. 도망쳐야 했지만, 이상하게 발이 무거웠다. 땅바닥을 보니 예전에 돌아가신 아버지가 내 바짓가랑이를 붙잡고 있었다. 아버지는 얼굴도, 몸도 너덜너덜해 차마 사람의 형상으로 보이지 않았다. 그 모습에 놀라 허우적거리며 잠에서 깨어나니 온몸은 식은땀으로 푹 젖어 있었다. 그날 이후로 어떤 일도 손에 잡히지 않았다.

아버지는 대부업으로 자산을 불렸고, 아버지가 죽은 후에는 내가 그 일을 물려받아 돈을 쓸어 담았다. 당연히 세상은 우리 집안을 좋게 보지 않았다. 땀 흘리지 않고 부자가 되는 건 성스러운 일이 아니라며 손가락질했다. 그쯤 ‘사악한 직업을 가진 가문’이라는 말도 들었지만 개의치 않았다. 그런 말을 들으면 보란 듯 더 호탕하게 웃었다. 부러워서 하는 말일 테니. 그런데 그 꿈을 꾸고부터 생각이 달라졌다. 환상이었지만, 불 화산이 요동치는 지옥에서 고통받는 아버지를 본 후부터는 더는 웃을 수 없었다. 나는 악몽 속에서 아버지의 현재와 더불어 내 미래까지 본 듯했다.

사적이고 지적인 미술관

아버지를 따라 지옥에 가야 할 운명…. 참회해야 했다. 괴성을 지르며 잠에서 깬 그 날, 세상에서 가장 아름다운 예배당을 신께 바치기로 결심했다. 신의 서릿발 같은 노여움도 누그러뜨릴 수 있는 눈물 서린 예배당을. 그렇게 2년의 세월이 흐른 1305년 초, 예배당이 거의 다 지어졌고 그 안을 채울 벽화 작업이 남은 상태였다. 그래서 이 화가를 부른 것이다. 그라면 신도 통곡할 수 있는 벽화를 그려내리라 믿었기에. 어차피 돈이라면 발에 채일 정도로 많았다. 얼마가 되든 괜찮았으므로 그가 하는 모든 요구를 들어줬다. 그 화가의 장난, 짜증, 독설도 다 견뎠다. 그에게 내 미래를 통째로 건 셈이었다.

1306년, 오늘은 그 사내가 작업을 끝내는 날이다. 내가 돈을 건네자 그는 아무 말 없이 물러났다. 나는 그의 멀어지는 뒷모습을 잠시 바라보다가 입구에서 두 손 모아 기도한 후, 예배당에 들어섰다. 내부를 마주한 순간, 나는 숨 쉬는 것도 잊은 채 멈춰서야 했다. 심장이 쿵쾅쿵쾅 뛰어 차마 앞으로 발을 딛지 못했다. 그 화가가 꾸민 공간은 성스러웠다. 이곳은 또 다른 우주였다. 다리에 힘이 풀려 비틀거리다 간신히 벽에 손을 댔다. 그 벽으로 고개를 돌리자 그곳엔 죽은 예수와 비탄하는 성모 마리아가 있었다. 울부짖는 천사도 있었다. "이건… 천재의 작품이다!" 내 얼굴에서 눈물이 뚝뚝 흘렀다. 그렇다. 얼음장과 같은 신도 이 그림 앞에서는 무너질 것이다. 통곡하며 감동할 것이다. 안도감과 벅차오름을 함께 느꼈다. 나는 그 벽화 앞에 무릎 꿇었고 오랫동안 일어나지 못했다.

신마저 인간처럼 눈물을 흘릴만한 그림을 남기고 떠난 화가, 그의 이름은 조토 디 본도네입니다. 조토가 남긴 벽화 〈애도(그리스도의 죽음을 슬퍼함)〉(그림 1)는 의뢰자뿐 아니라 동시대 수많은 이들에게 영감과 감동을 안겼습니다. 이 그림은 세계사에서 가장 중요한 시기 중 하나인 르네상스Renaissance를 여는 열쇠가 됩니다.

✦ **나라 잃은 듯 우는데, 천사라고?**

예수의 주검이 십자가에서 내려졌습니다. 사실상 벌거벗은 예수는 잠든 듯 평온합니다. 성모 마리아가 아들의 목을 감싸 안습니다. 오른쪽에서는 예수가 아낀 제자 요한이 팔을 벌리고 다가옵니다. 막달라 마리아가 어루만지고 있는 발에는 십자가에 못 박힌 흔적이 그대로 보입니다. 등을 돌린 채 앉은 두 사람 중 왼쪽 사람은 예수의 머리를 떠받들고 있습니다. 오른쪽 사람은 예수의 손을 쥐고 상처에 입을 맞추는 듯합니다. 오른편 구석에는 예수의 가르침을 따른 아리마대 요셉, 니고데모로 추정되는 두 사람이 서 있습니다. 예수를 둘러싼 모든 이가 저마다의 몸짓으로 슬픔을 표합니다. 옷매무새를 다듬을 틈도 없는 듯 옷에는 주름이 가득합니다. 날고 있는 아기 천사들도 괴로워합니다. 앙상한 나무, 메마른 바위에서 황량함이 느껴집니다. 산등성이 모양의 바위는 보는 이의 시선을 자연스럽게 예수로 향하게 만듭니다.

　조토가 그린 〈애도〉(그림 1)에서 본격적으로 르네상스의 기운을 느껴보겠습니다. 예수를 끌어안은 성모 마리아가 '인간'처럼 슬퍼합니다. 짙은 상실감에 젖어 이내 피눈물을 흘릴 듯합니다. 억지로 비통함을 참아내는 그 모습에서 모성애가 느껴집니다. 두초의 그림 속 철의 여인 같은 성모 마리아와 비교하면 아예 다른 사람 같지 않나요? 두 팔 벌린 요한도 온몸으로 애통해합니다. 주변 성인들도 슬픔을 감추지 않습니다. 아기 천사들도 고통에 몸부림치고 예수 주변을 마음대로 맴돌며 애처롭게 통곡합니다.

　조토는 이들이 있는 곳이 책 속이 아니라 '우리 세상'이란 점도 강조했습니다. 회화에 처음으로 배경다운 배경을 그렸습니다. 번쩍이는 금박 대신 어딘가에 있을 법한 곳을 가져다 놓았습니다. 바위와 나무에는 그림자를 넣었습니다. 완전하지는 않지만 나름의 원근감을 표현하려는 시도였습니다. 등 돌린 두 사람도 주목해야 할 지점입니다. 앞만 볼 수 있는 인간의 시선으로 그린 그림이기에 가능한 장면입니다. 모든 면을 볼 수 있는 신의 시선이었다면 이들 또한 앞을 봤겠지요. "얼굴도 안 나온다면 굳이 넣을 필요가 없다!"라며 그리지도 않았을 겁니다. 이 그림에는 공간이 가득 찰 만큼 엑스트라가 많습니다. 이 덕분에 보는 이는 그림을 통한 학습을 넘어 자신도 그림 속 일원이 된 양 빠져들 수 있었습니다. 이는 조토가 연극 무대를 보고 영감을 받은 것으로 보입니다.

"모든 그림은 신성한 항구로 가는 여정이다." ─ 조토

　　조토의 생에 관해선 모호한 점이 많습니다. 기록이 적기 때문입니다. 조토는 1266년 혹은 1267년 이탈리아 피렌체에서 $22km$쯤 떨어진 마을에서 태어났다고 알려졌습니다. 아버지는 농부였고, 조토는 양치기 소년이었다고 합니다.

　　그런 그가 화가가 된 데는 전설 같은 일화가 있습니다. 일대에서 가장 유명한 화가였던 치마부에*가 여행 중 우연히 조토를 봅니다. 때마침 그는 양 떼를 돌보다 말고 바위에 양의 윤곽을 그리는 등 딴 짓에 빠져 있었습니다. 치마부에가 넌지시 그 그림을 보았는데, 마치 바위에 새겨진 양이 살아 움직이는 듯했답니다. 치마부에는 감명을 받고 곧장 조토를 스카우트합니다. 그렇게 조토는 치마부에의 작업실에서 붓을 들기 시작했다는 설입니다. 이 밖에 피렌체의 한 양모 상인의 도제로 있던 조토가 치마부에의 작업실을 자주 기웃거리자 치마부에가 그림을 가르쳐줬다는 설도 있습니다.

　　조토의 천재성을 짐작할 수 있는 일화도 있습니다. 한번은 조토가 스승 치마부에를 상대로 장난을 칩니다. 치마부에가 자리를 비운

치마부에 Cimabue 이탈리아 화가(1240~1302). 비잔틴 예술의 전통을 이어받은 그림을 주로 그렸다. 그러면서도 작품의 현실감, 자연스러움을 살리기 위해 여러 시도를 했다. 13세기 이탈리아에서 가장 유명한 화가 중 한 명이었으나 그 명성은 곧 제자인 조토에 의해 가려진다.

틈에 스승이 그린 인물 코 위에 파리를 그린 겁니다. 돌아온 치마부에는 그게 진짜인 줄 알고 계속해서 손으로 내쫓으려고 했다는 이야기입니다. 어디까지가 사실인지는 알 수 없지만, 조토가 억세게 운이 좋았던 건 맞습니다. 어쩌다 만나게 된 스승이 치마부에라니요. 별생각 없이 나간 집 앞 권투장 관장이 알고 보니 마이크 타이슨급 선수였다는 식의 일이었습니다. 치마부에는 그 시절 가장 영향력이 큰 화가이면서, 제일 깨어있는 화가 중 한 명이었습니다. 치마부에의 〈십자가에 못 박힌 예수〉(그림 5)를 보겠습니다. 그림은 전체적으로 딱딱하고 화려하지만, 예수의 표정과 자세가 비교적 부드럽습니다. 치마부에 또한 그의 의도와 상관없이 비잔틴 화풍과 르네상스 화풍 사이 경계선까지 발을 디뎠습니다. 놔둬도 알아서 쌩쌩 내달리는 조토의 '부스터'가 되어준 겁니다.

조토는 치마부에와 함께 이탈리아 아시시Assisi에서 행한 작업으로 명성을 쌓기 시작합니다. 치마부에가 출장으로 자리를 비운 사이 마음껏 그림을 그렸는데, 그의 붓끝에서 생명체가 태어나는 듯했다고 합니다. 조토는 치마부에를 따라나선 로마에서 고대 유적과 조각품을 볼 기회도 얻을 수 있었습니다. 인간이 중심된 그 작품들을 보고 르네상스의 영감을 일깨울 수 있었을 겁니다.

조토는 1290년께 결혼한 후 딸 넷과 아들 넷을 둔 것으로 알려졌습니다. 조토의 인기는 스크로베니 예배당 작업 후부터 끝없이 치솟았다고 합니다. 단테가 저서 《신곡》에서 당시 조토의 인기를 놓고

사적이고 지적인 미술관

5. 치마부에, 십자가에 못 박힌 예수Crucifix, 템페라화, 448×390cm,
   1287~1288, 산타 크로체 성당

"조토에 의해 치마부에의 명성이 희미해졌다."라고 쓸 정도였습니다.
조토는 교황과 고위 성직자, 왕과 귀족 등에게 꾸준히 제작 의뢰를
받았습니다. 나폴리에서는 궁정화가로 대우받았다는 말도 있습니다.

그런 조토는 1337년 70세 나이로 세상을 떠났습니다. 피렌체시
는 그의 업적을 기려 성대한 장례식을 치러줬습니다. 시신은 산타 레
파르타 성당(現 피렌체 산타 마리아 델 피오레 대성당)에 안치됐습니다.

르네상스 선구자: 조토 디 본도네

이탈리아 피렌체에서는 지금도 '조토의 종탑'을 볼 수 있습니다. 좁은 계단 414개를 따라 올라가야 하는 82m 높이의 전망대로, 피렌체 시가지를 단번에 볼 수 있는 곳입니다. 이름에서 짐작할 수 있듯, 이 종탑은 조토가 구상한 구조물입니다.

1334년 피렌체시는 조토에게 '위대한 거장'이라는 칭호를 줍니다. 그만한 적임자가 없다라며 조토에게 두오모(대성당) 장식 작업을 하는 석공 조합 책임자이자, 그 옆 종탑 건설의 지휘를 함께 맡깁니다. 조토는 직접 종탑을 구상했습니다. 그림을 잘 그리는 조토는 조각도 잘했습니다. 설계도 참신했습니다. 공사가 딱 시작될 무렵에 세상을 떠났지만, 그의 예술혼은 종탑에 장엄히 남아 있습니다.

단테와 함께 서유럽 문학 거장인 보카치오는 그의 작품《데카메론》에서 조토를 다음과 같이 언급했습니다.

"수 세기 동안 어둠 속에 갇혀 있었던 회화 예술에 빛을 던진 사람."

—보카치오

실제로 조토의 시대 이후 회화는 그 자체로 인간의, 인간에 의한, 인간을 위한 예술이 될 수 있음을 인정받습니다. 회화는 이제 계몽이 아닌 예술의 대표 영역이 돼 무한한 발전을 이룹니다.

원근법 선구자:
마사초

2

벽을 파낸 게 아니라 그림입니다!
600년 전 그림에서 풍기는 3D의 향기

Masaccio 1401~1428

기치곤 큼직하게 그려졌습니다. 약간의 부자연스러움도 느껴집니다. 실제 아기의 모습이 어떻든 간에, 중요한 존재니 크고 눈에 띄게 그린 겁니다. 이런 그림이 당연한 시대가 있었습니다. 이런 방식으로 잘 그리면 거장, 대가로 박수받는 세상이었습니다.

마사초는 이처럼 경직된 시대에서 어떻게 원근법을 알게 됐을까요? 피렌체 산타 마리아 델 피오레 대성당의 돔 건축으로 유명한 천재 건축가, 필리포 브루넬레스키* 이야기를 빼놓을 수 없습니다. 그는 나이만 따지자면 마사초의 삼촌 격으로, 마사초보다 앞서서 원근법을 익힌 사람이었습니다. 중세의 손이 타지 않은 고대 로마의 건축물을 살펴보던 중 "유레카!"를 외치게 되었지요.

1420년, 브루넬레스키가 두오모 광장에서 선보인 원근법 실험은 지금도 전해지고 있습니다. 글로 보기에는 약간 어려울 수 있지만, 이런 일이 있었구나? 정도로만 이해해도 충분합니다. 당시 브루넬레스키는 한 손에 그림을 든 채 산 조반니 세례당을 보고 섰습니다. 그의 손에 들린 것은 원근법 이론대로 그린 이 세례당의 그림이었습니다. 다른 한 손에는 거울을 든 채였습니다. 브루넬레스키는 먼저 그림으로 자기 얼굴을 가리고, 거울을 든 손은 앞으로 뻗습니다. 그는 그림 아래쪽에 동그란 구멍을 뚫은 상태였습니다. 브루넬레스키가 보는 거울에는 당연히 이 그림이 비치고 있겠지요. 그는 이 구멍을 통해 ①거울 너머 세례당

필리포 브루넬레스키 Filippo Brunelleschi 이탈리아 건축가 (1377~1446)로 르네상스 건축 양식의 창시자다. 전통에서 계승한 구조방식과 새로운 시대에 맞는 참신한 미적 법칙을 적절히 활용했다.

실물 ②거울에 비친 세례당 그림을 함께 보게 됩니다.

레오나르도 다 빈치Leonardo da Vinci 이탈리아의 기술자, 과학자, 화가(1452~1519). 조각·건축·음악 등에도 조예가 깊었다. 르네상스 3대 거장 중 한 명이다.

브루넬레스키는 손을 이리저리 뻗고 당기면서 거울의 위치를 조금씩 바꿔봅니다. "찾았다!" 한참을 앞뒤로 거울을 움직이던 브루넬레스키가 탄성을 지릅니다. 거울 너머 정면에 있는 실제 세례당과 거울에 반사된 그림 속 세례당이 겹쳐 어떤 게 실물이고 어떤 게 그림인지 알아볼 수 없는 각도가 있었던 겁니다. 브루넬레스키의 실험을 체험한 사람들은 마법을 부리는 건축가가 나타났다며 화들짝 놀랐다고 합니다. 마사초는 그런 브루넬레스키와 교류하던 중 어깨 너머로 원근법의 원리를 배웁니다. 원근법을 완전히 내 것으로 만들었다고 판단한 뒤 붓을 듭니다. 그렇게 건축용 과학적 방법론에서 멈출 뻔한 원근법을 회화 세계에 가져다 놓습니다.

마사초가 끌어들인 원근법은 "신의 시선은 그만! 인간 중심으로 세상을 보고, 인간 시선으로 그림을 그려보자!"라는 기조의 르네상스를 일깨웁니다. 이후 원근법은 성 삼위일체에서 볼 수 있는 ①소실점 중심의 선線 원근법, 공기층에 따른 변화에 맞춰 ②색채 조절을 통해 구현하는 대기(공기) 원근법으로 갈라져 서양 미술 사조를 500여 년간 지배합니다. 대기 원근법을 활용한 대표작이 훗날 레오나르도 다 빈치*가 그린 〈모나리자〉입니다. 원근법은 19세기 세잔과 피카소가 등장하기 전까지 깨뜨릴 수 없는 원칙으로 우뚝 섭니다.

원근법 선구자: 마사초

✦ 원근법의 대가, 알고 보면 어수룩한 톰?

왜 마사초였을까? 이쯤에서 드는 궁금증입니다. 15세기 유럽의 금융·무역 중심지 피렌체에 수많은 재능 있는 화가들이 살았기 때문입니다. 이들 가운데 마사초여야만 했던 이유는 그가 '천재 중의 천재' 였기 때문이라는 게 가장 설득력이 있습니다. 마사초는 1401년 피렌체 근교의 산 지오반니 발다르노라는 작은 마을에서 태어났습니다. 본명은 톰마소 디 조반니 디 시모네 구이디입니다. 피렌체로 이사하게 된 계기로 16세부터 그림 공부를 시작했습니다.

스승은 아직 중세 그림 기법에 안주하던 마솔리노 다 파니칼레였습니다. 마사초도 처음에는 다른 화가들과 다를 바 없이 중세 스타일의 그림을 그렸습니다. 하지만 스승을 뛰어넘는 제자 대부분이 그렇듯, 마사초는 점점 더 그의 가르침만으론 성이 차지 않았습니다. 그는 스스로 정신적 지주를 '간택'합니다. 그가 바로 원근법의 산파産婆였던 브루넬레스키였습니다. 브랑카치 예배당에 그려진 벽화 〈테오필로스 아들의 부활〉(그림 3)을 보면 마사초의 실제 모습을 볼 수 있습니다. 그림의 오른쪽 끝 쪽의 문에서 붉은 옷을 입고 관람자를 빤히 쳐다보고 있지요. 그 옆에 검은 옷을 입은 브루넬레스키(오른쪽 끝)가 있습니다. 그만큼 마음으로 따랐다는 뜻입니다.

마사초가 직업 화가로 활동한 기간은 고작 6년(1422~1428년)뿐입니다. 그 기간 오직 그림밖에 모르는 외골수로 살았습니다. 몸도 제대로 씻지 않은 채 붓질을 한다고 해 '더러운 톰마소'라고 불렸습니다.

사적이고 지적인 미술관

3. **마사초, 테오필로스 아들의 부활**Resurrezione del figlio di Teofilo e san Pietro in cattedra, **프레스코화, 230×598cm, 1426~1427, 산타 마리아 델 카르미네 성당**

그림 말곤 세상살이에 서툴러 '어수룩한 톰'으로도 칭해졌습니다. 그가 본명 대신 불리게 된 마사초라는 이름의 뜻이기도 하지요. 그런 마사초가 〈성 삼위일체〉를 들고 중세 미술의 심장을 찔렀던 그때가 고작 27살이었습니다. 그림을 겨우 6년 배운 한 청년의 손끝에서 영원할 것만 같던 제국이 무너진 겁니다. 운 좋게 시기를 잘 타고 난 게 아니냐고 지적할 법합니다. 당연히 그렇지 않습니다. 동시대 화가 파올로 우첼로*의 그림을 보면 마사초가 정말 특출났다는 걸 실감하게 됩니다. 그 당시 원근법이 얼마나 까다로운 기술이었는지 알 수 있거든요.

우첼로의 〈산 로마노 전투에서의 용병장

파올로 우첼로 Paolo Uccello 이탈리아 화가(1397~1475). 마사초에 이어 원근법 연구에 몰두했다. 초기 르네상스 양식과 후기 고딕 양식을 잇는 교량 역할을 했다는 평가도 받는다.

원근법 선구자: 마사초

4. 파올로 우첼로, 산 로마노 전투에서의 용병장 니콜로 다 톨렌티노Disarcionamento di Bernardino della Carda, 템페라화, 1436~1440, 188×327cm, 우피치 미술관

니콜로 다 톨렌티노〉(그림 4)를 한번 봅시다. 어딘지 약간 어색하다는 느낌을 떨칠 수 없습니다. 함성과 비명, 말들의 울음소리로 가득 차야 할 전쟁터에 묘하게 정적이 흐르는 듯합니다. 바닥에 떨어진 창과 투구, 쓰러진 병사는 차분히 정돈된 모습입니다. 누군가가 현장에 뛰어들어 가지런히 정리한 듯도 합니다. 대놓고 소실점을 향하고 있지요. 쓰러진 병사는 주변과 비교해서 크기도 잘 맞지 않습니다. 원근법의 효과를 살리려고 일부러 조정한 듯한데, 결과적으로는 보는 이의 고개를 갸우뚱하게 만듭니다.

물론 허허벌판을 배경으로 둔 전쟁터인 만큼 원근법을 자연스럽게 구사하기에는 마사초의 〈성 삼위일체〉보다 어려울 수 있습니다. 하지만 이때는 마사초가 〈성 삼위일체〉를 그린 지 10년도 더 지난 시기였습니다. 우첼로가 무능한 화가도 아니었지요. 그 유명한 피렌체의 메디치 가문으로부터 대형 전쟁기념화 등 '큰 물건'을 다수 주문받을 만큼 거물이었습니다. 게다가 그는 "원근법아, 너 참 사랑스럽구나!"라는 다소 노골적인 어록을 남길 만큼 원근법 연구에 몰두한 사람이었지요. 그런 우첼로마저 원근법을 자연스럽게 구현하는 데 고생한 겁니다. 물론 그가 원근법을 쓸 줄 안다는 것을 과시하기 위해 대놓고 그림을 부자연스럽게 그렸을 가능성도 있긴 합니다.

✦ 고개 든 르네상스, 전진 또 전진

사실 마사초의 〈성 삼위일체〉(그림 1)만 뜯어봐도 그의 탁월한 감각을 느낄 수 있습니다. 마사초는 이 그림을 그릴 때 원근법 말고도 다채로운 시도를 했습니다. 십자가 아래 왼쪽에 있는 성모 마리아가 검은 계통 옷을 입고 있지요. 눈은 관람객을 향한 듯한데, 손은 예수를 향하고 있습니다. "어딜 보니? 저길 봐!"라고 하는 느낌입니다. 그림이라면 당연히 진지하고 엄숙해야 한다고 여기던 시대의 틀을 깨고 농담을 건네는 듯합니다. 그 아래 두 사람은 마사초의 후원자 부부인 도미니코 렌지와 그의 아내 산드라입니다. 한 칸 위에 있는 성모, 성자와 반대되는 색상의 옷으로 표현했습니다. 4명은 대칭적 피라미드 구도안에 있기도 합니다. 이 덕분에 입체감이 뛰어난 이 그림에서 균형감까지 느낄 수 있습니다. 그 시대 예수의 십자가 그림은 대부분 무덤이나 골고다 언덕을 배경으로 그려졌습니다. 마사초는 그것까지 깼습니다. 고풍스러운 건축을 뒷배경으로 두면서 말이지요.

마사초는 뛰어난 센스로 르네상스의 발걸음도 부추겼습니다. 〈성삼위일체〉 속에는 "신이 아닌 인간이 중심돼야 한다!"는 '르네상스 정신'에 딱 맞는 문구가 들어 있습니다. 그림 하단에 덩그러니 놓인 해골은 성경에 나온 최초의 인간, 아담이라는 해석이 우세합니다. 해골 묘비에는 라틴어의 경구 '지금 나는 원래 당신과 같았다. 당신도 언젠가 나처럼 될 것이다.'가 쓰였습니다. 죽을 수밖에 없는 인간을 구원하는 예수의 존재를 부각하는 말일 수 있습니다. 하지만 그 시대의 화가 꿈나무들은 여기서 더 나아가 "삶은 짧아. 무한하지 않아. 그런데도 언제까지 신 타령만 할래? 살아있을 때 너희 세계에 더 집중해."라는 말로 해석했습니다.

✦ **미켈란젤로도 한 수 접은 천재**

마사초의 삶은 빛났지만, 그의 죽음은 허무했습니다. 마사초는 27살의 나이로 세상을 떴습니다. 휴양차 로마로 간 그는 그곳에서 의문의 죽음을 맞이합니다. 갑작스러운 일이었습니다. "약물 중독인가?", "무명 화가가 마사초의 천재성을 시기해서 독살했다던데?"라는 이 손톱만 한 걸 왜…? 누군가 가리키지 않는다면 그냥 지나칠 만큼 작은 크기입니다. 반 에이크는 이 거울 속에 또 다른 세계를 만들었습니다. 남녀의 뒷모습, 창문과 샹들리에 등 거울의 시선에서 볼 수 있는 모든 게 담겨 있습니다. 두 남녀 앞에 화가인 반 에이크 말고도 한 명이 더 있다는 점도 이 투명한 창窓을 통해서만 알 수 있습니다. 거울 테두리도 10개의 서로 다른 그림을 품고 있지요. 고난에 처한 예수와 관련한 장면들입니다. 대충 그린 게 없습니다. 각각 장면을 하나씩 따로 내놓으면 그 자체가 작품이 될 만큼 정성을 기울였습니다.

이런 거울의 디테일도 빙산의 일각입니다. 당장 마룻바닥만 봐도 질감을 느낄 수 있습니다. 강아지 털도 한 올 한 올 살아있습니다. 창문으로 들어오는 빛줄기는 손에 잡힐 듯합니다. 부부의 옷부터 창틀, 슬리퍼는 물론 작은 솔 하나까지 모든 게 돋보기를 대고 그린 듯 세밀합니다. 이제 두 주인공과 그 주변을 봅시다. 반 에이크는 두 사람이 굉장한 부자이며, 여유가 흘러넘친다는 점을 강조하고 싶었습니다. 그래서 온갖 장치를 두었습니다. 두 사람의 옷차림을 볼까요? 모피와 비단이 옷감의 감촉까지 느껴질 만큼 강렬하고 생생합니다. 드레스가 녹색인 것도 주목할 포인트입니다. 당시에는 물감 중에서도 특히 녹색이 비쌌습니다. 값을 그램(g) 단위로 계약할 정도였습니다. 그런 녹색을 아낌없이 쏟아내 이들의 재력을 보여준 거지요. 엄숙한 표정의 남성은 왼손으로 여성의 오른손을 살포시 잡고 있습니다. 여성은 수줍은 듯 고개를 약간 숙인 상태입니다. 몸을 보니 임신 중인

사적이고 지적인 미술관

가 싶을 만큼 배가 불룩 튀어나왔습니다. 이는 당시 유행했던 패션으로, 옷을 여러 개 겹쳐 입은 뒤 그 옷깃들을 잡고 다니며 부를 과시하는 것이었습니다. 이들의 자신감을 보여준 겁니다.

창문 주변에는 오렌지가 굴러다닙니다. 이 시기에는 오렌지도 귀한 과일이었습니다. 붉은색 천을 두른 침대, 동양풍 카펫, 거울 옆 빛나는 묵주 등도 이들의 경제력을 짐작하게 합니다. 부부의 사랑이 고결하다는 점도 보여주고 싶었을까요? 침대 옆에 작게 그려진 조각상은 여성의 수호성인, 성 마거릿입니다. 왼쪽 하단에는 벗어 놓은 남성용 신발이 있습니다. '하나님이 이르시되 이리로 가까이 오지 말라. 네가 선 곳은 거룩한 땅이니 네 발에서 신을 벗으라.(출애굽기 3장 5절)'는 구절을 떠올리게 합니다. 샹들리에에는 초 하나가 켜져 있습니다. 당시 촛불 하나는 신의 눈을 의미했습니다. 강아지는 예나 지금이나 충성의 상징입니다. 거울 속 파란 옷을 입은 이는 반 에이크, 빨간 옷을 입은 이는 반 에이크의 조수 혹은 여성의 아버지로 해석됩니다. 둘의 사랑을 증명하기 위해 온 사람들이라는 분석이 지배적입니다. 이 그림, 반 에이크의 〈아르놀피니 부부의 초상〉(그림 1)입니다.

✦ 회화, 흙길에서 아스팔트 도로로

반 에이크는 유화의 시대를 연 선구자입니다. 이 그림이 그가 남긴 대표적인 유화 작품이라 세상에서 가장 유명한 2인 초상화로 칭해지곤 합니다. 미술 평론가들 사이에선 "그간의 기법이 모두 비포장의 흙길이라면, 유화는 깔끔하게 다듬어진 아스팔트 도로다."라는 말이 있을 정도로 유화 기법의 확립은 미술사 중 선이 굵은 혁명 중 하나였습니다. 반 에이크는 유화 기법 덕에 손톱만 한 거울 속에 새로운 세상을 창조할 수 있었습니다. "저걸 도대체 어떻게 그렸지?" 당시 템페라·프레스코 기법만이 진리라고 믿던 화가들은 망치로 머리를 맞은 기분이었습니다. 천동설의 세상 속에서 지동설을 처음으로 받아들이게 된 학자들이 느낀 충격과 다를 게 없었습니다.

유화용 물감은 색깔 있는 식물, 광물 등을 빻은 가루에 올리브유 등 정제된 기름을 섞어 만들었습니다. 이 물감으로 무장한 화가는 더는 쫓기듯 작업하지 않아도 되었습니다. 디테일에 마음껏 공을 들일 수 있는 것은 물론, 마음에 들지 않으면 몇 번이나 수정도 할 수 있었습니다. 기름 성분이 공기 중에서 산화되는 과정이 긴 만큼, 물감이 마르는 데도 긴 시간이 걸렸기 때문입니다. 유화용 물감으로 깊이 있는 표현도 할 수 있었습니다. 이미 칠해진 색에 새로운 색을 얹어도 자연스럽게 섞인 덕입니다. 기름이 섞였으니 광택 효과도 덩달아 따라왔습니다. 은은히 뿜어내는 빛은 고급스러운 분위기를 더해줬지요. 다만 반 에이크는 유화의 선구자라는 말이 어울리지, 유화의 발명가로 보기는 어렵습니다. 고대 이집트 시대에도 그림 보존을 위해 작업 마무리 단계에 기름을 덧발랐다는 식의 기록이 남아있기 때문입니다. 반 에이크는 유화의 잠재력을 극대화했다고 표현하는 게 맞습니다.

2. 피에트로 로렌체티, 마돈나와 아기,
   템페라화, 75×44.5mm, 1340,
   시에나 박물관

3. 조토 디 본도네, 동방박사의 경배
   Adorazione dei Magi, 프레스코화,
   200×185cm, 1304~1306,
   스크로베니 예배당

그렇다면 반 에이크가 유화의 가능성을 증명하기 전 세상은 어땠을까요? 당시 대부분의 유명 화가가 템페라화를 떠받들었습니다. 지금 우리가 문서 작업을 위해 컴퓨터를 쓰듯, 이들은 작품 활동을 위해선 당연히 템페라 기법을 따랐습니다. 템페라용 물감은 색깔이 담긴 추출물에 물과 날달걀 등을 섞어서 만들 수 있었습니다. 피에트로 로렌체티 Pietro Lorenzetti의 〈마돈나와 아기〉(그림 2) 등이 템페라 기법을 활용한 대표적 작품입니다.

템페라화는 색채가 생생하고, 잘 마르면 튼튼해 보존 기간이 길다는 게 장점이었습니다. 그러나 단점도 여럿 있었습니다. 그중 마르는 속도가 너무 빨라 긴 시간 작업할 수 없다는 게 치명적이었습니다. 템페라용 물감은 신선한 상태에서 쓰지 않으면 발색도 선명치 않았습니다. 사물을 하나씩 공들여 그리고 싶어도, 이미 말라 쩍쩍 갈라지기까지 하는 통에 그러기가 힘들었습니다. 수정도 쉽지 않았지요. 색상이 겹치면 명도와 채도가 낮아지는 탓에 그림 전체가 탁해졌습니다. 물과 날달걀의 비율이 정확하지 않으면 아예 처음부터 새로 섞어야 하는 등 만들기도 어려웠습니다. 물감을 만들기 위해 따로 수련받아야 할 정도였으니까요.

그 시대에는 석회를 쓰는 프레스코 기법도 있었습니다. 하지만 프레스코화 또한 회벽이 마르기 전에 완성해야 해 디테일을 담기가 어려웠습니다. 조토 디 본도네의 〈동방박사의 경배〉(그림 3)가 대표적인 프레스코화입니다. "유화는 실력 없는 화가들이 찾는 기법이야. 실력 있는 화가는 잘 된 소묘 위에 딱 한 번의 채색으로 끝낼 수 있어야 해. 그렇게 나오는 게 진짜 장인의 작품 아니겠어?" 당시 템페라화, 프레스코화를 고집하던 화가들은 유화에 반발 움직임도 보였습니다. 그러나 변화의 맛을 본 신진 화가들의 전진을 막을 수 없었습니다. 이들은 더 많은 사물을 더 자세히 그리고픈 욕망을 실현하고자 유화를 받아들입니다. 유화는 원근법과 함께 르네상스 시대 최고의 발명품이 됩니다.

✦ 평민 출신 화가, 삶은 비밀투성이

오늘날 벨기에 동부 지역인 마세이크에서 1395년께 태어난 반 에이크를 연구할 수 있는 자료는 많지 않습니다. 플랑드르 회화˚의 전설로 칭해질 만큼 유명한데도 그렇습니다. 아직도 그의 정확한 출생 시기와 장소, 성장 과정, 초기 작품 활동까지 대부분은 베일에 가려진 상태입니다. 그저 1425년 부르고뉴공국의 궁정화가로 일한 일, 그를 고용한 필리프 3세의 결혼을 위한 사절단 일원으로 리스본에 방문했던 일 정도가 전해질 뿐입니다.

반 에이크는 평민 출신입니다. 형인 휴베르트 반 에이크와 누이 마르케레테도 화가였습니다. 현재 런던 내셔널 갤러리에서 볼 수

플랑드르 회화 주로 16세기까지 네덜란드와 벨기에에서 발전한 미술을 지칭한다. 17세기 초 네덜란드 독립 이후에는 벨기에 지방 미술의 대명사로도 쓰인다. 대상의 정확한 관찰, 현실적이고 치밀한 세부 묘사, 빛의 활용 등이 특징이다.

유화 선구자: 얀 반 에이크

있는 〈남자의 초상〉(그림 4)이 그가 남긴 자화상으로 추정되고 있습니다. 반 에이크는 1441년 7월 9일 벨기에 브뤼헤에서 사망했습니다. 그의 그림이 확실하다고 인정받은 작품은 1432~1441년 사이 만든 25점 정도입니다.

✦ 지금도 가장 논쟁적인 초상화

반 에이크가 그린 〈아르놀피니 부부의 초상〉은 지금도 미술계에서 활발한 논쟁이 이루어지고 있는 작품입니다. 아이러니하지만, 작은 사물까지 너무 자세히 그린 탓입니다. 남성은 이탈리아 루카 출신의 지오반니 아르놀피니, 여성은 같은 나라 출신의 지오반나 체나미라는 게 정설입니다. 당시 중요 무역 도시였던 플랑드르 브루게에서 생활한 아르놀피니는 고급 직물 무역으로 부를 쌓은 재력가였습니다. 체나미도 성공한 사업가의 딸이었습니다. 미술계 한쪽에선 두 사람이 포갠 손, 촛불과 묵주 등에 대한 종교적 해석에 따라 결혼식 장면을 그린 것이라고 분석합니다. 미술사학자 에르빈 파노프스키Erwin Panofsky가 이 의견의 대표 주자입니다. 하지만 다른 쪽에서는 "장소가 너무 사적이지 않아?" "15세기 신부들이 쓰던 결혼용 왕관이 없잖아?" 같은 주장으로 약혼식일 수 있다는 의견도 펼칩니다. 미술사학자 에드윈 홀Edwin Hall의 분석입니다. 이 평론가는 두 남녀의 손이 잡았다기보다는 살짝 겹쳐졌을 뿐이라는 점, 당시 약혼식은 결혼식과

사적이고 지적인 미술관

경일까요? 그의 작업물을 슬쩍 봅시다. 벌거벗은 채 스스럼없이 애정 행각을 벌이는 남녀, 끔찍한 괴물에게 고통받는 인간, 수상한 생명체들의 술 파티, 정체를 알 수 없는 그로테스크한 괴물들…. 입이 떡 벌어집니다. 그런데 색채는 동화책 삽화처럼 알록달록합니다. 당황스럽습니다. 엄격·진지·근엄의 표상 같은 이가 이런 이상한 걸 그리고 있다니요. '이 사람, 제정신 맞아?'라는 생각이 듭니다. 이 그림은 말 그대로 '초현실' 그 자체였는데, 문제는 이때가 고작 16세기였다는 것입니다. 초현실주의 화풍이 당당히 고개를 든 20세기보다 무려 400년 가까이 앞선 시기였습니다. 이 사내의 이름은 히에로니무스 보스입니다. 별명은 지옥의 화가, 악마의 화가입니다. 시대를 앞서가도 너무 앞서갔던 그는 20세기 이후에야 '초현실주의의 시초'라는 칭호를 얻게 됩니다.

✦ 그림을 보고… 할 말을 잃었습니다

기독교와 관련 있는 3가지 장면이 담긴 이 그림은 왼쪽부터 오른쪽 순서로 봐야 합니다. 연대기적 구성입니다. 왼쪽 패널부터 볼까요? 가장 눈에 띄는 장면은 예수와 함께 있는 아담과 이브입니다. 이들 모두 부족함이 없어 보입니다. 한가운데에 있는 분홍색 분수에서는 생명의 물줄기가 뿜어져 나옵니다. 정결함을 상징하는 유니콘이 물을 마시고, 흰색으로 그려진 코끼리와 기린도 마음 놓고 놉니다. 새

사적이고 지적인 미술관

들은 평화롭게 날아다닙니다. 아담과 이브 아래 있는 웅덩이에서는 펄떡임이 느껴집니다. 새로운 생명들이 끊임없이 태어나고 있습니다. 두둥실 뜬 채 책을 읽고 있는 오리너구리도 눈길을 끕니다. 식물 중에서는 유독 야자수가 잘 보이지요. 당시 이 나무는 기독교인의 삶을 상징했습니다. 전체적으로 평화롭고 풍요로운 천국 풍경입니다.

그다음 중앙 패널입니다. 분위기가 심상치 않아졌습니다. 실오라기 하나 걸치지 않은 남녀가 너무 많습니다. 부끄러움 따위 느끼지 않는 이 사람들은 환락에 젖어 있습니다. 벌거벗은 여성들이 중앙 연못에서 물놀이를 합니다. 대놓고 유혹하는 자세도 취합니다. 온갖 동물에 올라탄 남성들은 각자의 전리품을 든 채 이들을 포위하듯 주변을 내달립니다. 그림 상단의 물가를 보면 남성과 인어가 서로를 끌어안고 있습니다. 왼쪽 아래 호수에서는 남녀가 금이 간 투명한 구슬에서 서로의 육체를 탐닉합니다. 당시 플랑드르에는 '행복은 유리구슬처럼 빨리 부서진다'라는 속담이 있었다고 하는데요. 그렇다면 이 쾌락의 말로末路도 자연스레 상상이 가지요? 인간이 다른 생물체와 끈적하게 뒤엉킨 장면도 보입니다. 당시 생선, 조개 등은 육욕을 상징했습니다. 심지어 인간과 여러 과일이 필요 이상으로 끈끈히 붙어있는 모습도 찾을 수 있습니다. 순수하게 벌거벗고 노는 인간들을 보니 낙원임은 분명한데, 성스러운 분위기는 전혀 아닙니다.

잠깐 심호흡하시고요. 오른쪽 패널을 보시죠. 어디부터 봐야 할지 모를 만큼 기괴합니다. 지독한 악몽 속에서나 등장할 것 같은 풍

1. 히에로니무스 보스, 세속적인 쾌락의 동산De tuin der lusten, 패널에 유채,
   205.5×384.9cm, 1490~1500, 프라도 미술관

경입니다. 불바다가 넘실대고 물은 오물이 둥둥 떠 있는 듯 탁합니다. 인간은 이곳에서 찔린 채, 빠진 채, 매달린 채 고통받습니다. 오른쪽 아래부터 보면 수녀복을 입은 돼지가 인간을 위협하고 있습니다. 그 위에 있는 새 부리를 가진 괴물은 인간을 먹고 배설합니다. 왼쪽 아래, 도박용 주사위를 든 손은 잘린 채 칼이 꽂혀 있습니다. 바로 위, 쾌락의 상징인 류트나 하프 같은 악기들이 고문 도구가 돼 있습니다. 그리고 중앙 부분에는 몸이 텅 빈 어떤 남성의 형체가 있습니다. 몸 안에는 선술집이 차려졌지요. 악마 같은 생명체가 모여 술을 마십니다. 머리에는 또 다른 악기인 백파이프가 보입니다. 이 남성은 이미 지옥의 지박령이 된 듯, 두 팔은 배 위에서 나무뿌리처럼 굳어 버렸습니다. 이곳은 지옥 그 자체입니다.

천국에서 지옥까지의 장면이 담긴 이 그림, 히에로니무스 보스의 〈세속적인 쾌락의 동산〉(그림 1)입니다.

✦ 이게 정말 500년 전 그림이라고?

아니 대체 왜, 뭐 때문에 이렇게까지? 두서없이 묻고 싶어지는 이 그림은 실험적인 것을 좋아하는 현대의 힙한 가수가 들고 나온 앨범 커버가 아니라, 16세기 초에 만들어진 작품입니다. 파격적이지요? 16세기가 르네상스 시대라곤 하지만, 보스가 르네상스의 본거지 이탈리아에 있던 것도 아니었습니다. 이 때문에 보스는 지금도 돌연변이 화가로 칭해집니다. 악마에게 영혼을 팔았기에 그릴 수 있었다는 말까지 나옵니다.

그런데 보스의 입장에선 이런 평가가 꽤 억울할 것 같습니다. 보스는 '중2병'틱한 재미에 젖어 '내 모든 지식과 상상력을 총동원해 세계관 최강의 지옥을 보여주마!' 같은 생각으로 붓을 든 게 아니었습니다. 그는 사람들이 제발 이걸 보고 경각심을 가지길, 즉 '우리 함께 착하게 살아요'라는 말을 전하고 싶어 그림을 그렸습니다. 종교의 메시지를 충실히 전달했을 뿐입니다. "그래. 돌연변이란 말은 그렇다고 해도 지옥의 화가, 악마의 화가라는 말은 좀…." 보스의 쓸쓸한 목소리가 들리는 듯합니다.

✦ 보스는 억울하다: 단서 ① 시대상

당시 남유럽은 이탈리아발發 르네상스의 열기로 새 시대가 열리고 있었습니다. 과학과 이성이 미신과 신화를 몰아내기 시작했습니다. 실험과 도전이 관습과 규범을 코너로 내몰았습니다. 하지만 그 시기 북유럽의 분위기는 미묘하게 달랐습니다. 새바람은 분명 알프스를 넘어 이들 지역에도 불었으나, 북유럽에서는 종교적 교리를 중시하는 중세적 색채가 남유럽보다는 여전히 강했습니다. 르네상스의 바람을 느끼고 있지만, 몸은 아직 경직된 채 중세의 집에 머문 상태. 미술사에서는 대개 북유럽으로 분류되는 네덜란드 역시 그런 분위기였습니다. 보스 또한 딱 그런 화가였을 공산이 큽니다. 기법은 중세의 틀을 수십 번도 더 뛰어넘었지만, 주제 의식은 여전히 중세와 맞닿아 있을 가능성이 크다는 뜻입니다.

그렇다면 중세 예술의 주제 의식은 무엇이었을까요? 기독교에 대한 가르침이 거의 전부라고 해도 과언이 아니었습니다. "속죄하라. 사악한 것에 투쟁하고 저항하라. 그러지 않으면 너희가 갈 곳은 지옥밖에 없는데, 그 지옥은 바로 이런 곳이다." 보스는 그림으로 이걸 가르치고 싶었을 것입니다. 특히나 유럽인들이 전쟁과 전염병, 천재지변 등으로 매일 한 무더기씩 죽어가던 때입니다. 1000년에 오지 않은 종말이 1500년쯤에는 올 것이라 믿는 사람도 많았습니다. 보스는 더 빨리, 더 효과적으로 이들에게 지옥의 참혹함을 알려줘야 했습니다. 충격 요법을 쓸 수밖에 없었지요. 원죄로 가득한 인간에게 큰 울림을 줘 교화하고 싶은 마음이 강했을 겁니다.

보스가 그린 충격적 장면 중 상당수가 당시 속담과 설교의 삽화와 비슷하다는 점도 그가 품은 설교의 열정을 뒷받침합니다. 실제로 보스의 그림에 등장하는 괴물들의 원형은 당시 네덜란드에서 출판되던 설교서에서 볼 수 있었다고 합니다.

✦ **보스는 억울하다: 단서 ② 알레고리**

이 그림 곳곳에선 보스가 그려 넣은 알레고리를 찾아볼 수 있습싱어이자 원조 록 스타인 짐 모리슨Jim Morrison은 보스의 작품 〈바보들의 배〉를 보고 같은 제목의 곡을 지어 불렀습니다. 지난 2002년 창단한 서커스 그룹 세븐 핑거스는 덴마크 극단 리퍼블리크, 프랑스의 비디오 아티스트 앙쥐 포티에와 함께 '보스 드림즈'라는 서커스·연극·애니메이션 결합 공연도 만들었습니다. 살바도르 달리와 짐 모리슨까지 모두 캐릭터로 등장하는, 보스에 대한 종합선물 세트 같은 작품입니다.

끝으로 아이돌 그룹 레드벨벳의 노래 '필 마이 리듬Feel My Rhythm' 뮤직비디오를 찾아봐도 재미있을 것 같습니다. 레드벨벳 멤버들이 보스의 〈세속적인 쾌락의 동산〉 중 천국 장면을 배경으로 춤을 추는 모습을 볼 수 있기 때문입니다. 보스의 그림 속 다양한 새 부리 괴물들이 백댄서가 돼 등장하는 장면도 흥미롭습니다. 거대한 딸기를 앞에 두고 두둥실 헤엄치는 모습, 멤버들이 지옥 속 보스의 몸 안에 앉아있는 장면 등도 연출했습니다. 이 뮤직비디오에서는 보스 말고 다른 유명 화가들의 작품도 무대와 소품으로 함께 만나볼 수 있습니다.

사적이고 지적인 미술관

바로크 선구자:
카라바조

5

아리따운 금발의 여인,
누구 목을 베고 있는 거야?

Caravaggio 1571~1610

(…) 유디트는 그제야 웃음을 거뒀다. 적장敵將 홀로페르네스가 야전 침대에 누워 코를 고는 걸 본 뒤였다. 유디트는 그가 막사 바닥에 내팽개친 칼을 주웠다. 이 서슬 퍼런 칼날에 스러진 수없이 많은 우리 민족…. 그녀는 이 순간만을 기다려왔다. 한껏 치장한 뒤 홀로페르네스가 이끄는 아시리아 군 진영 한가운데 나선 일, 스스로 민족의 배신자가 된 양 홀로페르네스에게 달콤한 말을 쏟아낸 일, 해가 지자마자 홀로페르네스의 막사에 들어가 그가 취할 때까지 술을 따른 일 모두 지금을 위한 밑 작업이었다.

유디트는 천으로 된 막사 입구를 살짝 들추고 밖을 살폈다. 근처에서 경계 근무를 서는 불침번은 꾸벅꾸벅 졸고 있었다. 유디트가 저 멀리에 시선을 두고 손짓하자 늙은 하녀가 수풀 틈에서 걸어왔다. 원래 전쟁터에서는 그 누구도 늙은 여인을 향해선 눈길 한 번 주지 않는 법이다. 이 덕에 유디트의 충직한 하녀는 누구의 의심도 사지 않고 적장의 막사로 들어올 수 있었다. 다 계획대로였다. 곧 모든 일이 끝나지만… 유디트는 갑작스런 긴장감에 휩싸였다. 두려움이 밀물처럼 몰아쳤다. 홀로페르네스가 잠든 게 아니라면? 내 암살 계획을 눈치채고 자는 척하고 있다면? 갑자기 소름이 돋았다. 술을 마시는 척만 했는데도 술에서 덜컥 깬 기분이 들었다. "주여, 이스라엘의 신이시여. 저에게 힘을 주시고 지금 제 손으로 행할 일을 지켜보소서." 그녀는 나지막이 기도했다. 크게 심호흡하고 잠든 홀로페르네스 목에 칼을 댔다. 다행히 남자는 커다란 몸을 들썩이며 여전히 잠에 취한 채였고, 유디트는 자루를 쥔 늙은 하녀를 돌아봤다. 둘은 동시에 고개를 끄덕였다.

유디트는 홀로페르네스의 머리털을 움켜쥐고는 있는 힘을 다해 그의 목덜미를 2번 내리찍었다. 떨어지는 번개처럼 순식간이었다. 홀로페르네스는 태어나 한 번도 겪은 적 없는 고통에 눈을 떴다. 가장 먼저 본 건 유디트의 껄끄러운 표정이었다. 그다음 시선이 향한 곳은 잘리는 자신의 목에서 솟구쳐오르는 붉은 피였다. (…)

1598년 이탈리아 로마. 한 남성이 읽던 노트를 탁 덮었습니다. "그래, 이거잖아. 유디트가 홀로페르네스의 목을 썰고 있는 이 순간! 이거야말로 가장 극적인 장면이잖아. 화가라면 응당 이 장면을 그려야지. 목을 베기 전? 벤 후? 그런 앞뒤 상황이 도대체 무슨 재미가 있냐고. 고상한 척하는 샌님들 같으니!" 홀로 작업실에 있던 이 남성은 화를 삭이지 못하고 버럭 외칩니다. 옆에 놓인 술병을 들고 쭉 들이 켭니다. 거친 입김 사이에서 술 냄새가 올라옵니다. 그가 몸이 뻐근한 듯 두 팔을 크게 돌려대자, 온통 상처와 멍투성이인 몸이 드러납니다. "내가 진짜를 그려주지. 이 머저리들!" 그는 껄 하며 긴 트림을 내뱉 습니다.

동네 건달 같은 이 남성의 이름은 미켈란젤로 메리시_{Michelangelo} _{Merisi}입니다. 본명보다 별명으로 더 유명한 화가, 그의 또 다른 이름 은 바로 카라바조입니다. 분노에 찬 그가 그린 그림은 훗날 바로크 미술의 문을 연 명작으로 기록됩니다.

✦ 생생한 이 그림, 그 시대에도 충격이었다고?

그림 속 금발 여성은 유디트입니다. 피를 뿜는 남성은 홀로페르 네스, 그의 잘린 머리통이 담길 자루를 쥔 여성은 유디트의 하녀입니 다. 유디트는 구약 성경 제2 정경 유딧서에 등장하는 부유하고 아름 다운데다 덕망까지 있는 미망인입니다. 그녀는 전쟁에 휘말린 자기 민족, 이스라엘 사람들을 구하고자 적군 아시리아의 장군 홀로페르 네스를 유혹하고 결정적 순간에 목을 벱니다. 그녀 덕에 이스라엘은 위기에서 벗어납니다.

1. 카라바조, 홀로페르네스의 목을 치는 유디트Giuditta e Oloferne, 캔버스에 유채, 145×195cm, 1598~1599,
   바르베리니 궁

그러나 최소한의 고귀함과 성스러움이 묻어나길 바란 종교계의
입장에선 날벼락 같은 작품이었습니다. 결국 카라바조는 이들이 요
구하는 점잖은 모습으로 그림을 다시 그립니다. 그림 4를 보시면 훨
씬 더 깔끔해진 마태가 스스로 복음서를 씁니다. 더 단정해진 천사는
마태와 다소 거리를 둔 채 둥둥 떠 있습니다. 그림을 엎은 카라바조
가 얼마나 구시렁댔을지는 쉽게 상상할 수 있습니다. 종교계는 이 두
번째 그림을 보고서야 가슴을 쓸어내렸습니다.

✦ 개차반 같은 삶, 재능 덕에 살았다

"카라바조는 아름다운 것과 추한 것에 대해 선입견을 가지고 구분하
지 않는다." — 델 몬테 추기경

카라바조는 천재였습니다. 다만 그 빛나는 재능이 없었다면 객사
해도 이상하지 않을 만큼 하는 짓이 개차반이었습니다. 15세기 미켈
란젤로부터 19세기 고갱까지 한 성깔 하는 천재들이야 많았지만, 그
와 비교하면 이들은 순한 양 같습니다. 적어도 카라바조처럼 살인 혐
의를 받지는 않았으니까요.

미켈란젤로 메리시라는 본명을 가진 카라바조는 1571년 이탈리
아 밀라노 근교의 작은 마을 카라바조에서 태어났습니다. 그 시절에

도 르네상스 3대 거장 중 한 명인 미켈란젤로는 전설로 받들어졌습니다. 이 때문에 그는 본명보다 출신지에서 따 온 예명으로 활동했습니다. 카라바조는 13살에 티치아노*의 제자 시모네 페테르차노Simone Peterzano 밑에서 그림을 배웁니다. 티치아노가 르네상스 미술의 대표 주자였던 만큼, 카라바조 또한 그 시대 화풍을 익혔겠지요. 허나 카라바조는 재미를 느끼지 못했습니다. 옛 화풍의 답습은 지겹기만 했습니다. 결국 못 견디고 뛰쳐나온 후에 "페테르차노에게선 하나도 배운 게 없다."라는 독설까지 남겼습니다.

화실에서 나와 떠돌던 카라바조는 21살 무렵 무턱대고 로마로 갑니다. 청운의 꿈을 품고 갔겠지만, 인생은 그리 쉽게 풀리지 않았습니다. 일단 가진 게 없어 밑바닥 삶을 삽니다. 그가 살던 당시 빈민가에는 도둑, 깡패, 도박꾼, 사기꾼이 득실댔습니다. 그 틈에서 폭음과 주먹질을 되풀이한 카라바조는 의식주조차 해결하기 힘든 처지에 놓였습니다. 순화해서 말하면 반항아, 노골적으로 말하면 건달의 삶을 산 겁니다. 엎친 데 덮친 격으로 당시 유행하던 흑사병에 걸립니다. 그때 경험을 살려 그린 게 〈병든 바쿠스〉(그림 5)입니다.

병을 이겨낸 카라바조는 때마침 자신의 그림을 좋게 봐준 프란체스코 델 몬테 추기경의 후원을 받게 됩니다. 그는 이탈리아 귀족 가문과 친분이 두터운 유력가였습니다. 그 덕에 카라바조의 삶은 여유를 찾아갑니다. 재능만큼은 악마에 가까웠기

티치아노Tiziano 이탈리아 르네상스 화가(1488~1576). 15세기 회화 전통과는 다른 독창적인 회화로 이름을 알렸다. 특히 색채 사용에 뛰어난 면을 보였다.

5. 카라바조, 병든 바쿠스Bacchino malato,
   캔버스에 유채, 67×53cm, 1593,
   보르게세 갤러리

6. 카라바조, 골리앗의 머리를 든 다윗
   Davide con la testa di Golia,
   캔버스에 유채,
   200×100cm, 1610, 보르게세 갤러리

에 델 몬테라는 날개를 단 후 그의 인기는 급속도로 높아집니다.

문제는 성질이었습니다. 카라바조의 초기 범죄는 아직도 1598년 5월 사법재판소 의사록에 남아있습니다. 허가받지 않은 칼을 들고 다녀 체포됐다는 내용입니다. 1600년에는 지롤라모 스팜파니라는 사람이 카라바조를 고소했습니다. 그가 휘두르는 몽둥이에 맞았다는 이유였습니다. 끝이 아닙니다. 1601년에는 불법 무기 소지죄, 1604년에는 경관 모욕죄 등으로 또 처벌을 받았습니다. 이 밖에 식당에서 접시를 던진 일, 창문에 돌은 던진 일, 이유는 알 수 없지만 칼에 찔린 채 발견된 일 등 괴담에 가까운 논란에 거듭 휘말렸습니다.

1606년, 아슬아슬한 망나니짓을 일삼던 카라바조가 결국 사고를 칩니다. 그는 그해에 한 남성을 칼로 찔러 죽인 혐의를 받았습니다. 치정으로 인해 칼을 휘둘렀다는 이야기, 친親스페인파와 친프랑스파 사이 정치적 분쟁에 휘말려 살인을 저질렀다는 이야기 등이 있습니다. 상대의 성기를 자르는 데 그치려다가 일이 잘못돼 의도치 않게 죽였다는 말도 있습니다.

신변에 위협을 느낀 카라바조가 도망치자 그에게 현상금까지 걸립니다. 어떤 기행에도 보호막이 돼줬던 델 몬테 추기경도 살인 혐의만은 막지 못했습니다. 객지로 나앉게 된 카라바조의 참담한 심정은 〈골리앗의 머리를 든 다윗〉(그림 6)을 통해 느낄 수 있습니다. 골리앗 머리의 모델이 바로 자신이었습니다. 그런데도 카라바조는 대체 불가능한 천재였습니다. 도망자 신세였을 때도 그림 주문은 계속 들어왔으며 그의 팬들은 자진해서 그를 숨겨줬습니다. 도주하면서도 온 갖 사고를 치고 다녔지만 결국 사면까지 받습니다.

하지만 인과응보였을까요. 다시 로마로 향한 카라바조는 억울하 게 죽습니다. 로마 근처의 한 지방 경비대장이 그가 사면된 줄 모르 고 체포한 겁니다. 카라바조는 곧 풀려날 수 있었지만, 화병과 누적된 피로 등으로 허무하게 죽고 맙니다. 결정적 원인에는 이질과 말라리 아, 납 중독에 암살까지 거론됩니다. 당시 나이는 39살이었습니다.

카라바조는 온갖 흑역사로 인해 사망 후 300년 가까이 잊혀졌었 지만, 세계적 미술사가 로베르토 롱기Roberto Longhi가 카라바조를 재발 견합니다. 아예 카라바조 전문가가 된 롱기는 그의 그림이 갖는 의미, 그가 후세에 남긴 영향 등을 분석해 적극 설파했습니다.

"카라바조가 없었다면 디에고 리베라, 요하네스 페르메이르, 조르주 드 라 투르, 렘브란트는 없었을 것이다. 외젠 들라크루아, 귀스타브 쿠르베, 에두아르 마네의 그림은 지금과 완전히 달랐을 것이다."

롱기는 카라바조를 놓고 이렇게 평하기도 했습니다. 그의 말을 듣고 카라바조의 그림을 보니 일리가 있지 않나요? 그의 이름과 업 적은 급속도로 퍼지게 됩니다. 카라바조의 고향 이탈리아는 유로화 도입 직전, 10만 리라 화폐에 그의 그림을 넣을 정도였습니다. 그림 에도 카라바조는 생전에 이보다 훨씬 더 큰 명성을 날렸다고 합니다.

사적이고 지적인 미술관

✦ 카라바조의 유디트와 쌍둥이 그림, 1,900억 원에 팔리다

몇 해 전 카라바조의 유디트와 똑 닮은 쌍둥이 작품이 등장한 사건을 아시나요? 2014년 4월, 프랑스 남부 툴루즈에 있는 한 개인주택에서 발견됐습니다. 당시 집 주인이 지붕을 고치려고 다락방 문을 열었는데, 지붕 서까래에서 이 그림이 툭 떨어진 겁니다. 도대체 언제, 어떤 일 때문에 여기까지 흘러왔는지는 모릅니다. 집주인은 지역 경매사에게 감정을 문의했습니다. 경매사는 심상치 않음을 느꼈습니다.

7. 카라바조, 홀로페르네스의 목을 치는 유디트Giuditta e Oloferne, 캔버스에 유채, 144×173.5cm, 1606~1607, 토밀슨 힐 컬렉션

바로크 선구자: 카라바조

유명 예술 감정사인 에리크 튀르캥을 호출했습니다. 그는 이 그림을 카라바조의 작품으로 판단했습니다. 그리고 2년간 전문가들과 함께 먼지와 얼룩 제거 작업을 벌였습니다. 실제로 생전에 카라바조는 유디트가 홀로페르네스의 목을 치는 장면으로 2개의 그림을 그렸던 것으로 알려졌는데요. 이 가운데 1600~1610년 사이 그렸다는 그림이 실종된 상태였습니다. 이번에 뚝 떨어진 그림이 그 작품일 수 있다는 의견이 제시됐습니다.

2019년, 이 그림은 경매에 오르기 이틀 전 한 수집가에게 팔렸습니다. 몸값으로 최대 1,900억 원 이상이 예상되던 때였습니다. 정확히 얼마에 팔렸는지는 알 수 없습니다. 다만 소유주가 경매도 없이 '쿨거래'를 한 일을 보면 1,900억 원 이상에 팔렸을 가능성이 큽니다.

로베르토 롱기는 카라바조가 즐겨 쓴 빛과 어둠의 대비를 놓고 "르네상스 당시 원근법을 발견한 것과 비견되는 일"이라고 평가했습니다. 같은 이름을 가지고 태어난 그가 미술사에 남긴 업적은 미켈란젤로 못지않다는 말도 나옵니다. '카라바지스트caravaggist'라는 말이 생길만큼 추종자도 많아졌습니다. 다만, 카라바조가 문을 연 바로크 회화는 그의 뜻과 상관없이 역풍을 맞게 되는데요. 이 양식이 너무나 강렬했던 탓일까요. 곧 너무나 부드러운, 눈이 부실만큼 화려한 양식의 도전을 받게 됩니다.

프랑스 왕립 미술 아카데미를 당혹감에 몰아넣은 이 화가의 정체는 장 앙투안 바토Jean-Antoine Watteau입니다. 격론 끝에 그림을 지칭하는 새 장르까지 만들게 한 바토의 문제작은 〈키테라 섬의 순례〉(그림 1)입니다. 평생 마이웨이로 산 바토는 빛나는 재능 하나만으로 페트 갈랑트, 더 나아가 로코코 미술 선구자의 길을 걷습니다.

✦ 종교화도, 역사화도, 풍경화도 아니라고?

바토의 작품 〈키테라 섬의 순례〉의 배경이 된 키테라 섬은 어떤 곳일까요? 그곳은 바다 거품에서 태어난 사랑의 여신 비너스가 첫발을 디뎠다는 전설을 가진 땅입니다. 이 신화 덕에 키테라 섬은 사랑의 섬, 구애의 장소와 동의어가 됩니다. "키테라 섬은 펠로폰네소스 남쪽에 있다는데, 그 섬에 가면 누구든 반려자를 만날 수 있대!"라는 풍문까지 돌았습니다. 그림 속 비너스 동상이 눈을 감은 이유, 그 아래 앉은 큐피드가 사랑의 화살을 비너스 동상에 묶어놓은 까닭이 이해됩니다. 알아서 사랑에 빠지는 곳인 만큼, 굳이 이들이 애쓸 필요가 없는 겁니다.

바토는 한 연극에서 이 그림의 영감을 받았습니다. 그는 1700~1709년에 유행한 연극 '세 사촌'을 보고 키테라 섬을 무대로 한 그림을 구상합니다. 특히 "우리와 함께 키테라 섬으로 떠나시죠. 젊은 처녀들은 애인을 얻어 돌아옵니다!"라는 대사에 흠뻑 빠졌습니다.

바토는 이 그림이 미술사를 어떻게 발칵 뒤집을지 예상하지 못했습니다. 분명 반항적인 성격이긴 했지만, 이 그림은 그저 머릿속에 떠오른 대로 그렸을 뿐이었습니다. 이렇게 해야 오장육부가 편했던 겁니다. 상상을 그대로 옮겨 담다 보니 무슨 장르로 하겠다는 생각도 애초에 없었습니다. 신화화에 등장하는 신과 종교화의 핵심 소재인 순례를 뒤섞었습니다. 별다른 이야기도 없고, 특별한 메시지도 없었습니다. 당연히 특별한 형식도 없었습니다. 주제는 오직 사랑과 유희, 연극을 볼 때 느꼈던 그 두 감정뿐이었습니다.

✦ 태양왕이 죽었다⋯ 귀족에게 사치를 허하라

바토는 18세기 로코코 미술의 창시자입니다. 로코코 미술은 우아하고 화려한 장식성이 돋보이는 화풍입니다. 대표적인 장르가 〈키테라섬의 순례〉에서 파생한 '페트 갈랑트'입니다. 주요 소재는 우아한 차림새의 남녀, 사랑을 속삭이는 자세, 전원 풍경 같은 한가로운 배경, 섬세하고 럭셔리한 소품 등입니다. 지금도 골동품 가게에서 가장 많이 볼 수 있는 그림체입니다. 로코코 미술을 가장 직관적으로 표현한 게 "바토의 정원(그림)에는 비가 내리지 않는다."라는 말일 겁니다. 그만큼 밝고, 가볍고, 유희적이기만 했다는 뜻입니다.

로코코 미술 탄생에는 바토의 개인기도 큰 영향을 줬지만, 빼놓을 수 없는 이가 또 있습니다. 프랑스에서 '태양왕'으로 군림한 루이

2. (위) 장 오노레 프라고나르, 그네 Les Hasards heureux de l'escarpolette,
   캔버스에 유채, 81×64.2cm, 1767, 월리스 컬렉션

3. (아래) 장 앙투안 바토, 사랑의 노래 La Gamme de l'amour,
   캔버스에 유채, 51.3×59.4cm, 1717, 내셔널 갤러리

14세입니다. 살아생전 루이 14세는 절대 왕권을 누렸지요. 세상의 모든 아름다운 것을 소유할 수 있었습니다. 그보다 더 웅장한 방, 더 화사한 옷, 더 반짝이는 장신구가 있다는 소문이 돌면 죽음도 각오해야 했습니다. 귀족들은 숨죽여 살았습니다. 감히 예술을 누릴 수 없던 시대였습니다.

1682년, 루이 14세는 파리의 왕궁 행정을 다 싸 들고 베르사유궁으로 갑니다. 왕권을 드높이다 못해 "짐이 곧 국가다!"라는 말을 실현한 겁니다. 귀족과 병사 등 약 5만 명이 울며 겨자 먹기로 함께 갑니다. 멀쩡한 고향 땅을 두고 낯선 베르사유, 또는 옆 마을에 둥지를 틉니다. 갑갑하게 부대끼는 생활 속에서 억지웃음만 지었습니다. 베르사유궁과 내부의 예술품은 그간 없던 아름다움을 뽐냈지만, 어차피 왕의 소유일 뿐이었습니다. 침만 흘릴 수 있을 뿐 흉내 낼 수도, 흉내 내서도 안 될 일이었습니다.

바토가 문을 연 로코코 미술이 인기를 끈 건 1715년, 루이 14세가 죽은 시기와 맞물립니다. 과연 우연일까요? 왕의 위세에 억눌려 눈치만 보던 귀족들이 드디어 자유의 시간을 맞이하게 됩니다. 태양왕의 화려함이 부러웠던 귀족들은 참아온 사치심을 폭발시킵니다. 로코코란 말은 로카이유*에서 유래했습니다. 지긋지긋한 베르사유궁에서 떠나 파리로 돌아온 이들은 멋진 저택,

로카이유rocaille '작은 돌이 다량으로 들어있는 땅'을 뜻하는 단어. 르네상스 이후에는 정원 장식용 인공 바위를 지칭했다. 루이 15세 시대에선 가구 등을 시공할 때 쓰는 바위, 조개껍데기 등을 가리켰다. 더 넓은 의미에서 로카이유는 복잡하고 정교한 곡선이 있는 장식 미술·디자인을 뜻한다.

로코코 선구자: 장 앙투안 바토

그 집을 꾸밀 짜릿한 장식품을 쓸어 담습니다. 반짝이는 돌과 조개는 약과였습니다. 밝고, 귀엽고, 상큼하고, 달콤한 것이라면 물불 안 가리고 끌어모읍니다. 이런 상황에서 바토의 그림은 귀족들의 취향에 딱 맞았습니다. 프랑스 왕립 미술 아카데미의 예상대로 바토는 〈키테라섬의 순례〉 이후 대세로 떠오릅니다. 바토가 잘 나가니 그가 창시한 '페트 갈랑트'식 예술품을 만드는 화가들이 줄을 섭니다. 로코코 미술의 시대가 열린 겁니다.

로코코 미술이 유행하기 전, 즉 루이 14세의 취향이 곧 예술 잣대였던 시절에는 바로크 미술이 대세였습니다. 웅장하고 장엄한 화풍입니다. 궁과 거리 등 규모가 큰 공간을 장식하기 위한 대작이 대부분입니다. 극적이고 격정적인 면이 있어 선전에도 잘 쓰였습니다. 루이 14세가 죽은 후 귀족들이 바로크를 곧이곧대로 이어받지 않은 이유는 무엇일까요? 공급의 문제, 취향의 차이 등과 함께 숨 막히던 그 인물, 루이 14세에 대한 PTSD(외상후스트레스장애)도 영향을 미쳤을 것이라는 말이 나옵니다. 그가 떠오르는 것들을 피하고 싶었을 테니까요.

로코코의 시대가 낳은 문화 중 지금껏 이어지는 게 있습니다. 살롱˚입니다. 미술계에서는 바로크를 남성성, 로코코를 여성성에 빗대기도 합니다. 귀족들은 집을 한껏 꾸미자 이를 자랑하고 싶어졌습니다. 사교성 좋은 귀족 부인들을 중심으로 서로의 집을 방문하는 모

살롱salon 예술사에서는 17~18세기 프랑스 상류사회에서 귀족 부인의 주도로 성행하던 정기적인 사교모임을 의미한다.

임이 생겨납니다. 가구와 벽지를 구경하고, 소품과 예술품을 감상했습니다. 대화 주제는 미술과 함께 문학, 정치, 음악, 과학 등으로 지적 유희를 즐겼다고 합니다.

✦ 창고 속에 처박힌 바로크

"바토는 프랑스가 배출한 가장 위대한, 최고의 화가 중 한 명이다."
— 에드메 프랑수아 제르생

로코코 미술 시대의 화랑은 어땠을까요? 함께 그림 4를 봅시다. 중앙에서 살짝 오른쪽에 선 두 사람이 원 모양 액자에 있는 그림을 뚫어져라 봅니다. 바로 뒤에 있는 화상이 이 누드화의 가치를 알려줍니다. 벌거벗은 님프가 목욕하고 있는 전형적인 '페트 갈랑트'입니다. 그 옆에는 덤덤한 표정의 한 여성과 새로운 작품을 꺼내놓는 직원이 있습니다. 한껏 치장한 귀부인은 예술품 수집가 같지요. "이런 건 이미 집에 다 있어요. 더 새롭고 멋진 건 없어요?"라고 말하는 듯합니다. 여직원이 이에 다른 장식물을 선보이는 모습입니다. 벽에 걸린 그림 대부분은 누드화입니다. 반 다이크, 티치아노, 루벤스 등의 작품입니다. 위엄이 지배하던 루이 14세 시대에선 좀처럼 보기 힘들었던 풍경입니다.

4. 장 앙투안 바토, 제르생의 간판 L'Enseigne de Gersaint, 캔버스에 유채, 163×306cm, 1720,
샤를로텐부르크 궁전

중앙을 기준 삼아 왼쪽으로 가볼까요. 한 남성이 철 지난 그림을
정리하는 중입니다. 루이 14세의 초상화가 상자에 처박히고 있습니
다. 왼쪽 구석으로 몰린 엄격, 근엄, 진지한 초상화들도 곧 떼어질 것
같습니다. 분홍빛 원피스를 입은 한 여성이 이를 무심하게 봅니다. 가
운데 선 남성은 그런 그녀에게 손 내밀며 "어서 오른쪽으로 가시지
요."라고 말을 거는 듯합니다. 바토의 또 다른 작품인 〈제르생의 간
판〉(그림 4)입니다.

Jacques-Louis David 1748~1825

"이건 또 그리스·로마 신화에서 어느 장면이야?" 1799년 12월 27일, 프랑스 파리의 루브르 박물관 안 전시장. 한눈에 들어오지 않는 거대한 그림을 본 사람들이 수군댑니다. "사비니의 여인들이잖아. 로마와 사비니 전쟁을 막으려고 몸을 던진…." 누군가가 함께 온 이들에게 말합니다. "이걸 그린 화가 말이야. 비열한 기회주의자라지만, 실력 하나는 기가 막히는군!" 사람들 사이에서 탄성이 나옵니다. "프랑스 혁명에 불을 지핀 그 사람 작품이야? 혁명 정부가 무너지고 옥살이를 1년 정도 했다더니 아예 딴사람이 됐네? 그런데도 또 이런 감동을 안기는 게 악마의 재능이긴 해." 마지못해 고개를 끄덕이는 이도 있습니다. 그림 맞은편에는 이 작품만 한 큰 거울이 걸렸습니다. 사람들은 거울을 통해 그림 속 전쟁터 한가운데 있는 자신을 봅니다. 몇몇은 만감이 교차한 듯 주저앉아 오들오들 떱니다.

1. 자크 루이 다비드, 사비니 여인들의 중재 Les Sabines, 캔버스에 유채, 385×522cm, 1799, 루브르 박물관

입장료를 내야 이 작품을 볼 수 있었지만, 전시는 초대박이 납니다. 당시로는 생소한 일이었습니다. 미술의 역사상 첫 '유료화' 실험이었지만 보란 듯 성공한 겁니다. 이 화가는 돈을 쓸어 담습니다. '끝날 때까지는 끝난 게 아니다.' 그렇게, 불굴의 야심가는 조용히 제3의 전성기를 꿈꿉니다.

이 화가의 이름은 자크 루이 다비드입니다. 신고전주의 시대를 연 다비드는 프랑스 혁명 시기, 격동의 흐름에서 늘 중심에 섰습니다. 자기 삶 또한 그림보다 더 그림처럼 극적으로 이끌었습니다. 영광과 몰락, 투쟁과 변절을 되풀이한 다비드의 생은 그 시절 프랑스 역사를 집약한다고 해도 과언이 아닙니다.

✦ **전쟁터에 뛰어든 여인들, 선명한 메시지 있다고?**

흰옷을 입은 금발 여성이 용감하게 전장 한복판에 섭니다. 쭉 뻗은 두 팔은 거침없습니다. 벌어진 두 다리에선 물러나지 않겠다는 결연한 의지가 보입니다. 뿜어내는 패기는 무장한 남성들을 압도합니다. 그리스·로마 신화 속 여신 같지요? 그녀의 새하얀 두 팔은 칼과 창, 방패보다 더 단단하게 느껴집니다. "그만!" 그녀의 고함이 메아리가 돼 전장 전역에 들리는 듯합니다. 주변 여성들도 각자 방식으로 전쟁을 막으려고 합니다. 흰 두건을 쓴 여성은 이성을 찾으라는 듯

갓난아이를 높이 치켜들고 있습니다. 다른 여성은 칼을 든 전사의 다리에 매달립니다. 검은 머리칼의 여성은 전쟁이 다 무슨 소용이 있냐는 듯한 표정으로 자리에 앉아 있습니다. 이들 말고도 수많은 여성이 맨몸으로 전쟁터 한가운데를 뚫고 옵니다.

대치하는 근육질의 두 남성은 움찔합니다. 차마 칼을 휘두르지 못하고, 창을 던지지 못합니다. 일격을 가하기 직전 자세 그대로 굳었습니다. 그림 오른편의 말을 탄 군인은 칼을 거둡니다. 벗은 투구를 높이 든 채 "전쟁은 끝났다!"라고 외치는 병사들의 모습도 그려졌습니다. 이런 가운데, 아무것도 모르는 아기들은 순진무구하게 서로 뒤엉켜 놀고 있습니다.

이 그림, 언뜻 봐도 교훈적입니다. 그림은 깨끗하고 정확합니다. 용기 있는 영웅의 등장과 결정적인 장면, 아름다운 결말의 암시만 담습니다. 목숨이 오가는 전쟁터임에도 안정감이 느껴집니다. 불필요한 해석은 애초에 막아뒀습니다. 부담스러울 정도의 강렬함도 없고, 눈이 부실 만큼의 화려함도 없습니다. 1799년 루브르 전시장에 걸렸던 이 작품, 다비드의 〈사비니 여인들의 중재〉(그림 1)입니다.

✦ 로코코의 타락으로 주목받은 담담한 신고전주의

다비드는 신고전주의 창시자입니다. 18세기 후반에서 19세기 초반 사이 유행한 신고전주의는 그리스·로마 등 고대 양식의 부활을 목표로 합니다. 특징은 명징함입니다. 바로 알아볼 수 있는 주제, 교훈적인 설화 등 쉽게 이해할 수 있는 소재, 명확한 윤곽과 균형 잡힌 구도와 깔끔한 표현 기법 등입니다. 무뚝뚝한 양식인 듯하지만 의외로 호소력이 짙습니다. 가끔은 담담한 눈물이 울부짖는 호소보다 더 큰 울림을 주는 법입니다.

신고전주의는 로코코에 반기를 든 사조입니다. 우아함을 내걸고 퍼진 로코코는 차츰 사치와 향락에 물들고 퇴폐와 타락을 거듭한 끝에 천박한 화려함만 남았습니다. 과유불급過猶不及의 선을 넘은 겁니다. 사람들은 변질된 로코코에 회의감을 느끼고 옛것을 그리워합니다. 허례허식 없는 원초적인 아름다움, 유희를 넘어 가르침과 깨달음을 안겨주는 고전을 돌아보게 됩니다. 역시 세상은 그렇게 다시 돌고 돕니다.

이런 분위기가 무르익을 무렵, 때마침 반가운 소식이 들립니다. 고대 그리스 도시의 고고학적 발굴이 이뤄졌다는 겁니다. 더 놀라운 소문도 돕니다. 폼페이와 헤르쿨라네움 등 그 시절 도시의 예술품이 지금보다 더 좋아 보인다는 겁니다. 다들 가만히 있을 수 없었습니다. '나는 늦었지만, 내 아이는 선진 문명을 맛봤으면 좋겠다.' 이탈리아는 유학의 성지가 되고, 그렇게 그랜드 투어 Grand Tour 열풍이 불어닥쳤습니다.

그랜드 투어란 유럽 상류층 자제들이 사회로 나가기 전 이탈리아를 비롯한 나라들을 돌며 문물을 공부하는 여행이었습니다. 예술가

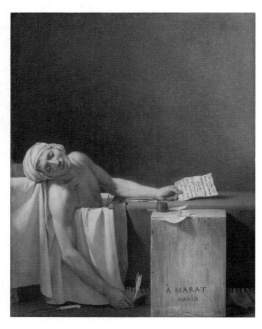

4. **자크 루이 다비드, 마라의 죽음**La Mort de Marat, 캔버스에 유채,
165×128cm, 1793, 벨기에 왕립 미술관

그런데 혁명이 터지고 난 뒤 다비드의 행동이 의외입니다. 다비
드는 전부 예상했다는 듯 왕정에서 받은 혜택을 다 내던지고 혁명 정
부 편에 섭니다. 심지어 온건파인 지롱드도 아닌 급진파인 자코뱅에
몸담습니다. 게다가 루이 16세와 왕비 사형에도 찬성합니다. 다비드
가 자코뱅 지도자인 로베스피에르와 친했던 건 맞지만, 이렇게까지
180도 '전향'한 이유는 지금도 논쟁거리입니다. 어쨌든 다비드는 혁
명 정부 의장까지 오를 정도로 잘나갑니다. 다비드가 팔을 걷고 나선

사적이고 지적인 미술관

덕에 혁명 시대 때도 문화재는 보호할 수 있었습니다.

    루이 16세를 위해 그림을 그리던 다비드가 이제 혁명 정부를 선전하기 위해 붓을 듭니다. 〈마라의 죽음〉이 그 시기 대표작입니다. 장폴 마라Jean Paul Marat는 다비드의 혁명 동지입니다. 마라는 고질병인 건선乾癬 탓에 욕조에서 일하기로 유명했습니다. 1793년 7월, 자코뱅에 불만을 품은 한 여성이 그런 마라를 암살합니다. 다비드의 그림 속 마라는 성인 내지는 현인 같습니다. 하이라이트는 그의 손에 들린 편지입니다. '저는 매우 가난하고 비참해요. 당신의 도움이 필요해요'라는 글이 쓰였습니다. 다비드는 이 그림을 통해 마라를 단숨에 위인으로 만듭니다. 숭고한 죽음을 맞은 '시민의 종'으로 추켜세웁니다.

    하지만 혁명 정부가 휘두른 공포 정치는 역풍을 부릅니다. 루이 16세를 향하던 민심의 칼끝은 이제 혁명 정부를 향하기 시작합니다. 1794년, 로베스피에르 체제가 무너지고 자코뱅의 지도자가 하나둘 처형됩니다. 다비드는 사형 선고는 면하고 1년가량 징역살이를 합니다. 그런 다비드는 감옥에서 한시도 가만히 있지 않았다고 합니다. 계속해서 무언가를 쓰고, 끊임없이 중얼거렸습니다. 그림 때문에 죽을 고비를 넘기고도 다음 작품을 구상하고 있는 듯했습니다. 아직 내 시대는 끝나지 않았다고 믿는 양….

✦ 왕정도, 혁명 정부도 겪은 그의 외침 "이제 그만!"

〈사비니 여인들의 중재〉(그림 1)를 자세히 볼까요? 로마 건국 설화의 한 장면으로, 내용은 이렇습니다. 암늑대의 젖을 먹고 큰 로마초대 왕 로물루스는 로마의 제국화를 꿈꿉니다. 그러기 위해서는 인구 증가가 절실했지요. 사람이 많아야 생산력도, 군사력도 늘기 때문입니다. 결혼해 아이를 낳을 여성 수가 부족하자 로물루스는 이웃 부족인 사비니를 노립니다. 축제를 열어 근처 부족 사람들을 모두 초대한 뒤, 사비니 여인들을 납치합니다. 뒤통수를 맞은 사비니의 남자들은 속수무책으로 도망쳤습니다. 그들은 '피의 잔치'였던 그날 이후 수의만 입은 채 이를 바득바득 갈았습니다.

두 부족은 3년 뒤 전장에서 만납니다. 그림 중앙을 보면 서로 칼과 창을 겨눈 채 마주 선 두 전사가 보입니다. 왼쪽 인물은 사비니 대장 타티우스, 오른쪽 인물은 로마 왕 로물루스입니다. 로물루스의 방패에는 'ROMA'라는 글과 함께 암늑대의 젖을 문 로물루스와 쌍둥이 형제 레무스의 모습이 박혀 있습니다. 하지만 이 그림의 주인공은 두 사람이 아니라 이들 사이에 선 사비니의 여인, 헤르실리아입니다. 헤르실리아는 타티우스의 딸이자, 로물루스의 아내였습니다. 헤르실리아는 이 전쟁에 결코 승자가 없으리란 것을 알았습니다. 과거 피의 잔치는 돌이킬 수 없는 일입니다. 이대로 가다간 그 참혹한 옛일 때문에 혈육이 죽든, 남편이 죽든, 아니면 둘 다 죽을 위기에 처한 것입니다.

"우리는 이제 어머니예요. 우리 아이들은 당신의 아들, 손자입니다. (…) 우리가 싸움의 원인이지요. 우리 때문에 남편과 아버지가 다치거나 죽어 넘어졌어요! 과부나 고아가 되기 전에 차라리 우리가 먼저 죽어버리겠어요." 헤르실리아와 그녀를 따른 여성들이 고함칩니다. 피비린내가 진동하던 전쟁터가 조용해집니다. 전사들은 조용히 무기를 내려놓습니다. 그렇게 전쟁은 마무리됩니다.

다비드는 감옥에서 나온 뒤 홀린 사람처럼 이 그림을 그립니다. 다비드는 1799년, 나폴레옹의 독재를 인정하는 통령정부 헌법이 선포되고 사흘 후 〈사비니 여인들의 중재〉를 사람들에게 공개합니다. "다 됐고, 이제 그만 싸우자!"라고 말하는 겁니다.

다비드의 그림 속 건물은 바스티유 감옥과 비슷합니다. 그 시절로부터 10년 전인 1789년, 프랑스 혁명의 시발점은 바스티유 감옥 습격 사건이었습니다. 왕정도 답이 없었지만, 그렇게 해 이뤄진 혁명도 끝내 피로 물들었습니다. 다비드는 모든 체제, 모든 계층의 화해를 종용한 겁니다. 역사의 할큄 속 상처 입은 시민들은 그림 앞에서 눈물을 뚝뚝 흘립니다. 일각에선 다비드가 나폴레옹에게 줄을 대려고 그를 헤르실리아에 빗대 그렸다는 말이 있습니다. 다비드가 이 그림을 통해 왕정과 혁명 정부에 가담한 과거를 세탁했다는 이야기도 합니다.

다비드는 기적처럼 부활합니다. 다비드는 이제 나폴레옹의 제1 화가가 됩니다. 시대는 또 그를 택했습니다. 나폴레옹은 체제 안정화를 위해 신고전주의의 담담한 호소력이 필요했습니다. 다비드는 그런 면에서 여전히 대체 불가능한 화가였으니까요.

다비드는 나폴레옹의 초상화를 계속 그립니다. 〈알프스를 넘는 나폴레옹〉(그림 5)은 모두 어디선가 한 번쯤은 봤을 작품입니다. 강렬한 눈빛과 영화배우처럼 잘생긴 얼굴, 화려한 복장과 늠름한 자태, 전쟁터를 마구 휘저을 것 같은 백마…. 다비드는 나폴레옹에게 압도적인 위엄을 심어줬습니다. "알프스 행군은 말도 안 되게 힘든 일이지 않은가. 그런데도 침착하고 용감하게 말을 타 부대를 지휘하는 내 모습을 그려주시오."라는 나폴레옹의 말을 완벽하게 따른 결과입니다. 나폴레옹보다 먼저 알프스를 넘은 두 전설, 한니발과 샤를마뉴의 이름을 바위에 새겨준 건 다비드의 서비스입니다. 나폴레옹은 이 그림에 만족해 복사본을 여러 장 만든 뒤 점령지마다 걸었다고 합니다.

하지만 왕정, 혁명 정부에 이어 누린 다비드의 '제3의 전성기'도 영원하지 못했습니다. 다비드의 영광은 1816년, 나폴레옹의 퇴위와 함께 사라집니다. 다비드는 모든 걸 내려놓고 벨기에로 망명합니다. 다시 꾸려진 프랑스 왕정으로부터 돌아와 달라는 요청을 받지만, 냉정하게 거절합니다. 한때 누구보다 피가 들끓었던 다비드는 그렇게 스스로 불씨를 꺼뜨렸습니다. 다비드는 1825년 77세의 나이로 벨기

5. 자크 루이 다비드, 알프스를 넘는 나폴레옹·Bonaparte franchissantle Grand-Saint-Bernard, 캔버스에 유채,
   261×221cm, 1805, 말메종 성

에 브뤼셀에서 세상을 떠났습니다. 그래도 다비드가 격동의 모든 순간 거물로 있으며 프랑스 예술품을 보존한 덕에, 프랑스 파리는 곧 문화예술의 중심지로 꽃필 수 있었습니다.

다비드가 죽은 후 그의 작품 또한 급속도로 잊힙니다. 사람들은 기회주의자의 최후라고 조롱했습니다. 하지만 그의 그림 속 숭고한 아름다움은 끝내 바닥을 뚫고 나옵니다. 지난 2008년에는 그의 작은 초상화 한 점이 뉴욕 크리스티 경매에서 700만 달러(당시 약 80억 원)에 팔렸습니다. 이제는 다비드에 관심 없는 사람조차 그의 작품 한두 점은 알고 있습니다.

왜 그러셨습니까? 다비드의 변화무쌍한 그림을 보고 물어본다면 그는 뭐라고 대답할까요? 다비드의 속마음을 짐작해 답해보겠습니다. "내가 줏대 없이 진영을 넘나든 까닭은 이상과 야심을 실현하기 위해, 그리고 무엇보다도 그 시대 또한 나를 필요로 했기 때문이오." 풍운아의 시대는 그렇게 막을 내렸습니다.

사적이고 지적인 미술관

몰려왔다. 눈을 감았다 떴을 때 보이는 건 하늘 같은 바다, 바다 같은 하늘뿐이었다. 1등석 사람들은 이미 흩뿌려진 구명보트에 올라타는 중이었다. "도대체 뭡니까!?" 나는 허둥지둥 뛰어다니는 선원의 어깨를 끌어당겼다. "선장 때문이라고! 암초를 못 보고 그대로 돌진했어. 20년 만에 처음 키를 잡는 주제에 이깟 폭풍우 따위라더니!" 선원은 나를 밀쳤다. "3등칸 사람들은 어떻게 합니까?" "당신들 자리는 없어! 선장이 뒷돈을 받고 자기 사람들을 한가득 더 태웠거든. 빨리 뗏목이라도 만드는 게 좋을 거야." 선원은 이 말을 남기곤 사라졌다. "저 말이 진짜야?" "이미 구명보트 두어 개에는 사람이 가득 찼다던데?" 3등칸 사람들이 웅성댔다.

"목수 더 없어? 연장 좀 잡아본 사람 없냐고!" 사람들 사이에서 다급한 목소리가 쩌렁쩌렁 울렸다. "내가 목수니까 몇 명만 나를 좀 도와주쇼." 키는 작았지만 땅땅한 체구를 가진, 얼추 50대 정도로 보이는 남자였다. 그의 옆에는 조수처럼 보이는 어린 남자아이가 목에 핏줄이 돋은 채로 서 있었다. 목수의 지시에 따라 사람들은 위태롭게 붙어있는 배 갑판을 종이 찢듯 뜯어냈다. 나도 동참했다. 갑판에 엉겨 붙은 못을 빼려다가 오른손의 엄지손톱이 들어 올려졌다. 고통에 뒹굴고 싶었다. 하지만 그럴 틈이 없었다.

"밧줄!" 목수가 소리쳤다. 군인이 왼쪽 넓적다리에 걸린 단검을 빼 들었다. 돛에 엉켜있는 밧줄을 길게 끊어내자 목수가 이를 쥐고 내달렸다. 그는 조수와 함께 아무렇게나 뜯은 배 갑판 조각을 이어붙

사적이고 지적인 미술관

였다. 뗏목이 만들어졌다. 어설펐지만, 확실히 물에 떴다. 제법 크고 넓은 뗏목 곳곳에는 사람들의 피가 낭자했다. 말 그대로 피와 땀, 절규로 만든 생명선이었다.

"저 구명보트가 사라지기 전에 이 밧줄로 뗏목을 붙여버리자고." 이번에는 한 노인이 소리쳤다. "폭풍우는 분명 한나절은 더 갈 것이야. 바닷물의 색을 보니 이 주변에 육지는커녕 작은 섬조차도 없어." 노인은 어부였다. "메두사호는 곧 침몰해! 아직 정신 못 차리고 있는 저 구명보트를 잡으라고!" 노인은 자신의 말을 믿으라고 다그쳤다.

망설일 틈이 없었다. 노인이 가리킨 구명보트를 봤다. 선장이 머리가 산발이 된 채 사람들을 짓밟고 있었다. "아직 가면 안 돼. 찻잔이랑 카펫, 벽에 걸린 그림도 갖고 와!" 그는 선원에게 주먹을 휘둘렀다. 망설이고 있는 선원을 발로 걷어찼다. 그 사이 3등석 사람들은 밧줄을 쥐었다. 눈이 뒤집힌 선장 몰래 살금살금 움직였다. 목숨을 건 도박이었으나 결국 구명보트 끝단과 뗏목의 가장 튼튼한 나무줄기를 꽉 묶는 데 성공했다. 겨우 뗏목으로 돌아와 보니 뗏목도 엉망이었다. 족히 150명은 돼 보이는 사람들은 서로를 깔고 누르며 뒤엉켰다. 파도가 칠 때마다 한 움큼의 사람들이 쓸려갔다.

갑자기 뗏목이 뒤집힐 듯 크게 출렁였다. "구명보트가 움직이고 있어요!" 누군가가 외쳤다. 구명보트에 연결된 뗏목도 그 뒤꽁무니를 착실하게 쫓아갔다. 그 사이 메두사호는 순식간에 가라앉았다. 고비는 넘겼다고 생각한 순간, 선장이 뒤를 돌아봤다. 그는 고래고래 소리

낭만주의 선구자: 테오도르 제리코

치며 씩씩댔다. 한 선원이 쥐고 있는 칼을 빼앗아 든 선장은 뗏목 사람들의 모든 희망이 담긴 그 밧줄을 툭, 잘랐다. 구명보트는 그렇게 멀어졌다.

✦ 우리는 어디까지 잘못돼야 할까

드디어 폭풍우가 멈췄다. 한나절이 지난 후였다. 사람들은 뗏목 한가운데를 차지하기 위해 서로 싸웠다. 그나마 가장 안전한 곳을 누리기 위해 주먹질도 망설이지 않았다. 우리가 있는 곳은 바다였지만, 뗏목 위 세상은 정글이었다. 사흘이 흘렀다. 살 사람은 살고, 죽을 사람은 죽었다. 살아남은 사람들은 그제야 쪽잠이나마 잘 수 있었다. 뗏목을 나돌던 상어들도 배를 다 채웠는지 모두 사라졌다. 언젠가 전쟁터에서 생존할 수 있는 가장 좋은 전략 중 하나가 '눈에 띄지 않기'라고 배운 적이 있다. 아직 내 숨이 붙어있는 건 이 덕분이었다. 뗏목에 남은 사람은 겨우 30~40여 명뿐이었다.

전쟁은 끝났으나 새로운 지옥이 펼쳐졌다. 무엇보다 식량이 문제였다. 축축한 비스킷 박스는 모두 동났다. 이쯤부터 뗏목 위는 군인을 따르는 집단과 그러지 않는 집단으로 갈라졌다. 반반 정도였다. 군인은 큰 체격, 쩌렁쩌렁한 목소리가 무기였다. 그의 왼쪽 넓적다리에 걸린 단검도 위협적이었다. "이럴 때 가장 잘 먹어야 하는 사람은 지도자야. 맨정신으로 올바른 판단을 해 부하들을 이끌어야 하거든." 군인

사적이고 지적인 미술관

2. 윌리엄 터너, 바다의 어부Fishermen at Sea, 캔버스에 유채, 91.4×122.2cm, 1796, 테이트 브리튼

은 단검을 휘둘러 생선을 잡았다. 그러고는 자기 사람들을 앉혀놓은
뒤 일장 연설을 하며 생선 뼈를 으적으적 씹곤 했다. 하지만 그의 눈
빛에는 이미 광기가 가득했다.

　　각자도생을 택한 사람들은 저마다의 방식으로 생을 꾸렸다. 이들
은 도저히 군인을 따를 수 없었다. 뗏목 한가운데를 차지한 후 노인,
아이 구분 없이 마구 발로 차던 그에게 복종할 수 없는 노릇이었다.
나는 가끔 바다 위로 튀어 오르는 멸치 같은 생선을 먹었다. 몇몇 노

　　　　　　　　　　　낭만주의 선구자: 테오도르 제리코

인은 버려진 생선 눈알과 척추를 쥐어짜 수분을 보충했다. 흑인 대부분은 소나기로 푹 젖은 옷을 쥐어짜 식수를 만들었다.

며칠이 더 흘렀다. 뗏목은 여전히 외로운 섬이었다. 사람들은 계속 죽어갔다. 갈증을 참다못해 생선 피를 들이켠 사람, 누가 봐도 암초인데 이를 구조선이라고 소리치며 허겁지겁 물로 뛰어든 사람, 눈물을 뚝뚝 흘리며 스스로 생선 밥이 되길 택한 사람 등 다양했다. 대부분은 기아, 탈수, 질병 등으로 서 있기도 힘들었다. 일부는 죽고, 상당수는 미쳐갔다. 나와 몇몇은 마지막 이성의 끈을 힘겹게 부여잡고 있었다.

신의 뜻은 무엇일까. 이 일은 내게 주어진 고행苦行인가? 그게 아니라면 내가 여기에서 죽기를 바라는 걸까. 그가 원하는 바가 무엇이든 나는 내가 야만인이 될 조짐이 보이면 바로 숨을 끊겠다고 거듭 다짐했다. 악몽 같은 시간이었다. 가장 괴로운 건 아무런 기약조차 없는 지금의 상태였다. 다들 피부가 까맣게 그슬렸다. 몸 곳곳에서 하얀 껍데기 같은 게 일었다. 파도는 끊임없이 밀려왔고 때때로 누군가는 그대로 휩쓸려 사라졌다.

여느 때처럼 지긋지긋한 날이었다. 군인과 그의 졸개들만 그나마 기어 다닐 힘이 있었다. 나머지는 누운 채 죽음을 기다렸다. 사람들을 멍하니 쳐다보는 군인 무리의 눈빛이 심상치 않다는 걸 알아챘다. 이들은 서로 귓속말을 했다. "왜 몰랐지? 여기 널린 게 먹을 건데." 쉰 목소리가 들려왔다. 뗏목 한가운데에 눌러 앉아있던 이들은 다리를

사적이고 지적인 미술관

질질 끌며 내가 누워있는 곳의 반대쪽으로 다가갔다. "이거, 죽은 거지?" 군인이 단검을 들고 툭툭 치는 건 여태 울고 웃기를 반복하다가 최근 잠잠해진 한 흑인이었다. 그의 졸개들이 고개를 끄덕였다. "손질하자." 군인은 이들을 시켜 한 명은 양팔, 한 명은 양다리를 쭉 벌리게 했다. 나는 고개를 돌렸다. 서걱서걱. 소리가 들렸다. 웩. 누군가의 구역질 소리도 들렸다. 사위가 잠시 고요해진 찰나, 윗니와 아랫니가 부딪히는 소리, 우악스러운 목 넘김 소리가 귓가에 닿았다. 소리는 점점 더 게걸스러워졌다. "미쳤군." 내 바로 앞에 있던 빨간 옷을 두른 남자가 팔에 볼을 괸 채 혼잣말을 했다. 그는 주도적으로 이 뗏목을 만든 목수였다. "이놈도 곧 죽겠어." 나와 눈이 마주친 목수가 우악스러운 왼팔로 지탱하고 있는 건 그의 조수였다. "그래도 내가 이렇게라도 쥐고 있어야 저놈들이 마음대로 못 건들지." 그는 이미 시신이라 해도 이상할 게 없는 조수를 다시 잡아당겼다.

"하나 더. 하나 더…." 또다시 쉰 목소리가 들렸다. 마지막 이성마저 놓은 소리였다. 참담한 기분에 눈에서 눈물이 뚝뚝 떨어졌다. 허기, 기약 없는 표류, 야만인이 된 사람들…. 무엇보다 스스로가 혐오스러웠다. 저들이 벌이는 짓을 알아차린 뒤 나 또한 더욱더 허기를 느꼈기 때문이다. 나도 모르는 새 짐승이 되고 있었다. 신의 뜻은 도대체 무엇일까. 있는 힘을 다해 뗏목에서 나무 조각을 뜯어냈다. 엄지손가락에서 다시 피가 흘렀다. 상관없었다. 그 조각을 내 목에 가져다 대려는 순간….

낭만주의 선구자: 테오도르 제리코

3. 테오도르 제리코, 메두사호의 뗏목Le Radeau de la Méduse, 캔버스에 유채, 491×716cm,
1819, 루브르 박물관

Gustave Courbet 1819~1877

"여보, 이 전시회 좀…. 이상하죠?" 1855년, 프랑스 파리. 반짝이는 옷과 장신구로 꾸민 중년 여성이 남편 팔을 꽉 쥔 채 속삭입니다. 처음에는 신선했습니다. 옆 골목에서 열린 만국박람회와 똑같은 입장료를 받는 것도 파격적이었습니다. 문을 열자마자 말끔히 생긴 한 남성이 싱긋 웃으면서 그들을 맞이했습니다. 자신감 넘치는 표정, 꼿꼿한 자세는 신뢰감을 주기에 충분했지요. 건네받은 안내 책자를 쓱 훑어보니 문구도 나름 빽빽했습니다. 구름 떼 같은 사람들에 지쳐 바람이나 좀 쐬려고 나왔을 뿐인데, 진흙 속 진주를 찾은 기분이었지요. 두 사람은 내심 '역시 이 시대 지식인이라면 시야가 넓어야 하는 법이지'라며 뿌듯해했습니다.

그런데 부부는 벽에 걸린 그림들을 보면 볼수록 아리송한 기분이 들었습니다. 농부 그림, 광부 그림, 이건 좀 다른가 싶으면 시골 가족

사실주의 선구자: 귀스타브 쿠르베

그림…. 그림이란 무릇 벅찰 만큼 웅장하거나 가슴 찡할 만큼 예뻐야 하는데 이 사람 작품엔 그런 게 없었습니다. 부부는 '따지자면 못 그린 건 아닌데 왜 굳이 이런 모델을…?'이라는 생각을 멈출 수가 없었습니다. 이윽고 둘은 전시장 한가운데 있는 6m짜리 초대형 그림 앞에 섭니다.

작품은 그야말로 중구난방이었습니다. 어디서 급하게 쓸어 담은 듯한 남녀노소가 떼거리로 그려져 있었습니다. "이 화가 말이야. 허우대는 멀쩡해 보였는데 작품은 영 부담스럽구먼." "그렇죠? 혹시라도 여기에 호기심을 갖는 이가 있다면요. 제가 앞장서 말리겠어요." "그래서 책자에 쓰인 사실주의란 게 대체 뭐야? 설명은 그럴듯하게 해놓았는데 영 이해를 못 하겠군. 저 사람, 눈빛이 좀 이상하긴 했어. 약간 광신도 같았다고." 각박한 평가만을 남긴 채 그들은 미련 없이 전시장을 떠났습니다.

위험한 눈빛을 지닌 이 화가. 훗날 사실주의의 창시자, 더 나아가 새로운 화가의 아버지로 불리게 될 귀스타브 쿠르베는 이들의 퇴장을 쓸쓸히 지켜봅니다. "그럼에도 내 시대는 곧 올 거야." 쿠르베는 두 사람이 손가락질한 자신의 그림 〈화가의 작업실: 7년 생활이 요약된 참된 은유〉(그림 1)을 보고 혼잣말을 합니다.

사적이고 지적인 미술관

1. 귀스타브 쿠르베, 화가의 작업실 L'Atelier du peintre, 캔버스에 유채, 361×598cm, 1855, 오르세 미술관

✦ 도떼기시장이 아니라 작업실이라고?

"제가 상상할 수 있는 가장 놀라운 그림이지요.

비평가들은 할 일이 많아질 겁니다.

사람들은 계속 추측하게 될 겁니다." ㅡ 귀스타브 쿠르베

이 그림을 보면 어딘지 앞에서 살펴본 중세 시대 세 폭 제단화가 떠오르지 않나요? 화가를 가운데 둔 채 두 진영으로 나뉘어 맞붙는 구도이기 때문이지요. 왼쪽은 그 시절 흔히 볼 수 있던 평범한 사람들이 주를 이룹니다. 농민과 실업자가 보이고 광대, 성직자, 무덤 파는 남자, 옷감을 든 상인도 있습니다. 무릎 사이로 총을 둔 뒤 고개를 숙인 밀렵꾼도 그려졌습니다. 캔버스 바로 뒤로는 화살형刑을 선고받은 순교자 성 세바스찬의 나체 석고상이 보이지요. 그 앞에 아이에게 젖을 물리는 한 여인이 앉아 있습니다. 그녀의 뒤편에 눅눅한 신문지로 싸인 꺼림칙한 해골도 보입니다. 이 무리에서는 어쩐지 술과 흙냄새, 알 수 없는 비린내가 폴폴 날 듯합니다.

오른쪽은 분위기가 사뭇 다릅니다. 비교적 부티가 나지요? 깔끔한 차림새의 사람들이 모였습니다. 화가가 이들을 따로 불러 "눈에 힘을 팍 주세요!"라고 당부한 듯 눈빛이 살아 있습니다. 그림 가운데에는 이 작품을 그린 화가, 쿠르베가 있습니다. 풍경화 작업 중인 그는 캔버스 앞 자신의 멋짐에 한껏 취한 모습입니다. 나체의 여성은

그런 쿠르베를 애틋하게 쳐다봅니다. 어린아이의 뒷모습도 눈길을 끕니다. 셔츠의 팔 부분과 바지 밑단이 찢어졌습니다. 흰색 강아지 한 마리는 지금의 분위기에 들뜬 양 꼬리를 둥글게 말아 올렸습니다.

✦ 사실적으로, 사실보다 더 사실적으로

쿠르베는 19세기 사실주의의 선구자입니다. "사실주의? 그냥 눈에 보이는 걸 따라 그리면 그게 사실주의 아니야?"라는 말이 나올 법합니다. 맞는 말입니다. 다만 이는 사실주의의 절반만을 이해한 해석입니다. 사실주의는 눈앞에 있는 걸 그대로 그리면서, 더 나아가 그 시대상까지 꾸밈없이 담는 화풍입니다.

"망막에 비치지 않는 것은 그리지 말라." —귀스타브 쿠르베

쿠르베가 그린 〈돌 깨는 사람들〉(그림 2)을 보면 더 쉽게 이해가 됩니다. 그 시대 노동자를 있는 그대로 그렸습니다. 8등신에 멋들어진 몸매도 아닌 사람을 과장되게 내리쬐는 빛도, 반짝이는 장신구도 없이 그렸습니다. 뜯어진 옷과 고생해 갈라진 주름이 그대로 보입니다. 발랄한 생동감은 전혀 없고 일에 지쳐 보입니다. 쿠르베는 이 두 사람을 '사실 그대로' 담았습니다. 여기에 한 걸음 더 나아가 당시 노동자가 얼마나 힘든 처지에 놓여있는지를 고찰했습니다.

2. (위) 귀스타브 쿠르베, 돌 깨는 사람들 Les Casseurs de pierres, 캔버스에 유채, 165×257cm, 1849,
   드레스덴 국립 미술관

3. (아래) 외젠 들라크루아, 사르다나팔루스의 죽음 La Mort de Sardanapale, 캔버스에 유채, 390×490cm,
   1827, 루브르 박물관

걸음이 눈에 띄게 줄었습니다. 결국 쿠르베는 기대 이하의 성적을 거뒀다는 평을 받아들여야 했습니다.

✦ 그의 생이 더 그림 같았다

쿠르베의 그림은 사실적이었지만, 쿠르베의 생은 그림 같은 순간의 연속이었습니다. 쿠르베에게는 구세주 콤플렉스가 있었던 게 아니냐는 의심을 불러일으키는 부분이 있습니다. 쿠르베가 그린 〈화가의 작업실〉만 봐도 그를 중심으로 빛이 내려오지요. 마치 계시를 받는 듯합니다. 〈안녕하세요, 쿠르베 씨〉를 보면 그는 우월감을 느끼고 내려다보듯 세상을 대합니다. 그런가 하면, 쿠르베는 자신을 거칠고, 세련되지 못한 반란군으로 그리는 일 또한 즐겼습니다. 마치 새 시대를 구상하는 데 전념하는 혁명가의 모습처럼요. "미술을 아는 모든 젊은이가 나를 보고 있다. 나는 그들의 총사령관이다." 1861년 쿠르베의 말입니다.

투쟁의 심장을 가진 쿠르베에게 드디어 기회가 옵니다. 1871년 3월 파리코뮌* 수립입니다. 이는 프로이센·프랑스 전쟁(보불전쟁)*에서 패한 프랑스군의 무능함에 분노한 파리 시민과 노동자가 세운 혁명적 자치 정부입니다.

파리코뮌 Commune de Paris 1871년 3월 28일부터 5월 28일 사이 파리 시민과 노동자들의 봉기로 수립된 혁명적 자치 정부. 프랑스 민중이 세운 세계 최초의 사회주의 자치 정부다.

프로이센·프랑스 전쟁(보불전쟁) 프로이센의 지도하에 통일 독일을 만들고자 하는 비스마르크의 정책과 이를 막으려는 프랑스 제2공화국 나폴레옹 3세의 정책이 충돌해 1870년에 발발한 전쟁. 나폴레옹 3세의 항복으로 끝났다.

단기간에 그쳤으나 세계 최초로 노동자 계급의 자치로 세운 민주적인 정부였습니다. 화가로 만족하지 못한 쿠르베는 코뮌의 평의원으로 정치 참여에 나섭니다. 작품 활동을 멈춘 뒤 코뮌위원, 시의원, 대중교육의원, 국립박물관 총감독관 등 공직에서 일합니다. 이후 코뮌 지도부와 군중들의 과격함에 좌절하고 물러났으나, 직을 맡았을 당시에는 누구보다 열정적이었습니다.

✦ 미술계 권력도 쥐어봤으나 결국

쿠르베는 그토록 꿈꾸던 미술계의 권력을 쥐어봤지만, 이 때문에 생의 내리막길로 몰립니다. 도시를 발칵 뒤집었던 파리코뮌은 같은 해 5월 베르사유 정부군의 몰아침에 물러납니다. 파리코뮌의 주요 인사들은 프랑스 밖으로 망명합니다. 파리에 남아있던 쿠르베는 친구의 집에서 체포되어 군사 재판을 받습니다. 6개월 형을 선고받은 뒤 감옥 생활도 합니다. 보석으로 풀려나긴 했지만, 쿠르베는 고액 배상금을 낼 위기에 처합니다. 파리코뮌 당시 성난 민심이 나폴레옹 1세 동상을 망가뜨렸는데, 쿠르베가 이 일의 주도자로 찍힌 겁니다. 그에게 청구된 돈은 무려 28만 6,500프랑으로 알려져 있습니다.

파산을 눈앞에 둔 쿠르베는 결국 스위스로 갑니다. 사실상 망명이었지요. 1877년 봉포르라는 낡은 모텔에서 작품 활동을 하다가 외롭게 눈을 감습니다. "내가 죽거든 자유의 규칙 말고는 어느 곳에도

속하지 않았다고 말해달라. 나는 사회주의자일 뿐 아니라 민주주의
자, 공화주의자, 혁명이 의미하는 모든 일의 지지자였다. 무엇보다 나
는 우선 리얼리스트였다." 쿠르베의 유언으로 전해지는 말입니다.

쿠르베는 평생을 혁명가로 살았습니다. 쿠르베가 힘을 보탠 체제
혁명은 실패했을지언정, 그가 주도한 또 다른 파란, 회화 혁명은 성공
했습니다. 쿠르베가 만국박람회 옆에 제멋대로 또 다른 전시회를 연
그날, 혈기 왕성한 젊은 화가들도 이곳을 찾아 작품을 감상했습니다.
쿠르베의 파격적인 그림 앞에서 한참을 서성였습니다. '과거가 아닌
지금, 위선이 아닌 사실 그대로를 그렸구나!' 이들은 쿠르베의 파격
을 이어받습니다. 그의 야성을 가슴에 품습니다. 가까운 미래, 사실주
의에 감동한 이들의 손에서 인상주의가 꽃을 피웁니다. 뒤이어 표현
주의가 만개합니다. 쿠르베의 회화 혁명은 그렇게 미술사를 더욱 역
동적으로 바꿔놓았습니다.

10

"내가 화가가 될 상인가?"
조선의 얼굴 중 우리가 몰랐던 사실

공재 윤두서 1668~1715

휴. 길게 숨을 내쉬었다. 문지방을 넘어 들어가니, 어른께서 문을 등지고 양반다리를 하고 앉아 계셨다. 보름달처럼 생긴 백동거울白銅鏡을 들여다본 채였다. "요상하제. 반짝반짝하는 고것이 연못 물처럼 모든 걸 다 비춰준단다." 아빠의 말이 떠올랐다. 아빠는 어른께서 밤하늘에 걸린 진짜 보름달을 잠깐 따다 쓰는 것이라고도 했다. 어른과 같은 공간에 둘이서만 있는 건 처음이었다. 그분은 백동거울에 비치는 자기 모습을 보느라 여념이 없었다. 등 돌린 어른의 풍채는 반백살 먹은 범과 같았고, 숨을 쉴 때마다 산맥 같은 덩치가 오르락내리락했다. "나리. 불편한 곳은 없으십니까?" 조심스럽게 여쭤보았다. 어른께 먼저 말을 거는 것 또한 처음이었다. 야산의 검객처럼 생긴 어른은 늘 다가가기 무서운 존재였다.

"계승아. 난 괜찮다." 나는 그 말을 듣고 놀라 뒷걸음질 치다가 발뒤꿈치가 문지방에 걸려 발라당 넘어졌다. 들고 온 냉수를 내던지듯 엎질렀다. 그릇이 와장창 깨지고 바닥에 물이 흥건해졌다. "나리, 죄송합니다. 정말 죄송합니다…." 눈앞이 까매졌다. 어른께서 내 이름을 외우고 있을 줄이야. 꿈에도 생각 못 했다. 집안과 동네 사람들은 물론, 아빠조차 나를 똘순이나 언년이 따위로 불렀다. 멀쩡한 계승이라는 이름이 있는데도 "부르기 쉽잖아."라며 그랬다. 아빠는 당장 아까만 해도 "언년아. 어른께 냉수라도 가져다드려라. 너도 슬슬 해야 할 일이다."라고 했다. 그런데, 지금 어른께서 뭣도 없는 어린 노비의 진짜 이름을 불러준 것이다.

한바탕 소란에 어른이 일어나 고개를 돌리고 나를 봤다. 역시나 그분의 얼굴은 우락부락하고 눈매가 한겨울 서릿발 같이 매서웠다. 나는 고개를 푹 숙였다. 뺨을 맞을 각오는 했고, 발길질을 당해도 어쩔 수 없으리라. 호의를 베푼 어른을 방해하다니…. 어른의 손바닥이 내게 다가왔다. 다 큰 자라 등딱지만 했다. 눈을 질끈 감은 사이, 그 손이 내 머리 위에 살포시 놓았다. "괜찮으냐? 다친 곳은 없느냐." 그분이 내 머리를 쓰다듬기 시작했을 때 비로소 눈앞이 트였다. 내가 엎지른 물은 방 한쪽에 쌓인 종이 더미까지 다 적셨다. 어른의 그림들이었다. 하지만 물을 잔뜩 빨아 먹은 이 그림들은 더는 작품이 아니었다. "나리. 제가 몹쓸 짓을 저질렀습니다." 오금이 저리고 두 다리가 달달 떨렸다.

"저것들? 신경 쓰지 말거라." 어른이 말했다. "나리께서 밤낮 그린를 바꿔가며 그리기를 즐겼습니다. 감각이 있었던 겁니다. 이전 화가들도 풀과 열매 등을 그렸지만, 굳이 구성과 배치에 힘을 쏟지는 않았거든요.

✦ 서민을 정면에, 여성을 주인공으로

그림 3을 볼까요? 머리에 수건을 두른 두 여인이 산비탈에서 나물을 캡니다. 허리까지 내려오는 저고리와 긴 치마가 불편한지 걷어 올렸습니다. 허리 굽힌 여인은 한 손에 나물 캐는 칼, 다른 손에 망태기를 쥐었습니다. 옆 여인은 몸을 쭉 펴고 한숨 돌리는 듯합니다. 이른 봄날입니다. 제비가 힘차게 날아가고 갈대와 잡풀이 막 기지개를 켭니다. 엷은 먹으로 칠한 먼 산은 병풍처럼 서 있습니다. 윤두서의 〈채애도採艾圖(나물 캐는 여인)〉입니다. 쑥 애艾를 제목으로 달았으니 캐는 나물은 아마 쑥일 겁니다. 이 그림이 바로 한국 회화사상 제대로 된 첫 서민풍속화입니다. 나아가 그 시절 '일하는 여인'을 주인공으로 한 최초의 작품입니다. 일에 몰두하는 자세, 잠시 한눈파는 모습을 솔직하게 담았습니다. 비루한 삶 속 먹고 살기 위한 의지와 피로가 절절히 묻어납니다. 다른 화가라면 거들떠보지도 않았을 장면이지요.

왠지 서양 사실주의 선구자인 귀스타브 쿠르베의 그림 〈돌 깨는 사람들〉이 떠오르지 않나요? 쿠르베 또한 서민을 보정 없이 그리면서 당시 노동자의 처지를 부각했기 때문입니다.

　　　　　　　　사적이고 지적인 미술관

3. 윤두서, 채애도(나물 캐는 여인),
   비단에 수묵, 30.4×25cm, 연대 미상,
   해남 윤씨 종가 소장

4. 윤두서, 수하직이도(짚신 삼는 노인),
   모시에 수묵, 32.4×21.1cm,
   18세기 전반, 해남 녹우당

그림 4를 봅시다. 한 남성이 나무 아래에서 짚신을 삼고 있습니다. 이 사람 또한 왕도, 양반도 아닌 평범한 농민입니다. 햇빛을 피해 나무 그늘에 자리를 깔았습니다. 두 팔을 곧게 편 채 엄지발가락에 끈을 겁니다. 짚신 모양을 잡는 작업입니다. 이번에는 멍때리며 잡일을 하는 서민을 주인공으로 삼았습니다. 윤두서의 〈수하직이도樹下織履圖(나무 아래에서 짚신을 삼는 그림)〉입니다. 한양에 사는 김 서방만큼 많은 서민을 신선처럼 크게, 있어 보이게 그려냈습니다. 담담한 표정은 보는 이에게 인생무상의 가르침까지 주는 듯합니다. 이런 그림도 당연히 윤두서 이전에는 있을 수 없는 작품이었습니다.

✦ 금수저, 외려 독이 됐다

윤두서는 시대가 외면한 비운의 천재입니다. 그는 젊은 나이에 관직을 내려놓은 후 속세를 등지고 삽니다. 그림과 함께 병법·지리·천문·기하학 등을 두루 익혔지만, 후진적 정치를 견디지 못해 실력을 꽃피우지 못했습니다. 패관稗官소설까지 싹 다 읽을 만큼 개방적이었으나, 당시 경직된 사회는 그의 열린 태도를 썩 반기지도 않았습니다.

윤두서는 자신에게 엄격하고 남에게는 너그러운 군자였습니다. 돌을 그릴 때 닷새, 물을 표현할 때 열흘을 썼다고 합니다. 그렇게 온 힘을 쏟아 그렸어도 선이나 점 하나가 마음에 안 들면 냉정하게 버렸다지요. 윤두서의 작품이 적은 이유입니다. 그런 양반인데, 타인은 참 따뜻하게 대합니다. 증조부 때부터 집안일을 해준 노비가 죽자 그 자손에게 재산을 나눠주었다고 합니다. 아들 윤덕희가 쓴 《공재공행장恭齋公行狀》을 보면, "신분적 특권의식을 내세우지 않고 하인에게 이름을 불러줬다.", "고향 사람들의 가난한 삶을 보고 그들이 우리 집안에 빚진 채권 기록을 불태웠다."라는 일화가 쓰였습니다.

여러 면에서 범상치 않은 이 남자, 윤두서는 명문가 해남 윤씨 출신입니다. 윤두서는 1668년 전남 해남에서 태어났습니다. 효종의 봉림대군 시절 스승인 고산 윤선도˙의 증손자입니다. '어부사시사漁夫四時詞'로 유명한 그분의 핏줄을 이어받은 금수저인 셈입니다. 윤두서의 유년기에 대한 기록은 많지 않습니다. "어릴 때부터 문예가 뛰어났다.", "5~6세에 벌써 큰 글씨와 초서를 써서 칭찬을 받았다." 정도의 말이 내려옵니다. 윤두서는 숙종 때인 1693년 26살 나이로 진사에 급제합니다. 이제 꽃길만 걸을 줄 알았는데, 다음 해 갑술환국˙이 터지고 맙니다.

막 꽃망울을 맺은 윤두서의 삶이 통째로 바뀝니다. 해남 윤씨는 골수 남인 집안입니다. 갑술환국은 그런 남인이 서인에게 밀려 뿌리째 뽑힌 사건입니다. 윤두서가 29살 때는 셋째 형 윤종서가 정치적 희생양이 돼 유배 생활 끝에 결국 죽습니다. 윤두서는 그 충

고산 윤선도 조선시대 문신이며 시조 작가(1587~1671). 정철, 박인로와 함께 조선 3대 시가인詩歌人의 한 사람이다. 치열한 당쟁으로 일생을 거의 벽지의 유배지에서 보냈다.

갑술환국 1694년 폐비 민씨 복위 운동에 반대하던 남인이 화를 입어 실권하고 소론과 노론이 재집권하게 된 사건.

사실주의 특별 편: 윤두서

격에 머리와 수염이 하얗게 세버립니다. 더는 견딜 수 없었던 그는 관직을 내려놓습니다. 중요하지 않은 논쟁에 죽자고 달려드는 당쟁은 더는 군자의 길이 아니었습니다.

윤두서는 그날 이후 다시는 권력에 손을 뻗지 않습니다. 정치를 접은 윤두서는 예술을 파고듭니다. 특히 그림에 큰 뜻을 두고 독학합니다. 중국 그림이 담긴 《고씨화보顧氏畵譜》와 《당시화보唐詩畵譜》 등을 닳도록 보며 펼쳐놓고 계속 베낍니다. 노력 끝에 자기 화풍을 개발하는 경지에 오릅니다.

효심도 남달랐던 윤두서는 45살 때 양모 심 씨가 타계하자 재산을 다 바쳐 장례를 크게 치릅니다. 이 일로 가세가 기운 그는 한양에서 해남으로 돌아갑니다. 이제 서민 삶의 현장으로 직접 뛰어듭니다. 도읍과 한참 동떨어져 소외당하고 있는 이들과 어울리며 삽니다. 나물 캐는 여인과 짚신 삼는 노인은 물론 동물과 식물, 지도까지 종이에 담아봅니다. 사연이 많은 듯한 〈자화상〉도 이 시기에 그린 겁니다. 윤두서는 해남에 기근이 들었을 때 염전을 직접 만든 뒤 소금을 구워 돌리기도 했습니다. 당시 해남군수 최석정이 이런 사람이 큰일을 해야 한다며 관직을 재차 권했지만, 윤두서가 절대 안 한다며 거듭 거절한 일화도 있습니다.

사적이고 지적인 미술관

✦ 추사, "우리 옛 그림은 윤두서부터"

"윤두서와 이름을 겨룰 자가 없으니, 전인前人들보다 더욱 빛나는 명
예를 지녔다." — 남태응

윤두서의 작품 중 가장 많이 남아있는 게 말 그림입니다. 윤두서
는 말을 좋아했습니다. 병적이라는 표현도 어색하지 않을 정도입니
다. 전해 내려오는 유명한 말의 이름과 태어난 곳, 특징까지 줄줄 외
웠습니다. 윤두서의 남다른 말 사랑은 그림에서도 고스란히 드러납
니다. 〈군마도群馬圖〉와 〈유하백마도柳下白馬圖〉 속 생생한 말을 보면

5. 윤두서, 유하백마도, 비단에 담채, 34.3×44.3cm, 17세기 후반~18세기 전반경,
   해남 녹우당

사실주의 특별 편: 윤두서

얼마나 죽치고 앉아 관찰했는지 짐작이 갑니다. 윤두서는 틈만 나면 퀴퀴한 마구간에 가는 걸로 유명했습니다. 아침밥을 먹고 들어가면 해가 질 때까지 틀어박혀 안 나왔습니다. 노비들은 "우리도 못 견디는 냄새가 폴폴 풍기는데, 나리는 저 안에서 밥도 먹고 잠도 잔다."라며 혀를 내둘렀습니다.

끝내 못다 핀 꽃이 된 윤두서는 고향 땅을 밟고 2년 뒤 삶을 내려놓습니다. 향년 48세. 사인은 감기였습니다. 큰아들 윤덕희, 손자 윤용이 그의 화풍을 이어받습니다. 윤두서는 원래 아들 덕희에게 그림을 가르치지 않으려고 했답니다. 직접 쓴 화평畵評에서 "그림 공부의 최종 목표는 도道"라고 표현한 만큼 그림의 길이 워낙 험하고 인정받기도 쉽지 않은 탓에 그랬을 듯합니다. 그런데 아빠의 그림을 곧잘 따라 하는 통에 결국 마음을 바꿨다는 이야기입니다.

실학자 성호 이익이 윤두서의 제문을 씁니다. "우리 형제는 자신이 없었지만, 공의 칭찬을 듣고 자신감을 가졌다."는 내용입니다. 그 시절 윤두서는 실학의 태동까지 예견했는지도 모릅니다. 윤두서는 다산 정약용의 외증조부기도 합니다. 추사 김정희는 윤두서야말로 조선 후기 회화에 새로운 시대를 열었다고 평가했습니다. "우리나라의 옛 그림을 배우려면 윤두서에서부터 시작하라." 그가 할 수 있는 최고의 찬사도 남겼습니다.

각본

1   오프닝^(저녁)

화면 열리면 해 질 녘의 한적한 시골길.

카메라, 누군가의 발걸음을 따라 조용하고 인적도 없는 한갓진 시골 마을을 훑는다. 때때로 개 짖는 소리만 들릴 뿐. 그것도 멀리서 나직이 들린다.

소리가 조금씩 열리면서 카메라가 길모퉁이를 돌면 상갓집이 나오고 집 앞에 내걸린 붉은 상갓집 등이 해 질 녘 검푸른 하늘과 기묘한 콘트라스트를 이룬다.

바람에 조금씩 흔들리는 붉은 등.

2 상갓집 ^(저녁)

분주하게 일하는 사람들이 왔다 갔다 하지만 상갓집 같지 않게 조용하다. 통곡도 없고 떠드는 소리도 없다.

죽은 이의 가족들도 그저 조용히 울음을 삭이며 오열할 뿐이다.

시신이 놓여 있는 대청마루를 중심으로 비스듬히 경찰 정복과 사복 차림의 남자들이 두런두런 이야기를 주고받다가 카메라 쪽으로 시선을 돌린다. 돌아보면 최 순경, 긴 헛기침을 하며 자리에 앉는다.

소장   별일 없지?

최 순경   별일은 이것보다 더 별일이 어딨겠어요?

소장의 헛기침 소리와 동시에, 졸지에 남편을 잃은 여자가 음식을 들고 상 앞으로 다가온다.

음식을 내려놓는 희고 매끄러운 손이 그들의 눈에 들어오고 그녀가 갓 결혼한 새색시임을 알 수 있어 보는 이로 하여금 속내를 복잡하게 만든다. 모두들 그녀가 음식을 다 내려놓을 때까지 어색한 표정과 자세를 취하고 있다.

조용히 그녀가 물러나고.

물러난 사이로 죽은 이의 영정이 보인다.

모여 있던 사람들 망연한 표정으로 영정 사진을 바라보다가,

소장   전화기 좀 줘 봐. (최 순경의 전화를 받고 번호를 누른다)

신호가 가고,

소장   박 순경. 어, 나야. 소장야. 별일 없지? 어? (시계를 보다가) 뭐 서너 시간 있겠지. ……잘하라구. 그려, 알았어.

최 순경   (영정 사진을 물끄러미 바라보다) 음…… 나 참 귀신도 곡할 노릇일쎄…….

모두 표정들이 착잡하다.
소장, 상 위의 고추를 하나 집어 들어 아그작 깨문다.

3   파출소⁽저녁⁾

무심한 표정으로 수화기를 내려놓고는 일지를 작성하던 박 순경, 어디선가 빈 벽에 나사 돌리는 소리가 아주 미세하게 들리는 듯하다.
살며시 이맛살을 찌푸리며 소리에 집중한다.
소리가 멈춘다.
다시 일지를 쓴다.

잠시 뒤 다시 소리가 들리는 것 같다.
박 순경, 숨을 죽이며 소리의 방향을 찾아 본다.
또다시 집중하면 소리는 뚝 멈춘다.

고갤 갸웃하던 박 순경, 가벼운 한숨을 내쉬며 다시 일지를 작성한다. 손 위에서 무료할 때마다 빙그르 원을 그리던 볼펜이 떨어져 책상 위를 도르륵 구른다.

책상 밑으로 떨어지는 볼펜을 겨우 잡았을 때, 그 앞에 언제 들어왔는지 창백하고 푸석한 느낌의 여자 하나가 서 있다.

어? 하며 깜짝 놀라는 박 순경. 여자는 그냥 그대로 서 있고 잠시 길지도 짧지도 않은 정적이 흐르다가 — 사이에 경찰은 이 여자가 언제 들어왔지? 분위기가 조금 이상하다는 생각을 했는지도 모른다 — 박 순경이 여자를 빤히 처다보다가,

박 순경   무슨 일로…… 오셨습니까?

여자는 대답 없이 불안한 기색을 보이며 머뭇거리다가 조심스럽게 사진 한 장을 꺼내 보인다.

박 순경   이게 뭡니까? (사진을 받아 보고) ……이분이 누구시죠?
여자   동생인데요.
박 순경   ……그런데 무슨 일이시죠?
여자   (잠시 아랫입술 질끈 깨물더니) 동생이 행방불명되었습니다.
박 순경   이게 최근 사진입니까? (앞뒤를 빠르게 번갈아 보며)
여자   아니요. 아마…… 삼 년 전쯤 사진입니다.
박 순경   집을 나간 지 얼마나 됐죠……?
여자   …….

박 순경   집을 나갔을 만한 이유가 있나요?

얼른 대답하지 못하다가 갑자기 금방이라도 눈물을 흘릴 것 같은 얼굴로 울먹거린다.
경찰은 더 이상 묻지 못하고 서랍에서 무언가를 찾는다.

박 순경   이게 어디 있지? (머쓱한 표정을 지어 보인다)
            제가 상황 근무는 오늘이 처음이라…….

자리에서 일어나 캐비닛을 열고 이것저것 뒤지더니 서류 한 장을 꺼낸다.

박 순경   아 여기 있다. 우선 여기에다……
            (볼펜 하나를 집어 나오는지 직직 긋다가 건네며) 거기 자세히
            보시고 빠짐없이 적어 주세요.

눈가에 눈물이 그렁그렁한 여자, 눈가에 맺힌 눈물을 손끝으로 찍어 내듯 닦으며 진정하려는 듯 약한 한숨을 내쉬더니 용지를 받아 꼼꼼히 적기 시작한다.
경찰, 한동안 여자의 모습을 하나하나 관찰하듯 본다.
어딘지 지쳐 보인다.

박 순경   (대충 기재 사항을 힐끔 보더니) 가족이 많지 않으신가 봐요?

여자	…….
박 순경	(대답을 안 하자 무안한 듯 기재 사항을 보며 다른 참견거리를 찾는 다) 여기에 이름 쓰시고요……. 연락처 하나 써 주시구요.

용지를 받아 쥔 경찰, 한번 쭉 훑어보더니,

박 순경	됐습니다. 그만 가 보셔도 좋습니다.
여자	…….

여자, 엉거주춤 일어나 인사를 하고 나간다.

박 순경	저 잠깐만요.

여자, 나가다 말고 문 앞에서 뒤돌아보면.

박 순경	혹시…… 지금 어디 편찮으신가요? …… 뭐 도와드릴 일이 라도…….
여자	……아뇨. 괜찮습니다.

후닥닥 일어나 문을 열어 주는 경찰, 마치 병약한 사람처럼 걸어가
는 여자의 뒷모습을 흘깃 바라보다 돌아와 자기 자리에 풀썩 주저
앉는다.
비스듬한 시선으로 다시 한번 기재 사항을 보다가 컴퓨터를 켠다.

카메라, 천천히 백트랙킹 하면서 파출소 밖으로 나온다.

그녀가 걸어가고 있을 법한 길목으로 천천히 팬 한다.

그녀는 보이지 않고 텅 빈 길목만 보인다.

마치 누군가의 시점처럼 양쪽 길 끝을 수평이동 한다.

카메라, 다시 파출소를 비추면 파출소 앞 보안등이 틱 하고 들어온다.

빠른 속도로 어둠이 내리고…….

4 파출소^(밤)

컴퓨터 앞에서 작업을 하고 있던 또 한 명의 순경, 고개를 갸웃거리며 모니터를 뚫어지게 들여다보다가 마침 화장실 문을 열고 나오는 박 순경을 부른다.

오 순경 이상하네……. 박 순경님.

박 순경 에?

오 순경 (박 순경, 수건으로 젖은 얼굴을 닦으며 다가오면) 이거 이상한데요.

박 순경 뭐가요?

오 순경 이거 보세요. 조회가 안 뜨는데요?

몇 시간 전에 여자가 써 놓고 간 조서의 인적 사항을 입력하고 아무리 클릭을 해도 컴퓨터 화면에 뜨지 않는다.

박 순경　　다운된 거 아닌가……?

오 순경　　다운된 거면 이런 게 안 먹죠. 자, 보세요.

오 순경의 주민등록번호를 입력하자 바로 뜬다.

박 순경　　어, 어…… 이상하네…….

조회를 해 보지만 그럴 때마다 컴퓨터는 먹통이 된다.
계속 클릭을 하면 최종적으론 이상한 바이러스 먹은 것 같은 화면
이 반복된다.

오 순경　　이게 이상한 게, 그냥 먹통이 돼 버리잖아요.

오 순경 답답한지 마우스며 모니터를 손바닥으로 툭툭 쳐 본다.

소장　　　야 임마. 그게 무슨 고장 난 라디오냐?

　　　　　　……내일 날 밝으면 박 순경이 가 봐.

오 순경　　이게 그런 문제가 아닌데요.

소장　　　그런 거 없을 때도 다 발로 뛰면서 해결했었어.

　　　　　　요즘 애들은 뭘 전부 앉아서 할려구 그래?

　　　　　　오 순경 네가 서에 들어가서 직접 찾아서 보고하고 박 순

경은 집으로 찾아가 봐.

박 순경　　네…….

아까부터 골똘히 무언가를 생각하는 표정이던 최 순경이 난데없이.

최 순경　　근데 거 희한하지 않아요?

소장　　　뭐가?

최 순경　　조 순경 말이에요.

소장　　　조 순경 뭐?

최 순경　　조 순경, 여기 그날 바닥에 웅크리고 누워 있을 때 말예요.

일동　　　?

최 순경　　얼굴…… 보셨어요?

소장　　　아니 왜?

최 순경　　그러니까 조 순경이 여기 바닥에 엎드려 있는데…… 무엇
　　　　　　인가에 심하게 놀래서 겁에 질려 있는 얼굴이었거든요.

순간, 죽어 있던 조 순경의 얼굴 플래시 컷.

최 순경　　난 그 얼굴이…… 그 표정이 잊혀지지가 않아…….
　　　　　　손엔 무슨 일이었는지, 볼펜을 꽉 움켜잡고 말야…….

일동　　　…….

소장　　　거, 쓸데없는 얘기 하지 말고…… 오늘 일직이 누구야?
　　　　　　오 순경야? 나머지들은 퇴근들 해, 어서.

들입니다.

박 순경 아······ (민망해하며) 아, 하하, 예······ 제가 낚시를 한 번도 해 본 적이 없어서요. 그냥 서울, 도시에서만 살아서요. 그럼 요즘도 즐기시나 보죠?

무현 아닙니다. 아내와 사별하고 나서부터는 한 번도 가 본 적이 없습니다.

박 순경 아 네. (집 안을 둘러보며 슬쩍 떠보는 기미로) 이렇게 큰 집인데 지금은 혼자 사시나 보죠?

남자 ······어제 어떤 여자가 동생을 찾는다고 했었죠.

박 순경 네. 여기 그분이 쓰고 간 내용입니다.

남자, 박 순경이 건네준 실종신고서를 어두운 표정으로 한참을 내려다보는 것 같더니 갑자기 인상이 일그러지면서 호흡이 커진다.
급기야 남자의 눈이 심하게 충혈된다.
충혈된 두 눈에 엷게 눈물이 고인다.
당황스러운 박 순경.

남자 죄송합니다.

박 순경 아니요······. 그런데······ 무슨 일이 있었습니까?

남자 ······그러니까 그게 어디서부터 어떻게 말씀을 드려야 할지 난감합니다. (길고 무거운 한숨을 내쉬더니) 믿으실지는 모르겠지만······.
지금부터 제 가족에 대한 이상한 이야기를 해 드려야 할 것 같습니다. 그러니까······ 서울에 있던 우리 애들이 다시 이 집으로 내려온 게······.

남자 진정하려는 듯 입가에 찻잔을 갖다 댄다. 한참을 머뭇거리며 망설이다가 이윽고 천천히 아주 느릿하게 입을 연다.

남자   그러니까 그게······.

페이드 아웃.

9   수미 집 앞^(낮)

한결 정돈되고 깨끗한 상태의 일본식 3층 목조건물.
쇠창살 문이 열리고 짙은 그레이 중형 승용차 한 대가 들어온다.
현관 앞에 멈추고 운전석 문이 열리며 차에서 내린 남자가 트렁크에서 짐을 꺼내 현관으로 들어선다. 일 봐주는 장 씨라는 아저씨 하나가 미리 기다리고 있다가 남자를 맞는다.
집 안으로 들어가려던 남자는 걸음을 멈추고 뒤쪽을 쳐다본 뒤, 차 앞으로 다시 걸어간다.
검게 코팅된 뒷좌석 창문을 톡톡 두드린다.

남자   안 내려? …….

고갯짓으로 내리라는 신호를 가볍게 주고는 다시 집 안으로 걸어 들어가는 남자.
그리고 차 뒷문.
한동안 꿈쩍을 안 하던 문이 삐걱 열리며 여자애 두 명이 시큰둥한 표정으로 내린다.
자매로 보이는 여자애들은 차 문을 닫고선 머뭇거리다가 앞마당을 서성인다.
둘은 마치 합의라도 본 것처럼 자연스럽게 저수지 쪽으로 향한다.
언니(수미)로 보이는 20대 초반 여자의 얼굴엔 노골적으로 불만스러운 표정이 보이고 동생(수연)인 듯한 여자앤 14세에서 17세 사이의 어딘지 병약해 보이는 혹은 설명할 수 없는 독특한 인상을 가지고 있다.
두 자매는 정원을 걷기 시작한다.
언니가 빠르게 걸어가면 동생이 종종걸음으로 바싹 따라붙는다.

아직 손질을 안 한 정원. 한쪽으로 작은 그네가 보이고 다른 한쪽엔 낮고 가지 많은 나무숲이 우거져 을씨년스럽다.
그 뒤로 억새풀이 약한 바람에 살랑거린다.
언니가 정원을 가로지르면서 걸을 때 누군가 창문을 통해 커튼 사이로 그들을 쳐다보고 있는 게 보인다.
무심코 동생이 그쪽으로 고갤 돌리려 하자,

수미   고개 돌리지 마. 그냥 걸어.

언니의 짧고 낮지만 단호한 목소리에 동생은 멈칫하다가 언니 쪽으로 가까이 붙더니 손을 잡는다.

창문 커튼 사이로 그들을 지켜보던 그 누군가는 그들이 시야에서 사라질 때까지 응시한다. 시야에서 어느 정도 벗어났을 때쯤 갑자기 작은 저수지로 뛰어가는 언니와 놓칠세라 덩달아 언니를 쫓아 뛰어가는 동생.

10   저수지 선착장(낮)

저수지 선착장 위에 앉아 두 발을 물에 담가 놓고 누워 하늘을 바라보는 두 자매.

언니는 누워 있다 상체를 일으킨 동생의 머릴 손가락으로 쓸어내린다. 손가락 사이로 윤기 있는 동생의 머리칼이 드러난다.

바람이 불어 동생의 머리카락이 얼굴을 간지럽게 하자 동생은 손으로 귀찮다는 듯 머리카락을 크게 쓸어 넘긴다.

그걸 본 언니는 장난으로 목뒤에서 목덜미와 귀 쪽을 향해 입으로 바람을 부드럽게 분다.

동생은 그것도 모르고 자꾸 목뒤며 귀 쪽에 손을 갖다 댄다.

그러다 언니가 또 한 번 바람을 불려고 입을 오므리고 있는데 동생한테 그 모습을 들킨다. 까르르 웃어 버리는 언니.

수연   간지러워.

한동안 깔깔거리던 수미는 웃음을 그치고 다시 두 팔을 크게 펼쳐
눕는다. 새파란 하늘과 그림 같은 구름을 보며 감상에 빠져든다.

수미   우와, 정말 이쁘다.
수연   ······.

동생이 말대꾸를 하지 않자 옆으로 고갤 돌려 동생을 쳐다보는 수
연. 동생은 연못을 뚫어지게 쳐다보고 있다.
바람이 불어와 작은 물 파장이 이는 작은 저수지.
이때, 언니를 부르는 남자의 소리가 들린다.
일어나 옷을 툴툴 터는 두 자매.

11   **현관**(낮)

입구에 들어서면 안쪽의 공간이면서 복도 같은 작은 길목이 나 있
고 길목 끝에 내부로 연결되는 현관이 나온다.
그다지 좁지 않은 길목을 걸어 들어가 현관문을 열면.

12 거실(낮)

거실 중앙에 30대 초반의 여자가 꽤 차려입고는 그녀들을 맞이하려
는 듯 서 있다.
두 자매, 그녀를 보고는 멈칫한다.

은주   어서 와. 이게 얼마 만이니? 수연인 그동안 많이 변했네.
더 이뻐졌구나. 그런데 너희들 너무 섭섭하다, 얘. 난 하
루 종일 집 안 청소며 음식도 만들면서 너희들 오기만을
학수고대하면서 기다리고 있었는데 어쩜, 너희들은 오자
마자 이럴 수가 있니? 뭐 했어? 놀다 온 거야? 선착장에
갔던 거야? 그럴 거면 들어와서 옷이라도 갈아입을 것이
지 너희들도 참……. 어쨌든 너희들 내려온 거 정말 축하
하고 환영해.

마치 미리 준비한 원고를 읽어 내려가듯 너무나 건조하고 느낌 없
는 말투로 속사포처럼 말을 쏟아 내는 은주.
두 자매, 아무런 반응 없이 그녀를 쳐다본다.
사이에 어정쩡한 분위기가 흐르고 여자는 동생의 발밑을 쳐다보다
가 동생 앞으로 불쑥 다가간다.
움찔하며 뒤로 물러서는 동생.

은주   어머, 왜 놀라니? (살짝 웃더니 동생을 아래위로 훑어본다)

너 건강해졌구나. 네가 건강해져서 난 너무 기뻐.

수미, 너두 많이 나아진 거지? (잠시 수연이를 무표정하게 보다가) 너…… 점점 엄마 닮아 가는구나.

두 자매, 대꾸 없이 시선을 피하는 동시에 그곳을 빠져나가려 하자 여자는 놓치지 않고.

은주   그래, 피곤하지? 어서들 올라가.

일단 푹 쉬었다가 저녁 먹으러 내려들 와.

너희들 좋아하는 특별 요리를 준비하는 중이었어.

그렇지만 나한테 약간의 시간은 줘야 한다. 이것저것 준비할 게 많거든.

분명히 두 자매는 듣는 둥 마는 둥 2층으로 올라가며 은주를 외면하는 분위기인데 은주는 그런 것에 아랑곳하지 않고 입가에 환한 미소를 머금고 있다.

아이들이 시야에서 사라지자 광문을 열어 쓰레받기와 빗자루를 꺼낸다. 두 자매가 떠난 자리, 조금 전 동생이 서 있던 자리에 연못가에 앉아 있었을 때 옷에 묻은 잡초가 떨어져 있다.

은주는 잡초를 빗자루와 쓰레받기로 아주 정성스럽게 쓸어 담는다. 쓰레기를 담고는 자매가 들어온 통로에 떨어진 잡초나 흙가루가 더 있나 유심히 살핀다.

더 이상 떨어진 것이 없는 걸 확인한 다음 1층 베란다로 통하는 거 수연이가 올라오자 기다렸다는 듯이 씨익 웃으며 일어서는 수미.
나란히 복도를 걷는 두 자매.

수미   잘 꺼야?

수연   졸린데⋯⋯ 뭐 할 건데?

수미   따라와 봐.

19   식당/거실^(같은 시간)

혼자 남은 여자는 깊은 한숨을 내쉬다가 진정하려는 듯 알약을 들어
삼킨다.
잠시, 집 안을 둘러본다.
별다른 이상이 있는 건 아니지만 거실이며 반쯤 열린 지하창고 문
이며 어쩐지 으스스하다. 그러다가 주방 쪽에서 아주 미세하게 벽
을 긁어대는 소리가 들린다.
은주, 이상한 기분이 들어 주방으로 조심히 들어간다.
어두운 주방 어디선가 소리는 극도로 작지만 계속해서 들린다.
불을 탁 켠다.
주방 위 형광등들이 틱틱 소리를 내며 어지럽게 들어오고 소리가
없어진다.
신경과민이군 하는 표정으로 다시 불을 끄고 거실로 나와 지하 광

문을 닫으러 간다.

열린 문을 통해 어두운 지하 광을 바라보다 광문을 닫는다.

안방으로 들어가기 전, 거실 베란다 옆 새장에 가서 새들을 보며 새
장 안으로 손가락을 넣어 본다.

은주   (환하게 웃으며 새소리를 작게 낸다) 잘 자라. 안녕.

빛이 들어오지 않게 새장 가리개를 씌어 준다.

20   서재(밤)

거실 쪽에서 여자가 서성거리다 방으로 들어가는 발소리가 들린다.

남편 무현은 8밀리 비디오테이프를 손에 들고 굳은 표정으로 의자
에 앉아 있다.

21   수미 방(밤)

수미가 붉은 립스틱 뚜껑을 열고 수연의 입술에 발라 준다.

어쩐지 서툴게 칠해진다.

수미는 수연을 거울로 데려가 수연이 모습을 보고는 꺄르르 웃는다.
수연이도 어색하게 따라 웃는다.
수미, 다른 립스틱을 꺼내 먼저 칠한 립스틱을 지우고 바르기 시작
한다. 입술을 오므려 립스틱이 입술에 골고루 퍼지게 하고는 다시
수연이한테 다가간다.
수연이 그새 졸음을 못 참고 눈을 깜빡거린다.

수미   움직이지 마.

수연   졸려.

수연이가 연신 고개를 끄덕거리자 립스틱이 수연 입술에서 조금 빗
나간다.
그 모습을 보고 깔깔거리는 수미.
수연 졸다가 깜짝 놀라 눈을 뜬다.
눈은 거의 감긴 채 피식 웃다가,

수연   나 갈래.

입술을 지우는 수연.

안방 ^(밤)

여자가 잠옷만 걸친 채 화장대 앞에서 입술을 지우고 토너를 가볍
게 바르다 문 쪽으로 발소리가 가까워져 오자 얼른 침대로 들어간
다. 남편이 문을 열고 들어온다.
손엔 캠코더가 들려 있다. 무현은 캠코더를 진열대에 집어넣고는
할 일 없이 방 안을 왔다 갔다 한다.

은주	주방에 쥐들이 있나 봐. 뭘 갉아대네.
	(대꾸 없자 남편을 쳐다보더니) 뭐 해요? 뭐 찾아요?
무현	아니, 그냥.
은주	안 자요?
무현	어 먼저 자.
은주	뭐야. 또 나 혼자 자라구?
무현	……아니 그런 게 아니구.
은주	그런 게 아니면 빨랑 자.
무현	글쎄, 그게…… 정리할 게 좀 남았어.
은주	어어? 정말 이상하네. (벌떡 일어나며) 나 그러면 안 잔다,
	안 자고 밤새 당신만 쫓아다닌다.

남편, 할 수 없이 침대에 눕는다.
남편이 엉거주춤 침대 안으로 들어오자 여자는 남편의 팔을 잡아
자기 어깨 앞으로 잡아당긴다.

Director   Kim Jee-woon
Cast   Lim Soo-jung
        Yum Jung-ah
        Kim Kap-su
        Moon Geun-young

장화, 홍련

2003년 6월 13일 금요일

1관 Y20번

티켓번호:3146217
러닝타임:115분

12세 이상 관람가

A Tale Of Two Sisters

한동안 편한 자세를 만들려고 몸을 뒤척이다 이내 만족스러운 표정을 짓는다.

잠시 정적.

은주   여보.

무현   어?

은주   아직도 전 부인, 잊지 못하는 거예요?

무현   아냐…… 아니니까…… 편히 자.

사이

은주   내가 잘 못하나 봐.

무현   왜 그런 말을 해?

사이

은주   여보.

무현   (대답 대신 가벼운 호흡으로 응답한다)

은주   큰 앤…… 수미는 어떤 애예요?

무현   …….

은주   응? (말이 없자) 알았어요. 말 안 해도 알아요.

무현   뭘?

은주   (대답 대신 긴 한숨을 내쉬며) 나 많이 노력하고 있어요.

수연, 아무 말도 하지 않는다.

고갤 들어 수연을 쳐다보던 수미, 더욱 깊숙이 동생을 끌어안는데.

수연을 감싸 안은 손바닥의 느낌이 이상하다.

벌떡 상체를 일으키며,

수미   수연아, 나 잠깐 봐 봐.

        너 왜 이렇게 땀을 흘려?

수연   그냥…… 몸이 이상해.

수미   일어나서 약 먹고 자.

수연   싫어. 약 안 먹어…… 괜찮아.

수미   정말 괜찮아?

수연   응.

수미   ……그래. 오늘 피곤해서 그럴 꺼야.

        나두 좀 그런 거 같거든. 푹 자면 괜찮을 꺼야. 이리 와.

수연, 고갤 끄덕이며 커다란 눈망울만 불안하게 끔벅거린다.

수미, 수연을 더욱 바짝 끌어당긴다. 몸이 밀착되고 서로의 움직임
이 있을 때마다 미세하게 바스락거리는 소리만 들린다.

바스락거리는 소리는 다음 장면으로 넘어가고.

31   서재 → 거실 → 주방 → 안방 (아침)

열린 창문 사이로 커튼이 살랑이며 바스락거리는 소리가 이어진다.
한기 때문에 덮은 시트를 어깨 위로 올리는 무현.
그러다 아침이 되었다는 것을 느끼고 부스스 일어난다.
집 안이 텅 비어 있다.
침대에 은주는 없고 흐트러진 침대 시트만 보인다.
다시 거실로 나와 창문을 통해 정원 밖을 내다본다.
아무도 보이지 않는다.
2층을 올려다본다.

32   수미 방 (아침)

커튼이 두껍게 쳐진 수미의 방.
구석의 틈새로 엷은 빛이 들어오지만 전체적으론 어둡다.
수미, 깊은 잠에 빠져 있다.
잠결에 자기 이름을 부르는 소리가 들리는 것 같지만 눈꺼풀이 너무 무거워 눈을 뜰 수가 없다.
누군가 침대 안으로 파고든다.
그 누군가는 처음엔 수미가 자고 있는지 살피는 것처럼 조심스레 움직이더니 점점 대담하게 수미의 신체를 더듬으며 바짝 몸을 갖다 댄다. 그러다 갑자기 수미 위로 올라타 수미를 누르고 있다.
수미의 숨이 막혀 와 갑갑하다.

(소리)   눈 뜨지 마.

수미   ······수연아, 저리 가·······. 답답해.

그때, 불현듯 수연이가 아닐지도 모른다는 생각이 든다.
있는 힘을 다해 눈을 뜬다. 동생은 옆에서 쌔근거리며 자고 있다.
수미, 등 뒤에서 이상한 한기가 느껴지지만 무서워 차마 뒤를 돌아
볼 수가 없다. 수미는 속으로 '제발······ 제발·····'이란 말을 뇌까리며
천천히 고갤 돌려 본다.
돌아보면, 옷장 앞에 어떤 여자가 뒤돌아 웅크린 채 가만히 앉아 있
다. 뒤돌아 앉아 있는 상태로 방바닥에서 무언가를 손으로 주워 옷
장 서랍에다 넣는 동작을 기괴하게 반복한다.
그러나 손에 쥔 것도 넣는 것도 없다.
순간, 수미의 머리끝이 쭈뼛 선다.

수미   엄마?

- 어린 시절의 수미의 모습.
어슴푸레한 해 질 녘의 시골 숲길을 얼굴에 눈물이 그렁그렁한 채
엄마를 부르짖으며 뛰어다닌다.

뛰다가 길바닥에 떨어진 엄마의 물건으로 보이는 무언가를 발견한다. 훌쩍이며 천천히 다가가 그것을 손으로 집는다.
물컹한 느낌이 들어 손을 올려다본다.
선홍빛의 끈적한 액체가 손에 묻는다.

– 다시 현실.
여자가 갑자기 동작을 멈춘다.

여자   내가…… 눈 뜨지 말랬지?

심장이 터질 것 같은 공포가 온몸을 덮쳐 온다.
여자가 불현듯, 한쪽 어깨를 바짝 쳐올린 채 기이한 형태로, 마치 누군가가 잡아서 당겨지는 듯한 형태로 일어선다.
그 상태로 천천히 수미 쪽으로 돌아선다.
수미는 용기를 내서 그 형태를 따라 올라가 얼굴을 올려다본다.
머리를 길게 내려뜨린 창백한 인상의 여자가 자기를 내려다보고 있다. 턱 하고 숨이 멎는 것 같다.

수미   엄마!

수미, 다시 이상한 느낌이 들어 반대로 천천히 내려다보면 그 여자의 다리 사이로 눈 코 입이 불분명하게 생긴 여자아이가 거꾸로 매달려 있다.

갑자기 쿵쿵쿵 소리가 나고.

검붉은 물체가 바닥에 쿵 하고 떨어진다.

33 수미 방(아침)

헉! 하는 비명을 지르며 수미가 벌떡 일어난다.

그때 누군가 밖에서 쿵쿵쿵 문을 두드린다.

잠에서 깨어나는 수미.

무현이 쿵쿵쿵 문을 두드리다 인기척이 없자 문을 열어 본다.

틈새로 보이는 실내, 커튼이 쳐져 어두컴컴하다.

인기척에 누군가 부스럭거리지만 어두워서 분간이 안 간다.

실내를 둘러보는 무현.

문을 통해 연한 빛이 들어오자 수미가 잠을 깬다.

무현	······일어났니?
수미	(온몸에 땀이 밴 걸 느끼며) 에······.
무현	들어가도 돼?
수미	아니.
무현	내려와. 밥 먹자.
수미	어······.

무현, 문을 닫으면 수미는 이마에 밴 식은땀을 닦아 내며 겨우 상체를 일으킨다. 온몸에 뻑적지근한 통증이 온다. 옆에서 아직도 자고 있는 수연을 내려다보며 어깨를 조심히 흔든다.

수미   일어나. 내려가자.
수연   으응……. 싫어. 나 밥 안 먹어.

돌아눕는 수연.
수미는 그런 수연의 상체를 끌어당겨 깨우려고 한다.
수연은 투정을 부리는 말투와 표정으로 다시 돌아눕는다.
수미는 하는 수 없다는 표정을 지으며 시트를 젖히고 두 다리를 바닥에 내려놓는다.
그러다 갑자기 몸을 수연이 쪽으로 돌리더니 시트를 확 젖힌다.
수연의 다리 사이, 하얀 매트 위에 붉은 한 점의 혈을 발견한다.
수연의 다리를 본다.
조심히 수연의 잠옷 자락을 걷어 올린다.
걷어 올리면서 아직 미성숙한 수연의 다리가 드러나고 팬티에 스민 붉은 자국을 발견한다.
끄응 하는 잠에 취한 소리를 내며 몸을 뒤척이는 수연.

수미, 침대에서 내려와 가방과 옷장 서랍 등 여기저기를 뒤지며 무언가를 찾지만 나오지 않는다.
곤혹스러운 표정을 짓는 수미.

34   안방 _(아침)

문을 조심히 열자 새엄마는 아직 침대에서 자고 있다.

숨을 죽이며 새엄마의 화장대 서랍을 열어 본다.

거기도 찾는 물건이 없다.

안방 화장실에 들어간다.

욕실 진열장을 열자 거기에 생리대가 수북이 쌓여 있다.

몇 개를 집어 다시 화장실 문을 열고 나오는데

새엄마가 침대에 걸터앉아 수미를 쳐다보고 있다.

기겁하는 수미.

은주   뭐 하니? 거기서. (수미 손에 쥐어진 생리대를 보고) 생리니?

수미   ……. 내…… 내가 아니고 수연이.

은주   수연이가? 어머머…… 웃긴다.

수미   ?

은주   어쩜 나랑 날짜가 똑같을 수 있지? 근데 그 애 첨 아냐?

              내가 올라갈까? 놀란 거 아냐?

수미   아니……. 내가 할 수 있어.

긴말하지 않고 재빨리 방을 빠져나간다.

연신 돌아가던 발레리나는 서서히 멈추고 음악도 서서히 느려진다.

43　　　　　　　숲길 1 ^(초저녁)

수연이 수미의 손을 잡고 숲길을 내려온다.
수미, 한 손에 폐창고에서 갖고 나온, 엄마의 유품들이 들어 있는 가방이 들려 있다. 내려오다가 무슨 소리를 들었는지 걸음을 멈춘다.

수미　　　무슨 소리 못 들었어?
수연　　　아니? ……왜?

주위를 둘러보면 바람에 나뭇가지들이 흔들리며 웅웅 소리를 낸다.
왠지 스산한 기분이 들지만 다시 걸음을 옮기는 수미와 수연.
수연, 눈을 껌뻑이며 겁먹은 표정으로 연신 뒤를 돌아다본다.

44　　　　　　　2층 계단 ^(오후)

장 씨 아저씨가 낑낑거리며 수연이 방에서 빼 온 장롱을 끈으로 내리고 있다. 거실로 향하고…….

45 서재 (저녁)

무현, 캠코더를 만지작거리며 누군가와 통화 중이다.

무현   응, 지금 밖에 있어. 아직······.
아직 내려오긴 좀 그럴 것 같아.
조금 시간이 걸릴 것 같아.
글쎄······, 지금 상태는 그렇게 좋은 것 같진 않거든.
응······. 내려와서 부딪쳐서 해결될 수 있는 문제가 아냐.
응······. 그래. 알아 알아. (주위를 의식하며) 음······.
나중에 다시 통화하지. 나가 봐야 될 것 같아.
그래. 잘 지내고 있는 거지? 아 참, 오늘 선규랑 선규 처
오기로 했어. 괜찮을 거야. 내가 알아서 할게. 그래. 끊어.
잘······.

수화기를 내려놓은 무현, 만지작거리던 캠코더를 한쪽으로 밀어 놓
고 책상에 비스듬히 걸터앉아 팔짱을 낀다.
피곤이 몰려오는지 얼굴을 비벼댄다.
담배를 하나 꺼내 입에 물다가 그냥 재떨이에 구겨 버리고는 책상
위에 있는 껌을 씹는다.
그때 문이 열리며 장 씨가 장롱을 옆에 두고 헉헉거리고 있다.

장 씨   이거 어디 놔둘까요?

무현	수고하셨습니다. 이리로 옮겨 주세요.

서재 한쪽 편에 장롱을 갖다 놓는다.

은주	어머, 이걸 왜 내려놓은 거예요?

언제 들어왔는지 은주가 수연이 방의 옷장을 보고 참견한다.

무현	잘 알잖아. (무현, 말이 길어지면 피곤해질 것 같다)
은주	정말 유별나긴…….
무현	그건 그렇고…… 선규…… 다음에 부르면 어떨까?
은주	(금세 표정이 바뀌며) 무슨 말이에요? 안 돼요. 걔도 바쁜 앤데. 겨우 쉬는 날 잡아 약속한 건데……
	무슨 일 있었다고? ……. 안 돼요.
무현	정말 괜찮겠어? 피곤해 보이는데…….
은주	왜? 난 괜찮아요. 내가 어린애예요?
	가만, 지금 몇 시지?
	어머, 아줌마 저녁 준비는 다 된 거야?
무현	그 가방은 뭐야?
은주	(나가다 말고 손에 들린 가방을 내려 보다 갑자기 생각이 났다는 듯) 큰애 방에 못 보던 가방이 있길래 뭔가 해서 가지구 내려왔어요.
무현	왜 자꾸 남의 물건을 만지고 그래?

은주	남이라뇨? 당신까지…… 그렇게 말씀하시는 거예요?
무현	수미가 화를 내니까 그렇지.
은주	알았어요.
무현	놔둬. 내가 올려놓을게.

여자, 뽀로통한 표정으로 가방을 서재 앞에다 툭 하고 내려놓는다.

무현	그리구…….
은주	?
무현	내가 전에 말하지 않았나?
은주	뭐요?
무현	옷장 말야.
은주	옷장 뭐요?
무현	옷장에 대해서 말하지 않았어? …….
	그 옷장, 애들 방에 올려놓지 말라구. ……전에 말했지?

은주, 잠시 문 앞에 멈춰 서서 남편을 빤히 쳐다본다.

은주	……그랬어요?

46   시골 국도 1 ^(밤)

좁고 불빛 하나 없는 시골길을 차 한 대가 달린다.
헤드라이트 하나에 의지한 채 달리는 차 앞창으로 보이는 시골길은
어쩐지 무시무시해 보인다.
차 안에는 다소 무거운 표정의 두 남녀가 타고 있다.

47   현관 앞 ^(밤)

딩동 차임벨 소리가 계속해서 울리고 문이 열린다.
20대 후반의 선규와 20대 중반의 선규 처 미희가 앞에 서 있다.
무현이 그들을 반갑게 맞아 주고 입구로 들어서면 2층 계단에서 내
려오던 은주와 눈이 마주친다.
은주를 보고 잠시 멈칫하더니 어딘지 어색한 웃음을 지어 보이는
선규와 미희.
은주의 표정이 환하게 피어난다.

48 식당^(밤)

무현과 은주, 선규와 선규 처가 마주 보고 식사를 하고 있다.

은주, 무엇이 즐거운지 상기된 표정으로 수다를 떨며 선규와 선규 처 앞에 있는 접시 위에 음식을 덜어 준다.

선규와 선규 처는 어딘지 조금은 불편한 상태인 것 같다.

그냥 은주가 몰아가는 분위기에 조금씩 맞춰 주는 정도다.

특히 선규 처의 행동이나 표정은 불안함과 불편함이 역력하다.

무현은 그런 분위기를 예민하게 의식하고 있고 은주는 아랑곳하지 않고 계속 수다를 떨고 있다.

은주   그런 적이 있었지? 기억이 가물가물하지만 그런 적 있었던 것 같아. 그게 몇 년 전이니?

애, 그건 기억나니? 네가 동네 조그만 냇가에서 고기 잡는다고 뛰어 들어가서 물에 빠져 허우적거려서 온 동네를 벌컥 뒤집어 놨었잖아.

선규와 선규 처, 그냥 대꾸 없이 따라 웃는다.

은주   (무현에게 고갤 돌리면서) 한번은 그런 일도 있었어요.

(기억을 더듬듯이) 거 뭐니?

으음…… (골똘히 생각하다가) 그래, 맞다.

동네에 미친 사람 하나 있었잖아. 근데 웃기는 게 그 사람

평상시엔 아무렇지도 않다가 비만 오면 갑자기 핑 도는
거야. 밭에 가서 밭 갈다가도 비가 오면 갑자기 옷을 마구
훌러덩 벗어 던지고 길거리로 신작로로 마구 뛰어다니고
그랬잖아.

젤 웃겼던 게 한번은 비가 오락가락한 거야.

그랬더니 그 사람 옷을 벗었다 입었다가 하다가 자기도
지치니까 그냥 집으로 들어갔잖아.

그때 동네 사람들 얼마나 배를 잡고 웃었는지.

(혼자 까르르 웃는다) 근데 쟤가 그걸 한번 보구선 쟤가 아
주 어릴 땐데, 그 사람을 보고선 자기도 옷을 훌훌 벗어
던지더니 같이 뛰는 거예요.

엄마가 그 광경을 보고 질색했었잖아.

그거 기억나? 기억나지? (또 한 번 웃는다)

선규   …….

은주   왜 말을 안 해? 기억 안 나?

선규   …….

은주   기억 안 나? 기억나지?

모두들 선규 쪽으로 시선을 집중한다.

선규   아니, 기억 안 나.

은주   뭐?

선규   ……그런 기억 없다구.

거실과 식당, 복도와 창고 등 1층 내부를 천천히 돌아보는 무현.

전체적으로 음습하고 어딘지 한기가 돌지만 별다른 이상한 징후를 느끼진 못한다.

거실 창문을 통해 밖을 내다보다가 커튼을 치려고 고갤 올리는데 반대편 커튼 상단이 약간 불룩하게 나와 조금씩 움직이는 것처럼 보인다. 순간 긴장하며 천천히 커튼을 잡는다.

서서히 커튼을 열자 수십 마리의 나방들이 구더기처럼 한쪽 창문 벽에 다닥다닥 붙어 우글거리고 있다.

흠칫 놀라는 무현.

천천히 거실 한쪽에 있는 대빗자루를 들어 커튼을 힘껏 내리친다.

순간 기이하게도 수십 마리의 나방 떼들이 날아가지 않고 뭉쳐서 바닥으로 툭 떨어진다.

- 날지 못하고 서로 엉켜 꿈틀거리는 나방 떼를 인상을 찌푸린 채 치우는 무현. 쓰레기통에 버린 뒤 몸을 뒤로 빼고선 얼굴을 잔뜩 찌푸린 채 입을 틀어막고 분사식 살충제를 마구 뿌린다.

59   2층 복도^(밤)

2층으로 올라온 무현, 천천히 복도를 지나간다.
아이들 방의 문고리를 체크한다.

60   광 입구 → 식당 → 서재^(밤)

광문을 열어 잠시 안을 들여다본 뒤 식당과 복도와 계단 등 집 안 이
곳저곳을 들여다본다.
다시 서재로 들어가 여자가 놓고 나간 수미의 가방을 열어 본다.
가방을 열어 보자 거기에 죽은 아내의 유품들과 사진들 그리고 이
상한 몇 개의 약병들이 있다. 차례차례 들여다보며 냄새를 맡는데
목덜미에 이상한 한기를 느낀다.
뒤를 돌아보면 아무도 없다.

61   거실^(밤)

무현, 가방을 들고나오는데 은주가 거실 소파에 나와 앉아 있다.

무현	왜 나와 있어? 쉬고 있으라니까.
은주	그 안에 뭐 들어 있었어요?
무현	……그냥 수미 물건들.
은주	죽은 사람 물건들을 왜 자꾸 집 안으로 갖고 들어오는 거래요?
무현	(놀라는 표정) ……신경 쓸 거 없어.
은주	그러니까 자꾸 이상한 일들이 일어나잖아.
	도대체 이러니 내가 마음 붙이고 살래야 살 수가 있어야지. 이렇게 살아야 되는 거야?
	……선규 일만 해도 그래요.
	그 애가 왜 아까 그러고 갔겠어요?
	그래도 명색이 삼촌인데 나와 인사는커녕, ……저런 괴상망측한 짓들이나 벌이고. (아랫입술을 깨물며) 정말이지…….
무현	(대꾸할 만한 게 아니라는 듯) 이거 좀 갖다 놓고 올 테니까 들어가 쉬어.
은주	이게 뭐예요? 이게 뭐냐구? 내가 이럴려고, 이런 꼴 당할려고 당신한테 온 거예요? 이렇게 버젓이 살아 있는 내가 죽은 사람보다 나은 게 뭐가 있냐구요?
무현	…….

무현은 대꾸하지 않고 베란다 입구에 비치된 손전등을 들고 베란다 문을 열고 나간다.

62　　　　　　1층 베란다 (밤)

주위는 칠흑 같은 어둠이 내려와 있고 무현, 베란다로 나가다 새장 바로 밑바닥에 몇 방울의 마른 피와 새 깃털이 여기저기 흩어져 있는 것을 본다.

손전등을 들어 새장을 비춰 본다.

가리개를 열어 보고는 새장을 툭툭 친다.

새장을 연다. 두 마리중 한 마리는 보이지 않고 한 마리의 잉꼬가 빳빳하게 죽어 있다.

새를 꺼내 내려다보는 무현.

새들의 먹이통을 들어 냄새를 맡아 보는 무현.

무언가 이상한 냄새를 맡는다.

먹이통을 자세히 들여다보자 통 주변에 푸른색을 띠는 이상한 마른 찌꺼기 같은 것들이 달라붙어 있다.

조금 전 다락방에서 보았던 작은 약병의 색깔과 냄새를 띤다.

무현이 죽은 새를 들고 정원으로 내려간다.

거실 창문을 통해 그것을 지켜보던 은주, 어떤 노여움으로 아랫입술을 짓깨물다가 거실의 커튼을 신경질적으로 닫는다.

63   2층 복도 ^(밤)

수연 방을 세차게 두드리는 은주.
문을 열려고 하자 안에서 잠겨 있어 열리질 않는다.
더욱 세차게 문을 두드리는 은주.

64   안방 ^(밤)

신경질적으로 안방 서랍장을 여는 은주.
와락 하고 서랍 안 내용물들을 다 쏟아내더니 열쇠 꾸러미를 찾는
다. 열쇠 꾸러미가 찰랑 소리를 내며 흔들린다.

65   수연 방 ^(밤)

황급히 열쇠를 꽂아 수연의 방문을 따 들어가는 은주.
수연, 잠에서 깨 놀란 나머지 소스라치며 몸을 침대 구석으로 움츠
린다. 은주, 한쪽 시트를 걷어 내자 거기에 털이 무참하게 뽑혀 흉측
하게 죽어 있는 새 한 마리가 놓여 있는 것을 발견한다.
은주와 수연, 동시에 놀란다.

몸을 바르르 떨며 물러서는 수연의 양팔을 잡아 매몰차게 침대 앞
으로 끌어내는 은주.
은주의 우악스러운 손끝에서 빠져나오려고 발버둥 치던 수연이, 은
주의 손목을 할퀴게 된다.
이에 더욱 화가 치밀어 오르는 은주.
핏기 없이 은주가 휘두르는 대로 몸을 가누지 못하고 휘둘리는 수
연. 은주, 다짜고짜 수연의 양팔을 꺾을 듯이 낚아챈다.

은주   사실대로 말해. 누가 그랬어?

수연은 영문도 모른 채 겁에 질려 눈만 끔뻑거린다.

은주   말 안 할 꺼야? 말 안 해?
         네가 그랬어? 네 언니가 그랬어?

수연은 연신 고갯짓만 할 뿐 벌벌 떨며 대답할 길이 없다.
은주는 대답을 오래 기다리지도 않고 발버둥 치는 수연의 몸을 제
압하고 팔을 뒤로 꺾은 채 옷장을 열고 그 안으로 넣으려고 한다.

은주   그래 죽은 네 엄마 물건 보니까 속이 시원하디?
         ……이제 살맛 나?

격한 비명을 지르며 옷장에 들어가지 않으려고 발버둥 치는 수연.

그런 수연의 입을 틀어막고 옷장으로 집어넣어 버리고는 옷장 안의 홑이불로 수연을 둘둘 말아 버리는 은주.

은주   너희 것들은 이래야 알아들어.

그러고는 밖에서 옷장 문을 걸어 잠가 버리는 은주.
옷장 안에서 발버둥 치는 수연.

은주   말해! 잘못했다고!
              잘못했다는 말 하기 전엔 거기서 나올 생각 하지 마.

옷장 안에서의 발버둥은 더욱 격렬해지고.
은주는 팔짱을 낀 채 옷장을 노려보며 꿈쩍하지 않는다.
악! 악! 거리는 비명과 발버둥 치는 소리가 발악을 하듯 더욱 세차지는 것 같더니 갑자기 소리가 뚝 끊어진다.
하지만 은주는 미동도 없이 옷장만 쳐다보고 있다.
잠시 후 옷장 안에서 서글프게 우는 수연의 울음소리가 들리기 시작한다.

은주   울어도 소용없어. 잘못했다는 말을 하고 용서를 빌어.

울음소리는 간헐적으로 들리기 시작하더니 목이 메어 겨우 나오는 소리로 뭐라고 말한다.

무현, 누구지? 하며 여자를 바라보는데 또 갑자기 말을 그치고 식기만 열심히 닦는다.

그러다 간헐적으로 한쪽 벽면을 향해 뭐라고 지껄이고 있다.

무현이 여자 쪽으로 다가가자 뒤를 힐끔 보더니 미소를 짓는다.

은주　　주방엔 왜요? 시장하세요?

여자가 젖은 손을 앞치마에 쓱쓱 문지르더니 거실 쪽으로 나오면서 무현을 맞는다. 마치 주방 쪽으로 들어가지 못하게 막아서는 느낌이다.

은주　　야식 준비할까요?
무현　　어? ……아냐. 아냐.

무현, 약간 뻘쭘한 상태로 잘못 들었나 하는 표정을 지으며 그냥 욕실로 들어간다.

72　　　　　　　　　욕실 (저녁)

꺼칠한 얼굴을 들여다보던 무현, 진열장 문을 열고 면도기를 꺼낸다. 면도날을 갈고 비누 거품을 만들어 얼굴에 묻힌다.

슥슥 턱 주변과 목 부분을 면도한다.

무슨 소리에 잠시 멈칫한다. 수도꼭지를 돌려서 물소리를 죽인다.

또 주방에서 여자의 목소리가 들리는 것 같다.

살짝 문을 열어 보면 역시 여자가 안 보이는 벽면을 향해 좀 전보다는 좀 더 언성을 높인 채 뭐라고 떠들어댄다.

문을 닫고 얼른 비누 거품을 씻어 내고 밖으로 나온다.

73   주방(밤)

식당 테이블에 은주가 쓰던 앞치마만 반듯하게 걸려 있고 주방엔 아무도 없다.

무현이 고갤 갸웃거리다 뒤돌아서는 찰나, 주방 구석진 곳에서 누군가 약하게 흐느끼는 소리에 깜짝 놀란다.

주방 불을 켜면 주방 한쪽 구석에서 수미가 쭈그리고 앉아 얼굴을 파묻은 채 소리를 죽여 오열하고 있다.

무현   왜 그래? 무슨 일이야?

수미는 눈물이 뒤범벅된 얼굴을 잠시 들었다가 다시 고갤 파묻고 서럽게 오열한다.

무현은 조용히 다가가 수미의 어깨를 감싸 쥔다.

그때 너무나도 느닷없이 발작적으로 비명을 지르며 무현의 손을 뿌리치는 수미.
수미의 시선과 손끝에서 독기가 느껴지고 순간 소름이 돋는 무현.
당혹스럽다.

수미   저리 가! 그 더러운 손으로 건들지 마!

무현   너 왜 그런 거야?

수미   몰라서 물어?

무현   도대체 뭘?

수미   수연이 방에 옷장은 왜 또 올려놓은 거야?

무현   무슨 옷장?

수미   왜 또 올려놓은 거냐구?

무현   무슨 소리야? 그거 서재에 있어.

수미   뭐라구? ……. 정말이지…… 지독한 여자야.

        정말이지…… 지독해. (발작적인 반복) 지독해…… 지독해.

무현   수미야.

        (거의 탈진해 있는 수미를 일으켜 세우며) 내 말 들어 봐.

수미   필요 없어. 다 똑같아.

무현   그렇지 않아. 네가 잘못 생각한 거야.

        네가, 전혀 조금도 받아들이지 않고 있잖아.

수미   왜 나한테만 그러는 거야?

        왜 나한테만 이해하라고 그러냐구?

        정말 몰라서 이러는 거야?

무현	(스스로 진정하며) ······그래 아빠도 모를 수 있잖아.
	나도 모르는 게 있다구.
	도대체 내가 모르는 게 뭔지 네가 속 시원히 말해 줘.
	말해 줘 봐.

수미의 호흡이 조금씩 거칠어진다.
입술에 미세한 경련이 일어난다.
입을 열 듯 말 듯 조금씩 움찔거리기 시작한다.
무현은 긴 한숨을 고르게 내쉬며 자신을 진정시킨다.

무현	수미야····· 내가····· 내가 너한테 나쁜 아빠란 거 알아.
수미	······. (버럭 소릴 지르며) 나쁜 아빠조차 안 되잖아!
무현	수미야. 너····· 너 정말, 이러지 마. 이러면 안 돼.
	이러면 또다시 아프게 돼.
수미	뭐?

그때, 거실 쪽에서 전화기 소리가 요란하게 들린다.
수미의 얼굴에 일말의 회한 같은 표정이 스친다.

수미	알았어. ······앞으로 이 집에서 일어나는 모든 일들,
	아빠가 불러 놓은 이 모든 더러운 일. 아빠가 책임져.
	······더 이상 할 말 없으니까 전화나 받아.

110

싸늘하고 건조하게 말을 내뱉고는 천천히 2층으로 올라가는 수미.
혼자 남아 망연자실한 표정으로 서 있는 무현.

74   서재(밤)

소파에 몸을 깊숙이 묻은 채 전화를 받고 있는 무현.

무현　　어…… 아무래도 안 되겠어. 점점 걷잡을 수 없는 지경이
　　　　　야. 내일 내려와 줘. 도저히 내 힘으론…… 응…….
　　　　　벼랑 끝에 선 기분이야. 아주 비참해. ……그래. 내가 나갈
　　　　　테니까 내려오면 바로 전화해. 그래. 그럼 내일 봐.

딸깍 소리가 나고 무현은 피곤한 듯 소파에 길게 눕는다.
덩그러니 놓인 옷장이 눈에 들어온다.
한동안 옷장을 바라보던 무현, 갑자기 피로와 짜증이 몰려와 인상
을 찌푸리며 고개를 돌린다.
잠시 멍한 상태로 있다가 후다닥 2층으로 뛰어 올라가는 무현.

수미 방⁽밤⁾

방문을 확 열어젖히며 들어오는 무현.
침대 위에 웅크리고 누워 있다가 상체를 급격하게 일으켜 세우는
수미. 조금은 놀란 표정.
상기된 무현.

무현   말해 봐.

수미   뭘?

무현   왜 우는지! 아니, 여기 내려와서 네가 여태껏 했던 행동
들, 말들, 나 몰래 지었던 표정까지! 모두 말해 봐! 도대체
왜 그러는 건지!

수미   ……정말 몰라서 그러는 거야?

무현   그게 뭔데? 그게 뭐냐구?

수미   그 여자가 우리한테 저지른 짓 말야.

무현   (갑자기 짜증스러운 얼굴로) 그러니까 그게 뭔지 말을 해 보
란 말야.

수미   구차하게 나한테 이러지 말고 그 여자가 있는 방으로 가
버려.

무현   ……도대체 뭐가 잘못된 거니?

수미   그 여자가 자꾸 수연일 괴롭히잖아!

무현   왜? 왜 괴롭히는데?

수미   (발작적인 고함을 내지르며) 엄마 닮았다구!

무현	뭐?
수미	못 알아들었어? 엄마 닮았다구!
	엄마 닮았다구 수연일 괴롭히고 있잖아!
무현	뭐…… 뭐라구?
수미	엄마가 죽은 이유도 다 저 여자 때문이잖아!
	악질적으루 수연일 괴롭히고 있단 말이야!
	……악랄하게도 매번 매번 수연일 옷장 안에 가둬 놓고!!
무현	수미야 제발 그러지 마. (무현의 얼굴이 점점 일그러진다)
수미	뭘 그러지 말라는 거야?
	아빠두 알잖아. 수연이가 무서워하는 거!
무현	제발 그러지 마. 수연인…… 죽었잖아.
수미	……뭐?
무현	수연인 이미 죽었어! 이젠 정신 차려! 수미야…….
수미	? ……아 ……아냐.
무현	(거의 눈물을 글썽이며) 수미야 도대체 언제까지 이럴 꺼니?
	응?
수미	(눈물을 글썽거리며) 아니, ……수연이 안 죽었어.
	저기 봐……. 저기 있잖아.

그때 방 안에 열려 있던 창문과 방문들이 바람 때문인지 어떠한 힘
때문인지 쾅! 쾅! 소리를 내며 닫힌다.
문 하나는 쩍 하고 금이 가며 갈라지는 소릴 낸다.
소리에 놀란 무현, 음산한 한기를 느끼고 수미가 쳐다보는 곳을 천

지 않는다. 한기를 느껴 부스스 일어나 열려 있는 창문을 닫는다.

책상 위에 있는 독극물이 눈에 들어와 흠칫 놀란다.

서둘러 독극물을 서랍에 집어넣는다.

이상한 느낌이 들어 주위를 둘러본다.

수미는 어디서부터 어디까지가 꿈인지 전혀 구분하지 못한다.

혼미한 정신을 더듬어 보는 수미, 하지만 가늠할 수가 없다.

일단 문을 열고 나가려다 문 밑을 통해 방으로 들어온 메모지를 발견하고 집어 든다.

'수미야, 잠시 외출한다. 오후에 들어올 거야.

문 꼭 걸어 잠그기 바란다.'

85   2층 복도(낮)

방을 나와 복도를 천천히 걷는다.

수연의 방 앞에 서서 문을 조용히 두드리며 수연이를 부른다.

대답이 없자 문을 조심히 연다.

문이 안에서 잠겨 있는지 열리지 않는다.

수미   수연아! 수연아! 문 좀 열어 봐!

문고리를 힘차게 돌려 보지만 문은 꿈쩍도 하지 않는다.

수연이 방의 문은 위아래로 못질이 되어 있다.

놀라는 수미.

사색이 되어 1층으로 내려가는 수미.

86   거실 – 집 안 곳곳(낮)

밑에도 수연이는 없다.

아니 집 안 전체에 아무런 인기척이 없다.

집 안 여기저기 수연이를 부르며 찾아다닌다.

갑자기 눈물이 벌컥 하고 쏟아질 것 같다.

수연이의 이름을 부르며 뛰어다니는 수미의 모습은 마치 길에서 엄마를 잃고 훌쩍거리는 아이처럼 처량하게 보이기도 한다.

87   서재(낮)

서재에 들어선다.

역시 아무도 없다.

무현의 책상엔 캠코더와 8밀리 테이프들.

폴라로이드로 찍은 몇 장의 사진들이 놓여 있다.
무심히 책상 위에 있는 폴라로이드 사진을 힐끔 쳐다본다.
수미와 수연이가 베란다에 있을 때 무현이 찍은 사진이 놓여 있다.
그 사진은 서재 어디선가 들어오는 빛에 발광해 반쯤 보이지 않고
수미만 보인다.
사진을 보려고 다가가다 멈추고 천천히 고개를 드는 수미.
누군가 집 안을 조용히 돌아다니는 소리가 들린다.

88   거실 (낮)

카메라는 누군가의 발걸음을 쫓아 아주 낮게 따라간다.
누군가의 발은 가다가 멈춘다.
그러다 쿵 소릴 내며 포대기에 싸인 무엇인가를 내던지듯 놓는다.

89   서재 (낮)

수미는 숨소리도 내지 않고 서재 문틈으로 가 밖을 내다본다.
은주가 보자기에 싸인 무엇인가를 질질 끌다가 또다시 아무렇지도
않게 쿵 소리를 내며 놓고는 주위를 왔다 갔다 한다.

수미의 동공이 커다래지고…….

은주가 무엇인가를 가지러 가는지 밖으로 나가는 소리가 들린다.

잠시 기다렸다가 후닥닥 뛰어나가 현관으로 향한다.

90   현관/거실(낮)

현관문을 잠근다.

현관문을 잠그고 나서 주방이며 뒷문이며 베란다 문을 모두 잠가
버린다. 외부에서 들어오는 모든 문을 잠근 것을 확인한 수미는 은
주가 거실에다 내던져 놓은 보자기가 있는 쪽으로 뛰어간다.

– 피와 물이 썩어 연홍빛을 띠는 마루 위 자국을 따라가다 보면 물
에 흠뻑 젖어 피와 얼룩이 뒤범벅되어 있는 누런 포대기가 보인다.

가슴이 쿵쾅거리며 호흡이 가빠 온다.

천천히 누런 포대기 쪽으로 가 보지만 차마 만져 보지는 못하고 포
대기를 싸맨 매듭을 풀어 보려고 한다.

그러나 너무나 꽉 조여진 끈이 쉽게 풀리지 않는다.

주위를 두리번거리던 수미가 주방으로 뛰어간다.

91   주방(낮)

주방으로 뛰어와 칼을 찾을 때 어디선가 유리창이 박살 나는 소리
가 귓가를 때린다. 소리에 놀란 수미는 다급히 칼을 찾아 보지만 마
음만 급해져 아무리 찾아도 도무지 보이질 않는다.
어쩔 수 없어 몸을 돌리는 순간 수미는 소스라친다.
식당의 형태와 구조가 이상하게 바뀌어 있다.
마치 아주 오랫동안 사용하지 않았던 공간처럼 음습하고 음산한 분
위기로 바뀌어 수미는 도무지 정신을 차릴 수가 없다.

92   거실(낮)

사력을 다해 포대기가 있는 곳으로 뛰어와 보지만 포대기는 온데간
데없다. 그 대신 은주가 거실 소파에 다소곳하게 앉아 숨을 고르며
물 한 잔을 들이켜고 있다.
기겁하며 놀라는 수미.

은주　　왜 그렇게 놀래?

수미　　(너무 놀라 말을 잇지 못한다)

은주　　왜 문을 다 걸어 잠근 거야? 아무리 불러도 대답도 없고.

수미　　수…… 수연이 어딨어?

은주	넌 어떻게 된 애가 그렇게 세상모르고 잠을 자니?
	……수연이 서울 갔어. 여기 있기 너무 싫다고 울며불며
	하길래 서울 올려 보냈어.
수미	아까 그 포대기는 뭐야?

대답 없이 목이 타는지 물만 비정상적으로 벌컥벌컥 들이마신다.

은주	……너두 그거 봤어?
수미	!!
은주	그게 뭔지 알아?
수미	…….
은주	(갑자기 표정이 바뀌며) 아무한테도 말하지 마.
수미	…….
은주	네가 이 집에 내려오고서부터 이 집에 아주 더러운 것들
	이 붙기 시작했어.
수미	…….
은주	내가 왜 죽은 사람들까지 상대해야 되는지 모르겠어.
	……지금도 보이니?
수미	!!

온몸에 소름이 쫙 돋는 수미.
놀라는 수미의 얼굴을 쳐다보며 씨익 웃는 은주.
마치 장난을 거는 듯한 표정으로 실실 웃더니 그만 가 보라는 투로 손짓을 한다.

그때 서재에서 쿵쿵거리는 소리가 들린다.

수미   저거 무슨 소리야?

은주   다 소용없어. 넌 수연일 내가 죽였다고 생각하지?

          니네 아빠가 말 안 했니? 아직 말 안 한 거야?

          수연인 네 엄마가 죽였어! 네 집 식구들이 죽였다구!

          그러는 넌 그때 어디 있었어? 응?

          이제 네가 지어낸 그 더러운 망상에서 빠져나올 때도 되

          지 않았어?

수미   뭐라고?

은주   못 알아들었어? 다시 말할까?

          수연인 네 엄마가 죽인 거고 네 아빠가 죽인 거고 바로

          네가 죽인 거야.

수미   (어금니를 짓깨물며) 거짓말……. 죽여 버릴 꺼야…….

은주   뭐?

은주의 눈꼬리가 서서히 치켜 올라가는 게 순간 소름이 돋는다.

은주   어쩜 너두 하는 짓거리가 네 동생이나 너나 하나도 빠짐

          없이 네 에미랑 똑같냐?

거실의 은주는 보이지 않고 그 자리에 수미가 앉아 있다.

수미   ……새엄마?

수미, 골똘히 생각한다.
주위를 둘러본다.
주위의 모든 공간이 조금씩 달라져 있다.
한동안 사람이 쓰던 공간은 아닌 듯하게 조금은 낯설게 느껴진다.
수미, 점점 코끝이 매워 오면 눈물이 글썽거려진다.
수미, 다시 무언가를 생각한다.

- 장면은 천천히 거꾸로 거슬러 올라간다.
거꾸로 된 시간대의 장면은 천천히 거슬러 올라가다 갑자기 난폭한
속도로 진행되더니 어떤 장면에서 갑자기 멈춰 선다.

- 전 씬의 포대기를 질질 끌고 나오는 사람은 은주가 아니라 바로
수미 자신의 모습이다.
- 인형을 포대기 안에다 우악스럽게 집어넣는 수미.

수미의 눈에서 눈물이 한 방울이 주르륵 흐른다.
또다시 화면은 거꾸로 흐르며 회상에 잠기면.

- 수연이 모습이 보인다.

- 어린 수연이 옷장 문을 열다가 옷장 안에서 음독자살한 엄마를 보고 소스라치게 놀랐다가 발을 구르고 울부짖으며 엄마를 꺼내려고 잡아당기긴다.
엄마의 손을 힘껏 잡아당길수록 엄마의 목은 옷장 안 옷걸이에 걸려 더 조여만 온다.
어린 수연은 마구 울부짖으며 엄마를 잡아당기다 옷장이 앞으로 쓰러지며 수연을 덮친다.

- 산책로를 걷다가 멈추고 뒤돌아보는 수미.
잠시 멈춰 있다가 다시 걷고.

- 죽은 엄마의 시체는 수연을 누르고 좁은 공간 안에서 틈새로 손가락을 넣어 보려고 안간힘을 쓰는 수연.

어느새 수미의 눈에 뜨거운 눈물이 두 뺨 위로 주르륵 흐른다.
수미, 은주를 물끄러미 바라보다가 탁자 위에 올려진 알약 두 개를 바라본다.
수미의 두 눈엔 뜨거운 눈물이 주룩주룩 흘러내린다.
알약을 집어 든다.
안방에서 나온 무현, 순간적으로 이상한 기분이 들어 약병을 본다.
약병 안의 약들이 모두 변색되어 있다.

무현   ……?

수미, 무현과 은주를 동시에 번갈아 보더니 씨익 웃는다.
그러고는 천천히 알약을 입 안에 넣는다.

무현   !!!

무현, 달려들지만 알약을 입에 넣고 삼켜 버리는 수미.

무현   수미야!!!

페이드 아웃.

98   병원 내 어떤 공간^(낮)

화면이 열리면, 그동안 집 안에서 의사의 지시대로 수미의 행동을
찍었던 캠코더 화면이 흐른다.

- 앞 씬의 이상했던 장면들.

정신과 의사가 심각한 표정으로 화면들을 유심히 바라보고 있다.

의사   어떤 거 같아?

돌아보면 한쪽 구석에서 역시 화면을 뚫어지게 쳐다보던 황 원장.

황 원장　글쎄…… 자넨 어떻게 생각해?

의사　나야…… 다중인격장애라고 볼 수밖에 없지.

황 원장　그런데 이상하지 않아? 잠깐 저 장면 좀 볼까?

화면이 멈추면 앞 씬의 식탁 장면.

혼자 떠들고 있는 수미.

황 원장　(깊은 한숨을 무겁게 내쉬며) 꼭……

　　　　　 빙의 들린 사람들 표정과 같단 말야.

의사　빙의?

그때 문 열리는 소리가 들리고.

의사가 고갤 돌리면 무현이 들어선다.

그에게 옆자리를 권하는 의사.

무현　수미는……?

의사　휴식을 취하고 있습니다. 독극물은 모두 위세척으로 깨

　　　　 끗해졌습니다. 그런데…….

무현　…….

의사　여기 화면에서도 나타나는 것처럼 처음엔 두세 가지 정

　　　　 도의 인격이 심하게 충돌하는 상태였는데 지금은 열 가

지 이상의 각기 다른 인격들이 나타나고 있습니다.

무현   더 안 좋아진 건가요?

의사   유감스럽게도…… 그렇다고 볼 수 있습니다.

한숨을 쉬는 무현.

무현을 바라보던 의사.

의사   그런데 한 가지 이상한 점은…….

무현   …….

의사   자신이 대표되는 주 인격과 다른 인격들은 다 생존해 있
           는 인격들인데…….

무현   …….

의사   왜 자꾸 죽은 사람의 인격에 집착하는지 모르겠어요.

무현   …….

의사   저두 이렇게 심각하고 복잡한 다중인격장애를 보이는 환
           자는 처음이지만…… 보통의 경우엔 죽은 사람의 인격을
           불러오지는 않거든요. ……하여튼 문제는 수미 양이 왜
           죽은 사람의 인격에 집착하느냐의 문제입니다.

무현   …….

의사   수미 양이 어떤 메시지를 줄기차게 보이려고 한 건 없습
           니까?

무현   메시지요? ……. 글쎄요…… 전…….

의사   ……그리고 …… (말을 더 못하고 슬쩍 시선을 황 원장에게 돌려

넘긴다)

무현   ……?

황 원장   확실하다는 건 아닌데……

          혹시 빙의 현상이라고 들어 보신 적 있습니까?

무현   빙의 현상? ……귀신들림 말씀하시는 건가요?

황 원장   네.

무현   (약간 불쾌한 듯한 표정으로) 그걸 저보고 믿으라고 하신 말

          씀이십니까?

황 원장   아직 확정적인 것은 아닙니다. 좀 더 면밀한 관찰이 필요

          할 것 같은데…… 그래서…… 나중에라도 따님을 따로 만

          나 볼 수 있을까요?

무현   ……그런 일로 그 애를 더 아프게 하고 싶진 않습니다.

의사   (정리를 하듯) 하여튼 이런저런 방법으로 수미 양을 좀 더

          지켜봐야 할 것 같습니다.

무현 더 들을 것도 없다는 듯 벌떡 일어선다.

99   병원 복도/병실 (낮)

복도 끝 무현이 빠른 걸음으로 나오면 그 뒤를 황 원장이 뛰어나와

무현을 부르고 둘은 한동안 실랑이를 하듯 무언가 두런두런 대화

를 나눈다. 병실 앞 소파엔 은주가 근심 어린 표정으로 그들을 보고
있다.

창문을 통해 수미가 침대에 우두커니 앉아 있는 모습이 보인다.
수미가 천천히 고개를 돌려 창문을 바라본다.
간호사가 문을 열어 주면 무현과 은주가 들어선다.
수미는 무현과 은주를 아무런 감흥 없이 바라보다가 고갤 돌린다.
은주, 천천히 수미에게 다가가 수미의 머리를 쓰다듬으며 눈물을
글썽인다. 그때 수미, 은주의 손목을 엄청난 힘으로 꽉 쥔다.
은주 놀라 흠칫하며 당황스러워한다.
손을 빼려고 하지만 도저히 믿기지 않는 힘으로 손목을 꽉 쥔다.

은주   (당혹한 표정이 역력하다) 수…… 수미야.

            이러지 마…… 이거 놔. 수미야.

간호사와 무현이 달려들어 은주를 수미한테 떼어 놓으려고 한다.
수미는 더욱 엄청난 힘으로 은주의 손을 자기 쪽으로 당긴다.
수미가 쥔 은주의 가는 손에 하얗게 피 몰림 현상이 일어나고 수미
는 은주의 귓가에 대고 뭐라고 벙긋거린다.
경악하는 은주.
무현과 간호사가 달려들어 억지로 떼어 놓는다.
무현, 수미를 한번 쳐다보다가 벌컥 울음을 쏟는 은주를 다독이며
부축해 나간다.

사방에 있는 각종 약품과 낚시 도구 등, 말할 수 없는 기기한 냄새와 물건들의 배치는 박 순경에게 강한 인상을 심는다. 그러나 서재엔 문제의 옷장만 덩그러니 있을 뿐 아무도 없다.

무현의 모습은 보이지 않는다.

도대체 무현은 어디로 사라진 것인가?

서재는 사방이 벽으로 둘러쳐져 있어 무현이 사라질 문이나 공간은 없다.

그러다 박스 처리 된 물건들 사이에서 액자와 사진들을 발견한다.

죽은 엄마를 중심으로 가족들이 빙 둘러앉은 모습의 가족사진들.

그런데 놀라운 것은 지금의 현재 부인이 간병인 차림으로 죽은 엄마 옆에 서 있는 사진이다.

연속적인 사진들은 죽은 엄마의 병색이 점점 짙어지는 것과 반대로 점점 가족의 중심이 되어 가고 있는 은주의 모습을 드러낸다.

그러다 박 순경은 기겁하며 액자를 떨어뜨린다.

바닥에 떨어진 액자는 무현의 영정 사진이다.

그때 옷장 한쪽 문이 삐이익 소리를 내며 열린다.

박 순경 심장이 턱 하고 멈출 것 같다.

박 순경 벌벌벌 떨면서 벽에 몸을 등진 채 문 쪽으로 다가간다.

아직 옷장 안은 보이지 않는다.

조금씩 호흡이 가빠지면서 문 쪽에 다다랐을 때 또 한쪽 문이 스르르 열린다.

옷장 안에 이불만 빼곡히 쌓여 있을 뿐 아무것도 없다.

박 순경이 용기를 내어 옷장으로 다가간다.

다가가선 이상한 것을 발견한다.

이불 사이로 수연이 옷 한 자락이 삐죽 나와 있다.

떨리는 손으로 그 옷자락을 잡아끈다. 그때,

박 순경의 얼굴이 시퍼렇게 사색이 되고 헉! 헉! 소리를 내며 뒤로 물러선다. 이불 사이로 퉁퉁 불은 손이 쓰윽 하고 나오더니 어떤 여자아이의 머리통이 나온다.

듬성듬성 머리카락이 한 움큼씩 빠진 어떤 여자의 머리가 나오면서 몸통이 반쯤 나오는 것 같더니 순식간에 박 순경의 목을 거머쥔다.

박 순경 빠져나오려고 안간힘을 쓰지만 조금씩 옷장으로 끌려 들어간다. 그러다 엄청난 속도로 박 순경의 몸이 옷장 안으로 빨려 들어가며 옷장 문이 쾅쾅 소리를 내며 빠르게 닫힌다.

컷 아웃.

106   거실 (오전)

커튼이 펄럭이고 한 줄기 바람이 불어와 온실에 떨어진 낙엽이 거실 마루 위를 구른다.

박 순경 거실에 죽은 듯이 누워 있다.

다시 한 점의 바람이 박 순경의 머리칼을 가볍게 흔들고 천천히 눈을 떠 보는 박 순경.

천장이 보이고…… 의식은 찾은 박 순경, 무겁게 몸을 일으킨다.

한참 동안 정신을 차리려고 멍한 표정으로 앉아 있는 박 순경.

또다시 바람이 불고 어디선가 박 순경이 가지고 온 수연이의 사진이 바람에 쓸려 온다.

박 순경 천천히 사진을 집는다.

그네 앞에 앉아 있는 수연이의 놀란 듯한 표정.

그 사진으로 천천히 카메라 들어가면.

107   에필로그

- 그네에 앉아 있던 수연 놀란 듯한 표정을 지으며 그네에서 일어나 현관으로 뛰어 들어가면 멀리서 차 한 대가 들어오고.

집 안으로 무현과 은주 밝은 얼굴로 장을 보고 들어온다.
그것을 흔들의자에서 지켜보는 친엄마와 수연.

- 은주가 정성껏 만들어 놓은 음식에 손도 대지 않는 수연.

지켜보던 은주 표독스럽게 수연 앞에 놓인 수저와 저분을 치워 버린다. 울음을 터뜨리는 수연.

친엄마 무릎에 파묻혀 흐느껴 우는 수연.
친엄마의 눈에도 물기가 돈다.
옆에서 지켜보던 수미, 수연을 일으켜 방으로 데려가 침대에 눕힌다.

수연 눈을 떴을 때는 수미는 보이지 않는다.
잠이 덜 깬 얼굴로 눈을 비비며 나오는 수연.
자기 방으로 들어가 옷장에서 죽은 엄마를 발견한 수연, 울음을 터뜨리며 엄마를 잡아당기다 옷장이 수연을 덮친다.

모처럼 선규가 찾아와 즐거워하는 은주는 주방에서 선규와 간단한 도시락을 준비하던 중 2층에서 쾅 하는 소리를 듣게 되고.

- 울부짖는 소리로 옷장 벽을 긁어대던 수연, 옷장의 문틈 사이로 그 앞에 잠시 서 있다가 천천히 발길을 돌리는 은주가 보인다.
베란다로 다가간 은주, 한동안 바깥 경관을 무표정하게 내다보는 것 같더니 창문의 손잡이를 잡는다.
그 뒤로 옷장을 긁어대는 소리만 남는데.

- 산책로를 걷다가 2층 수연 방에서 이상한 소리가 들리자 불길한 기분이 들어 집으로 빠르게 내려가는데 2층 베란다에서 은주가 극

도로 무심하고 건조한 표정으로 베란다 문을 열고 나온다.

은주를 보자 걸음을 멈추는 수미.

은주는 정원에 있는 무현을 바라본다.

무현은 산책로에 멈춰 서 있는 수미를 바라본다.

수미 2층 베란다에 나와 있는 은주를 보고는 기분이 상해 발길을 옮긴다.

은주, 거친 호흡을 진정시키며 베란다 문을 닫는다.

수미 잠시 망설이다 발길을 돌려 다시 산책로를 걷기 시작한다.

콧노래로 허밍을 하는 무표정한 수미의 얼굴에서 정지화면 된다.

끝.

스토리보드

- 수미와 은주의 전쟁 -

SCENE#	LOCATION	DAY	SET
95	서재		

C# 19

그대로 책상 모서리에 머리를 부딪힌다.

C# 20

M.S.
부감에서 바라본 쇼트.
모서리에 머리를 찍고
책상 아래로 쿵 하고 떨어지는 수미

C# 21

책상 아래에서 바라본 쇼트.
머리를 박고 책상 아래로 떨어진 수미.

C# 22-1

쓰러져 의식을 잃은 수미.
비틀비틀 자리에서 일어나는 새엄마.

SCENE#	LOCATION	DAY	SET
95	서재		

C# 22-2

자리에서 일어나는 은주.

C# 23

Low Angle.
쓰러져 있는 수미 뒤로
은주가 일어서서 서재를 나간다.
뭐라고 쉴 새 없이 웅얼거리며
집 안의 내력이며 수미에게 악에 찬
저주를 퍼부으며 수미를 지나쳐간다.

C# 24

비틀거리며 서재 문간에
기대어 서서 나가는 은주.

은주 이제 후회해도 소용없어. 다 네가 불러
낸 것들이니까. 이젠 네 집 식구들이라
면 아주 지긋지긋하고 치가 떨린다. 정
말 지긋지긋해.

C# 25

은주는 계속 혼자
중얼거리며 광 쪽으로 간다.

신음하며 조금씩 의식을 차리는 수미.

164

SCENE#	LOCATION	DAY	SET
95	서재		

C# 26

의식을 겨우 차린 수미.

C# 27-1

책상 위로 손이 하나 올라온다.

C# 27-2

책상 위로 몸을 일으키는 수미.

C# 28

서재 문을 통해서 바깥으로
나가는 수미 뒷모습.

스틸 컷

영화의 공간들

크레딧

각본 · 감독	김지운
수미 역	임수정
은주 역	염정아
무현 역	김갑수
수연 역	문근영
친엄마 역	박미현
선규 역	우기홍
미희 역	이승비
제작사	마술피리 영화사봄
제작	오기민 오정완
기획	오기민
프로듀서	김영
촬영	이모개
조명	오승철
동시녹음	김경태
프로덕션 디자인	조근현
편집	고임표
믹싱	라이브톤
음악	이병우
제작책임	김정화
스토리보드	강숙
스틸	임훈

장화, 홍련

1판 1쇄 인쇄 2023년 08월 01일
1판 1쇄 발행 2023년 08월 16일

지은이 김지운

발행인 양원석
책임편집 황서영
디자인 정세화, 김미선
영업마케팅 양정길, 윤송, 김지현, 정다은, 박윤하, 김예인

펴낸 곳 (주)알에이치코리아
주소 서울시 금천구 가산디지털2로 53, 20층 (가산동, 한라시그마밸리)
편집문의 02-6443-8860   **도서문의** 02-6443-8800
홈페이지 http://rhk.co.kr
등록 2004년 1월 15일 제2-3726호

ISBN 978-89-255-7610-7 (03680)